八万里路云和月

一个国家扶贫开发工作重点县的

互联网+

莫问剑 著

電子工業出版社
Publishing House of Electronics Industry
北京•BEIJING

内 容 简 介

通榆，这个距离各个交通枢纽都十万八千里的偏僻小县城，搭载着电子商务的快车，踏上了云高速，开辟了如火如荼的电商致富的新战场，实现了一个国家级贫困县的电商突围。作者莫问剑是吉林云飞鹤舞公司创始人，也是带领通榆走上电商之路的“急先锋”。

本书真实而形象地再现了通榆县域电商及其代表品牌三千禾从无到有、从弱到强的发展历程，并对该案例进行了深刻而全面的剖析。

全书共分为三篇。上篇“通榆‘触网’之路”，作者以半自传的形式回顾了通榆电商品牌成长历程。从零开始，品牌经营，聚划算活动策划，物流、包装、供应商……跌跌撞撞，一波三折。诸多细节详述，使读者对农村电商的发展与运营拥有更深的了解。中篇“第三只眼睛看通榆”，在具体的案例展示之后，收录了央视财经评论、新华网、人民网等多方媒体对通榆的三千禾模式所做的分析与报道，从多方位的角度深入剖析通榆模式及其影响。下篇“县域电商热潮下的‘冷思考’”，主要是作者从通榆项目实践中，总结出的一些经验和教训。另外作者还提出一些关于县域电商的新的“困惑”，作为大家一起交流的话题。

全书讲解深入浅出，行文生动活泼，以实例展示了农村电商的发展及其所遇到的问题，既有深入实践，又有客观思考。县域电商如何发展？接入互联网＋，从通榆到全世界，只有指尖间的距离。看了本书你一定会有所感悟！推荐关注县域电商的读者，人手一本！

图书在版编目（CIP）数据

八万里路云和月：一个国家扶贫开发工作重点县的互联网+ / 莫问剑著. —北京：电子工业出版社，2015.7
ISBN 978-7-121-26389-7

Ⅰ. ①八… Ⅱ. ①莫… Ⅲ. ①互联网络－应用－企业管理 Ⅳ. ①F270.7

中国版本图书馆 CIP 数据核字(2015)第 134201 号

策划编辑：张彦红
责任编辑：葛 娜
印　　刷：北京天来印务有限公司
装　　订：北京天来印务有限公司
出版发行：电子工业出版社
　　　　　北京市海淀区万寿路 173 信箱　邮编：100036
开　　本：720×1000　1/16　印张：19　字数：282 千字
版　　次：2015 年 7 月第 1 版
印　　次：2015 年 9 月第 2 次印刷
定　　价：55.00 元

凡所购买电子工业出版社图书有缺损问题，请向购买书店调换。若书店售缺，请与本社发行部联系，联系及邮购电话：（010）88254888。

质量投诉请发邮件至 zlts@phei.com.cn，盗版侵权举报请发邮件至 dbqq@phei.com.cn。

服务热线：（010）88258888。

此，我还能说什么呢？就算不赚钱，也得把通榆人的“感情债”还一还啊！

经过这几个月的交往，通榆的县情我们基本了解，我对利用“互联网”启动通榆项目的思路也慚慚清晰起来：通榆位于北纬45º，是全球公认的世界粮食黄金产业带，尤其是当地的土壤、水的特质，使通榆成为了“杂粮杂豆之乡”、“绿豆之乡”、“美葵之乡”，年产粮食20多亿斤。但通榆地处偏僻，交通落后，粮食一直是以原粮方式走传统的收储与批发渠道，缺少品牌，缺少深加工。我与团队商讨后形成几个结论：一是党的十八届三中全会将进一步明晰新政府的“农村路线图”，农村题材将是新一届政府的施政重点，通榆位于东北大农业的核心区，应该有戏；二是落实偏僻地区依靠传统模式发展经济走不通，只有借助互联网，才能对接一线城市与沿海经济发达地区；三是需要平台电商的倾力支持，才有可能做起来。

就这样，我们找到淘宝网聚划算的小二。他们当时刚在做一个“汇聚”系列，我记得似乎刚好完成了一个“汇聚新疆”，能否做一个“汇聚黑土地”，或者“汇聚东北”？凭着这三寸舌头，我还是说服了小二，而小二又说服了她的领导。之后，一系列的考察、对接、策划，一个“通榆：淘宝的黑土地”方案呼之欲出。2013年10月14日，在淘宝的“绿色通道”支持下，代表通榆电子商务的“三千禾旗舰店”隆重上线了，通榆迈出了“触网”第一步。

做通榆项目，最初的目的，就是为了还个“人情”——感谢当地县委、政府与领导对我们的一番深情厚谊，也是力所能及地帮助这个偏僻的县域做点事情。谁知，这个“忙”一帮，却是将我深度“套牢”——由于本地电商服务业的滞后，我们要做的，几乎是一个全产业链上所涉及的全部，而我们这个团队，却没有任何一个人做过农产品电商，对“三农”甚至一无所知，就包括我这个农村“高干子弟”，对农村的记忆也是停留在遥远的童年时光。为了解决项目运作过程中出现的种种矛盾与问题，我不断往返于杭州与通榆之间。截至2014年年底，我在两地奔波可能不少于60次。为了节省时间，我基本上都是搭乘傍晚的飞机，到达通榆通常都是凌晨两三点钟。长春到通榆只有240公里，但由于没有高速，一级省道一路限速，要开上整整 4 个小时才能抵达。通榆风沙大，尤其是在领受冬天的“寒风刺骨”时，我也困惑过：我这是怎么啦？为何不守着江南的秀丽山水，却跑到这么一个地方？但这个困惑也是一闪而过。只要我到了通榆，方方面面的朋友，包括农民朋友，总是挤出时间陪着我，嘘寒问暖，如亲兄弟般关照着，在情感上把我彻底征服。更重要的是，我也慢慢地喜欢上了通榆。不为别的，在通榆，我开始找到自己的价值——不只是为了企业的发展，而是自己与团队的努力，被更多的人，尤其是当地农民们“需要着”！这，不正是我这些年一直坚守着的“情怀”吗！

回忆通榆的创业征途，让我想起岳飞《满江红》中的“三十功名尘与土，八千里路云和月”。岳飞精忠报国，自是悲壮激烈。我只是个“在路上”的创业者，两者境界自有天壤之别。但作为人生的感悟，又有何不同呢？！前路漫漫，任重道远。八万里路云和月，若能修通一条云高速，通榆与世界还会远吗？

莫问剑

目 录

收录通榆项目启动以来的“多方声音”，听听他人如何话通榆——

“通过电子商务平台，让更多的农民增收、增效，树立了品牌的意识，今后我们让更多的农民触网，形成通榆的电商集群，实现农业收益的最大化。”

——黄秀芬（吉林省通榆县副县长）

“电商能让农产品既卖出去又能卖出好的价格来。”

——张鸿（《央视财经评论》评论员）

“通榆县借助电子商务实施“原产地直销”计划，通过电子商务公司对原产品的包装和深加工，打造属于农民自己的电商品牌。”

——吴昊（新华社记者）

书评一

长风破浪会有时　直挂云帆济沧海

中共通榆县委书记　孙洪君

自收到问剑贤弟执笔的《八万里路云和月》一书后，我便怀着一种迫切的心情利用工作之余仔细翻读。在问剑贤弟的笔下，通榆这个名不见经传的小县城作为县域电商的典型又一次走进了公众的视野，作为县委书记，我倍觉感激、感慨而又欣喜万分。感激的是，问剑贤弟选择了通榆，带领团队倾注了大量心血，引领通榆这个国家级贫困县走上了电商致富之路；感慨的是，通榆电商的发展道路零点起步、坎坷崎岖、一波三折，付出了几多辛勤汗水；欣喜的是，通榆电商不负众望，终于迈出了坚实的一大步，并在承载着无数人的梦想下不断前行。

《八万里路云和月》一书以实例展示了通榆电商的发展及其所遇到的问题，既有深入实践，又有客观思考，是通榆电商发展历程的真实写照。全书讲解深入浅出，行文生动活泼，处处体现着通榆在发展电商方面，与时俱进、开拓创新的发展理念和务实进取、奋发向上的拼搏精神，内涵丰富，意义深远。值得每一个通榆人去仔细研读和细细品味。

济济多士乃成大业，人才蔚起事业方兴。通榆电商的发展离不开《八万里路云和月》的作者——莫问剑先生。莫问剑，人如其名，外表温文尔雅，内心却有一副侠义肝肠。一个江南婉约之地的“文弱”书生，偶然间邂逅了千里之外的通榆县，当他感受到通榆各级党员干部勤勉敬业、夙夜在公的无私奉献时，当他感受到勤劳质朴的鹤乡人民对于摆脱贫困的殷切期盼时，便被深深地打动，凭着一身侠气，义无反顾地来到这个小县城，将通榆的电商发展与自身的事业追求融为一体，浓情重义、务实重行，迎难而进八万里，披星戴月未息身，为通榆电商的发展注入了不可或缺的强大动力。这份侠气、情怀和奉献精神，着实令人钦佩。

发展之路，惟在富民。通榆电商作为通榆经济社会的一个缩影，代表了通榆整个经济社会发展的良好势头，体现了通榆人民面对困难挫折不屈不挠的强大正能量；通榆电商的成功，给这个头顶“国家级贫困县”帽子的小县城增添了希望，也为每一个怀揣梦想的人树立了信心。作为曾参加中央党校首批县委书记培训班学习、亲耳聆听过习近平总书记谆谆教导的县委书记，我有责任、有义务将通榆的发展刻在心上、抓在手上、扛在肩上，团结带领全县 36 万人民群众在富县裕民的道路上奋力前行。

长风破浪会有时，直挂云帆济沧海。在通榆电商的发展上，我们已经开了个好头，走在了前头，也尝到了甜头，但发展之路，永无止境，特别是在当前，前有标兵，后有追兵，我们决不能有稍许自满，更不能有丝毫懈怠，必须再接再厉、一往无前，着力补齐通榆电商发展的各种“短板”，努力将通榆优质的农产品卖出一个好价钱，切实帮助农民增收致富；卖出一个良好的市场美誉度，打造属于通榆自己的品牌；卖出一个从工业、农业、服务业到人的现代化。

诚然，通榆电子商务方兴未艾，在三五年内让其承担富县裕民的重任是不现实的，其对通榆发展的长远回报注定写不进本届县委、县政府的成绩单，但作为民生工程、朝阳产业，特别是其在未来的发展空间必将不可限量，足以让我们继续激情满怀地与可爱的问剑先生及同志同仁一道，共同携手八万里路云和月，创业于鹤乡而不会有丝毫懈怠。

功成不必在我！

书评二

遥看通榆　做实孟州

中共孟州市委书记　李英杰

与莫问剑先生初识，是在浙江省桐庐县淘宝大学培训班上，当时聆听了关于云飞鹤舞公司的发展历程，感受颇深，它给了我一个全新的视野，让我看到了“探路者”对县域电商的深刻解读与实践。当时就感觉莫问剑先生是一个勇于实践、敢于创新，一个“走心”的实干家。

课下，有幸获赠莫先生的《八万里路云和月》。认真拜读后，让我想起了一句话：“世界上美景很多，只是缺少发现美的眼睛。”莫问剑，从一名优秀的前新华社记者，到一名创业者，再转身成为一位富有情怀、善于创新的电商探索者，大胆选择国家级贫困县（通榆，无论是地理位置，还是产业基础，并无发展电商的优势）作为试点开发电商，单从这个开创性的决定就告诉我们：有钱不一定任性，有情怀才任性。

在艰苦环境下，莫问剑先生怀揣着“情怀”，运用“互联网+”思维，率领团队与通榆县领导团队经过两年的探索、实践、思考，成功推出了自己的农产品“三千禾”品牌，开创了县域电商发展的“通榆模式”。县域电商探索之路如同此书名，充满坎坷，异常艰辛，每一步都要小心翼翼，稍有差错，便前功尽弃。但只要方向和思路正确，熬过去之后就能拨云见日，柳暗花明。

书中每一个故事、每一个情节都让我感慨万千，引发共鸣！因为通榆的电商发展之路与我们孟州电商探索之路颇有相似之处。首先，干群观念上的变化。干部群众从电商起步阶段的“不解”和“怀疑”，到逐步接受，再到主动参与，每前进一步都充满惊喜，让人振奋。其次，发展电商必须借助县级以上政府的公信力，由政府背书，才能取得金融部门、供货单位、物流公司和群众的信任和支持。再次，专业的事情要找专业的人去做，本地产品必须要实现专业的品牌化，借助地域特色找出差异化，打造自身特色。比如通榆通过众筹的方式打造特色高粱等农产品，通榆的“三千禾”“云飞鹤舞”品牌效应很值得我们学习和借鉴。最后，加大对企业家和农民培训，让大家既懂农业又懂电商，靠自我造血，增强本土运作能力。

“互联网+”和电子商务将成为未来经济社会的起跑线，资源禀赋不同的地区，正重新聚集在这个起跑线上较量：发达地区希望继续抢占优势地位，而相对落后地区则希望借此实现弯道超车。相比之下，孟州市交通较为便利，经济基础较为扎实，建设有国家级保税中心，对外贸易连续多年处于河南省各县市第一，电商小镇发展迅速，阿里巴巴、武汉传神、V 血拼网、南方物流等大公司相继入驻，给我们发展电商带来了难得的机遇。我们在这条探索路上不敢有任何懈怠，因为机遇稍纵即逝，只有大胆前行，抢抓机遇，才能找到新的突破点，实现更大的发展。

感谢莫问剑先生用“情怀”开启县域电商发展典范，电商路漫漫，期待莫问剑先生分享下一个求索县域电商发展的故事。

书评三

取经通榆模式　破题紫阳电商

陕西省紫阳县委书记　王晓江

作为闻名全国的县域电商“通榆模式”开创者、涉农电商一线操盘手，莫问剑先生近期奉献的这本《八万里路云和月》，既是先生和他的团队在电商创业路上一个阶段的小结，也是对同时期县域电商发展的一段白描式记录。全书分上、中、下三篇，通过县域经济+互联网的实战案例，真实还原了通榆这个原先少为人知的东北县份在电商之路上的艰难创业征途，更为难得的是，作者还在书中对当下风起云涌的县域电商热潮进行了冷静剖析和深入思考。

读完这本书，我是既惶恐又感慨。感慨通榆为发展电商所经历和承受的艰辛，以及终于换来的云开月明；惶恐自己作为一个“一线指挥长”怎样才能为紫阳电商事业贡献一点力量。用互联网手段开辟发展新路，或许会成为更多地方的经济转折点。紫阳能成为其中之一吗？紫阳能否像通榆一样，搭上这班互联网经济快车呢？

紫阳位于“南水北调”中线核心水源区，在国家主体功能区规划中属于限制开发区，同时也是全国最好的富硒聚集地。在这多重背景之下，一个国家级贫困县的帽子也让全县人民顶了多年。山大沟深、地贫人稀、意识落后等成为摆脱贫困的最大障碍。电子商务无疑是我们实现弯道超车、转型发展的极好契机，但在大多干部群众眼里，它还是一项新鲜事物。今年年初，县委、县政府确定了发展电子商务的新目标，希望通过“互联网+”“+互联网”，尽快将紫阳“生态富硒”名片推向全国，以电商促扶贫，结合扶贫开发抓电商，带动全县贫困人口脱贫致富。

通榆的知难而进，加上莫问剑先生的呕心沥血，让一个偏远山区县成为互联网经济浪潮下的弄潮者，成为了行业标杆。同为国家级贫困县，要让紫阳全县群众尽快搭上电商快车，借势电商扶贫东风，我们既要汲取通榆经验，更要集全县干群智慧，共商共干，以富硒这个核心点整合更多的优质特色农产品资源，乃至谋求更高远的发展大局。基于莫问剑先生在县域电商之路上的成功实践和持续探索，今年六月份，我们确定先生带领的团队作为我县电子商务综合服务商，希望借助其已有的核心资源、专业团队、成功实践等优势，实现紫阳电商的快速破题，将紫阳打造成为秦巴山区电商第一县。

紫阳建县于公元 1512 年，是全国唯一以道教名号命名的县，因道号紫阳真人的道教南派创始人张伯端在此修行悟道而得名。不知是否冥冥之中的天意，莫问剑先生和张真人同为浙江台州人。五百多年前，张真人赋予了我县紫气东来、阳光普照的仙家意蕴，他的老乡能为紫阳开创下一个五百年基业吗？我们都很期待。

书评四

侠之大者 为国为民

黑龙江省明水县县长 洪非

我和莫问剑先生，因县域电商结缘相识，因县域电商相交成为挚友。

作为老朋友，对他创作《八万里路云和月》一书早有耳闻，一直期待着面世拜读。

《八万里路云和月》，记载了老莫为县域电商天马行空，奔波于祖国大江南北的足迹，展现了他深耕县域电商的执着与情怀。读罢，钦佩之情由衷而生。

对于老莫，他能够在自己前程似锦的情况下急流勇退，以独到的眼光察觉到涉农电商的市场价值，开创了“通榆模式”，将自己的一腔热情全部倾注其中。特别是，在明水电商发展的谋划、起步、推进的各个关键节点上，他或现身传道、或指点迷津、或推波助澜，知无不言，言无不尽，与我本人、与明水结下不解之缘，堪称“侠之大者，为国为民”。

对于明水与通榆，有太多的相同相似之处，同为大兴安岭南麓国家扶贫连片开发片区县，同属地理相对偏远、生态优良、农产品资源丰富的典型农业县份，同样提出县域区位是祖国雄鸡版图上的一只“眼睛”……

为此，去年年末，明水县委、县政府提出发展县域电商之后，我本人亲自带队赴通榆考察学习，明水也一直瞄准通榆、借鉴通榆、钻研通榆，把通榆模式作为学习榜样。

在老莫和通榆模式的指引下，明水县域电商发展的红利已初步显现，与阿里巴巴集团形成一系列对接合作，农村淘宝、菜鸟物流、满天星农特产品溯源、蚂蚁金服等项目在明水先行启动，大众创业平台、县域公共平台、现货交易平台、跨境电商平台等六大线上平台正在扎实推进，明水走出了一条“基地承载、龙头支撑、品牌引领、电商突破”的农区县域电商发展之路，成为国家电子商务进农村黑龙江第一批试点县，阿里巴巴农村淘宝黑龙江第一个启动县，黑龙江“互联网+精准扶贫”第一个试点县。

借此机会，真诚感谢莫问剑先生及通榆的发展引带！

最后，借莫问剑先生的一句话，愿明水与通榆的县域电商，成为祖国雄鸡版图上一对最闪亮的“眼睛”。

书评五

不忘初心　方得始终

桐庐县委常委、副县长　潘立铭

《八万里路云和月》说的是莫问剑先生与通榆；通榆有向海；向海有美丽的丹顶鹤；丹顶鹤让人想起那首美丽的歌：

走过那条小河你可曾听说
有一位女孩她曾经来过
走过那片芦苇坡你可曾听说
有一位女孩她留下一首歌
为何片片白云悄悄落泪
为何阵阵风儿为她诉说喔~啊~
还有一群丹顶鹤轻轻地轻轻地飞过

但《八万里路云和月》，那绝不是向海摄影采风、对着丹顶鹤忧愁哀伤的动人故事，那是一个贫困县的电商之路，那是真枪实战的创业之路。一口气读罢，我是感慨万千，为通榆通过电商走上富民强县之路而欣慰，为一大群政企干部排除万难矢志前行而感动。看得出，这是一本用心写就的书。它从横、竖两个层面解构了电商发展的各方面问题。纵向来看，通榆的电商模式一点点地积聚力量、成长壮大，为大农区和贫困县域电商的发展提供了典型示范；横向来看，书中有关当前电商热潮下的冷思考，都是作者宝贵的实践式总结。

为情怀喝彩

“云飞鹤舞，绿野仙踪，福兴圣地，瑞鼓祥钟”。莫问剑先生公司的名字“云飞鹤舞”就是源于乾隆皇帝在通榆向海的题词。从公司的取名上，莫先生的“情怀”就可见一斑。

在《八万里路云和月》里我看到的是这样一种情怀：小胜凭智，大胜靠德。谁都知道，农产品电商很难赚钱，前期投入大，产品附加值低，物流成本高。然而，不赚钱的生意就不做了吗？中国几千年以来都是靠着田野和自然的馈赠绵延至今，皇天后土犹如是，这些农产品现在依旧在喂养着中国的家家户户。但农户，这些粮食的“创造者”、“馈赠者”，却是中国最贫困的人群。

于是我们看到了通榆政府的电商计划与“精准扶贫”的无缝嫁接。通过电商的脉络体系和思维方式，扶贫计划的触角能够极大地扩展，通过收益权预售、产品众筹等诸多模式，将“扶贫”最终实现在每一个农户的手心里。对于有梦想的农村电商而言，卖出多少杂粮，卖出多少家禽并不是目的，卖出多少钱也不是目的，能够卖出群众的幸福才是目的。对于有梦想的政府而言，获得多少政绩，积累多少资源并不是目的，能够让最广大的劳动人民透过电商的眼睛，看到自己劳动的价值，看到土地的价值，看到坚持的价值才是目的。

莫问剑先生带领他的团队在东北黑土地上一点一点耕种自己的经营理念，通榆县委县政府在组建电商发展中心时的呕心沥血，都给我们留下了深刻的印象。正是如“云飞鹤舞”这样的农村电商企业的长远目光，正是如通榆这样的政府在电商发展时的倾其所有，以一种博大的情怀指引着农户触网，方才造就如今县域电商如火如荼的燎原之势。我似乎在这其中也看到了桐庐的影子，我们也有为数不少的政府干部在鞠躬尽瘁地为企业提供着优质的服务，更有不胜枚举的电商企业为了一份单纯的梦想在持之以恒地奋斗，他们一起为全国乃至世界提供一份份满载情怀的“桐庐礼物”。

县域电商的发展，驱动力既不是利益，也不是政绩，而是为农民谋实利的那一份单纯的心。有人说经商总是趋利的，从政总是短视的；放在过去或许是，但到了电商时代，无论是经商还是从政都必须“走心”，如果能怀着一颗初心造福社会，卖的是理想和信念，那利益一定也会一步一步地跟在你的后面；做的是功在当代利在千秋的事业，为的是良心和抱负，那成功自然也一定会水到渠成。

为乡村呐喊

《八万里路云和月》写的是农村电商的成长历程。而农村电商除了将田间地头、深山老林中的珍宝输送到城市之外，也让农村成为了机遇与怀念并存的场所，成为了城里人想要回去看一看的地方。

《八万里路云和月》中对于县域电商的冷思考中有这么一句：“与都市相比，县域更多的是人才流出的区域，少有流入，返乡大学生少之又少。”不错，城市有着县域、乡镇无法比拟的高端人才资源集聚效应。但同时我们也应当看到，随着城市集聚效应的日益扩张和城市脉络的无处不在，城里人的生存空间已经被压缩至可怕的地步。城市的节奏、空气、交通、人际网正在压缩着现代人的生存视野，失望、压抑、冷漠……人们在城市中的自豪感也在一点一点地缺失，取而代之的是无尽的城市病和异化感。此时，电商的发展为逆城市化提供了一条出路，它正在重构人们对于生活方式的定义，正在进行一次城市能量的再分配。我们欣喜地看到，电商正在把越来越多的年轻人重新带回县里，带回镇里，带回村里，并在那里落地生根，在从前祖辈父辈们背离的土地上，用另一张无形的网络来生产价值。

桐庐深刻体会到了电商这张“网”所带来的改变。成为了阿里巴巴“千村万乡”首个试点县，“农村淘宝”第一单在富春江镇金家村诞生，横村镇横村成为桐庐县第一个“中国淘宝村”，阿里巴巴农村电商全国培训中心顺利落户桐庐……这些成绩带给我们最大的收获并不是电商荣誉，而是使得不计其数的年轻人开始回到桐庐，回到家乡。农村电商最感人的地方，不在于它把更多更好的农产品带往城里，而在于它能让更多城里的年轻人拥有一个“回家”的念头。而这个念头或许会在未来悄然地改造全中国的城市版图。

为农民代言

这本书从物到人再到景，展现了一幅全领域的农村生活风貌图。这是很了不起的创举，因为长久以来我们只能够听到城市的声音，听到来自各行各业当中支离破碎的语言。而这当中，很少有能够为占据中国人口最大比例的农民发声。

我们或许是生活在钢筋水泥里的一代。但正如费孝通先生在《乡土中国》中所言的，“靠种地谋生的人才明白泥土的可贵”，靠农业谋生的人是黏在土地上的。过去我们离土地越来越远，而现在因为农村电商，即使在城市里，“粒粒皆辛苦”也是可以体验到的。无论是体现耕种者内容的 B2C 模式，还是拥有巨大农业想象空间的 C2B 模式，农村电商从一个个新鲜的粮食蔬果出发，挖掘的都是其背后“人”的故事，再将人的故事放在农村生活大场景中，这就让我们看到了当代农村的群体形象。这个形象由电商创造出来，再由物流送往千家万户。

正如莫问剑在书里写到的这句话：“种地也可以成为一项事业，人穷亦可志坚，农民也可以有梦，弱势群体也可以传递改变生活的正能量。”我在农村电商的背后看到的就是这样一种语言，一种最质朴、简洁却也是最有力的语言。它所代言的时代内涵，正是此刻这个社会所最迫切召唤的。农村电商的语言，需要在现代语境中展开，是视觉文化、营销战略、市场语言等多方面的集合体。它需要面对和迎接的，不单单是农产品特色和质量的问题，更多的是产品的集约、配送、品牌化和标准化等诸多层面。今年，桐庐启动了“农村淘宝桐庐模式 2.0 版本”暨“合伙人制”，就是为了发掘在农村淘宝当中“人”的要素，更仔细地倾听农村电商中的声音。七月初，桐庐成功举办了第二届中国县域电子商务峰会，并将其搭建成一个能够展示各种电商声音的“公共领域”，来自各行各业的意见，都能够通过“电商峰会”这一特殊的频道为自身代言。今天我们努力地为电商搭建平台，因为我们欣喜地看到，那些来自泥土和大山里的声音，正在被全中国乃至全世界所听见。

为未来改变

最后想说的一点是：电商的时代，带给我们政府的最大触动是改变。改变是多个方面的，但最大的改变来自理念层面。

过去的二十多年，正是一个个县级政府通过彼此的竞争造就了中国经济的繁荣，确立的是招商引资的思维，通过竞争、权衡、效益最大化等种种方式来为本地的经济事业做出决策。然而，在“互联网+”的时代，电商是一张多元共生、互通有无、彼此联系的生态网络，我们必须将“争抢”的思维转化为“合作”、“共生”、“互补”的理念，以一种“主动融合”的姿态来发展电商，实现价值的“共创共享”。在电商发展过程中，桐庐始终坚持“大生态”理念，注重电商体系的构建，明确自身在其中所处的位置。事实上，每个县都有自身的竞争优势，关键是如何接纳别人的优势，并将自身的特点融合进大电商生态圈当中，发展出自身的特色来。近期，桐庐与通榆成功启动了“电商扶贫．县在行动”活动，就是双方基于这样的理念而做的实践尝试。我们也正在谋划把全国更多的县域联合起来，实现“开放互享、整合创新、引领跨越、携手并进”。

改变未必是好事，但在应该改变的时候保守不变却一定是坏事。如何能够走出“为电商而电商”的思维惯性，依旧是政府需要努力的方向。电商是一种工具、一种渠道，百姓的幸福才是目的；无论是何种发展路径和模式，都不应忘记这一份初心。八万里路云和月，电商之旅前程漫漫，我们更应该在旅行中拒绝旅行；放下勇猛精进的心，勇猛精进！

书评六

但抒家国情怀　莫问剑指何方

中共丰县县委副书记　梁伟

初识莫问剑先生是在淘宝大学的课堂上。正值丰县的电子商务刚刚起步，我苦苦寻求适合丰县电子商务发展的路径。课堂信息量很大，淘大的讲师介绍了国内不少地区电子商务的做法。但头脑风暴之后，愈感无所适从。直到莫先生激情地介绍了通榆电子商务的做法和模式，我顿觉眼前一亮，通榆的许多做法非常接地气，可操作性也很强，值得同为贫困县的丰县模仿、借鉴、学习。课程结束，我追上了正准备离开的莫先生，向他表达了邀约合作的意愿。

第二次见到莫问剑先生，是我带人到杭州海创园和他当面洽谈合作项目。交流中，我们感受到莫先生是一位负有家国情怀的儒商。他自嘲说，干着老百姓的事，操着总理的心。真是位卑未敢忘忧国啊！莫先生目光长远，不贪小利而重大义。他的团队也是既敢作敢为，又专业敬业，善做善成。彼时，《八万里路云和月》刚出版发行，他拿了一本送我。回来之后，县里的同志在决定是否跟莫先生的常春藤公司合作的问题上，并没有达成完全的思想统一。但我们几个负责电商的同志却争相翻阅了这本书。后来再讨论时，大家一致认为，这支经历过八万里路云和月洗礼的团队是完全可以托付的！我们很快研究通过了与常春藤公司的《合作协议》。

《八万里路云和月》以叙事形式，展现了吉林通榆这个名不见经传的贫困县，如何从对电子商务懵懂无知，到开创电商典型模式的实践过程。莫问剑先生的云飞鹤舞公司，作为一家电商综合服务商，与政府紧密对接协作，从规划布局、宣讲培训，到品牌打造、运营实操，提供了全方位保姆式的服务。仅用了不到一年的时间，就使通榆在县域电子商务领域风生水起，令人刮目。细读《八万里路云和月》，让我们找到了县域电商发展的一条可行捷径。这就是，政府政策引导，规范保障，信用背书；电商综合服务商专业策划，实操辅导，资源对接；知名电商平台全方位招引进驻；本地传统企业强推上线；个人网商、大众创客集聚发展，百花齐放。

丰县是汉高祖刘邦和道教鼻祖张道陵的出生地，汉风道韵，民风淳朴。这里的百姓素重情义，以诚信为本，种植出天然生态的特色农产品：富士苹果、白酥梨、大樱桃、牛蒡、山药、芦笋、芦荟、薹蒜、洋葱；这里的企业家创造出了适合农村生产生活使用的电动三轮车（第一辆电动三轮车就诞生于丰县）；这里的能工巧匠用实木材质制作的木线条、木门窗、木楼梯、木画框行销国内外；这里的农家乐依托黄河故道原生态的自然风光，呈现出原汁原味的农耕文化……可惜，好酒也怕巷子深，信息不对称、营销手段落后、品牌培育不够，导致了产品质优价不优、产业升级缓慢、规模效益小、地域知名度低。这些问题大大影响了勤劳朴实百姓的经济收入，迟滞了脱贫奔小康的步伐，使丰县成为江苏省重点贫困县。

2014 年年底，丰县抢抓机遇，争取到了国家第一批电子商务进农村示范县。今年年初，县里又成立了县镇村三级电子商务领导机构，淘宝、京东、一亩田、云农场、农信通等第三方电子商务平台陆续进驻，本地企业、农村、个人电子商务自发兴起……但是，政府如何规划引领？如何整合资源？如何品牌突破？如何形成区域电商的影响力？如何扩大网销领域和规模？如何集聚发展……丰县的电子商务，如何才能少走弯路，实现可持续健康发展？丰县如何抓住互联网+的机遇，实现弯道超车？这一系列问题，都使我和我的同事们感到力不从心，无从下手。

幸运的是，莫问剑先生率领他的团队，带着浙江先进地区的电商发展理念和历经八万里路云和月的宝贵经验，经过深入调研，已为丰县县域电商发展开出了药方：两年具体规划，县镇村三级实操培训，苹果、牛蒡、电动车、生态游四大品牌打造，电商园、创业园，孵化园、物流园、展示园五园建设……如今，依旧怀揣致富百姓的情怀，莫问剑先生正剑指江苏重点贫困县——丰县，将在古丰大地再唱一曲互联网时代的《大风歌》。

书评七

电子商务的智慧之剑

中共肇源县委书记　冯忠宏

初闻莫问剑，是在秘书的口中。听到这个名字，让我想起“七剑”忧国忧民的豪情云天，想起傅青主的长剑、莫测、智慧与内涵。以之为“花名”纵横天下，必是电商领域剑法高强、领袖气质俱佳的侠之大者。

初识莫问剑，是在电商大讲堂上。讲座中途，已被莫老师的睿智、执着和深邃所震撼。面对汹涌的电商大潮，作为县域经济的掌舵人，虽有所谋划并为之苦苦求索，但受视野、阅历、环境和基础条件所限，仍然没有找准县域电商发展之路。莫老师的课起到了解惑之功，一堂课下来顿时有豁然开朗的感觉。

再识莫问剑，是在《八万里路云和月》这本书里。见面寒暄之际，即获赠书。饱读之后，颇有感触：

第一，得莫问剑是通榆之幸。因为至情，他还了通榆人一个“通榆模式”；因为“被需要”，他为通榆人打造了一个“三千禾”品牌；因为没钱又任性，他把通榆和世界的距离拉到了指尖间。因缘也好，真性情也罢，总之通榆很幸运。

第二，有莫问剑是县域电商之幸。步入互联网+时代，事物发展变化快到无法想象，如何下好县域电商这盘棋，没有标准答案，只有先行先试。对此，《八万里路云和月》给出了总结与思考，包括机遇、瓶颈、痛点、博弈、创新和顶层设计。通榆模式虽不可复制，本人以为其立说立行、即做即总结的方法实为“高招”。

第三，识莫问剑是肇源之幸。相对通榆模式的风生水起，肇源电商产业才刚刚起步。通榆与肇源一江之隔，资源、区位和禀赋有相通之处，如何实现农产品由卖得出向卖得好转变一直是肇源农业之痛。经其指点，特别是《八万里路云和月》中提及的原产直供理念，坚定了我们农业县份发展电子商务的信心，沿路前行必将全面开启肇源农产品互联网上行新篇章。

每一个成功的案例背后都有一个讲不完的故事，所有为实现目标付出的努力都是一抹亮丽的风景，包括一路上的向往、彷徨与执着。

期待莫问剑的下一个“八万里”征程故事。

上篇

通榆“触网”之路

一、政府官员们就这样被“赶鸭子上架”了

2013 年 9 月的通榆，还是前互联网时代，“电子商务”对通榆人而言还是个新名词儿。夸张点说，除了书记与县长之外，几乎没有人知道我这个“外来和尚”念的是什么经。虽然经历了三番五次的“动员大会”，甚至是领导私底下安排核心干部“开小灶”补课，但是更多的干部还是“不解”和“怀疑”。只是有碍于一把手的权威，大家给予了“口头上的赞同”，但我们面对的却是毫无执行力的空头决心。

1. 重口味儿

在公司内部的一次反思会上，曾经有同事批评我说：“和通榆的合作，就是莫总‘酒醉’后无法拒绝的一个错误，是一场没钱又任性的苦旅。”对此，我没有回应。因为在我内心深处，的确觉得这里的书记与县长是为民担当的人，是值得尊重的领导，做通榆，就算是帮朋友也得帮。但从另一个角度讲，我一个南方人，跑到东北农村，无论是气候还是饮食，多少都会有些水土不服。以吃的为例，东北菜多是重口味儿，大酱多，头两天，我吃得新鲜，感觉很爽，后面几天就吃腻了，因为翻来覆去就那么几个菜式，相对于江浙菜系东北菜更“简单、粗糙”。等待到第六、第七天的时候，就开始想家了，还是家里的饭更香啊，每每归心似箭。

所谓一方水土养一方人，我想是对的。整日吃着重口味儿的烧烤，或是大葱蘸着大酱，一睁眼，就能看见四周一望无际的大平原，星星点点的大水泡子，或是成片的芦苇荡。大环境造就了通榆人的特质：简单、纯朴、硬朗，却又固执，甚至顽固，不能“免俗”。绝对的重口味儿人群，非小清新人士所能共处。

上篇

通榆“触网”之路

万事万物，存在即合理。如果不是通榆人的“顽固不化”，在这么一个以风沙著称的地方，甚至还不知道电子商务几个字怎么理解的时候，居然就开始在大白天做起了“电商强县”梦。反正穷得只剩下大风和沙子了，当了第一个吃螃蟹的人又如何？与其穷死得窝囊，不如撞南墙死得痛快！

就是这样的远见和决心！不过，在没有做出成绩之前，估计没人会说是远见吧。

既然通榆书记、县长都下定决心了，一把手们都首肯了，那其他通榆人就“莫名其妙”地跟着干呗。干事业，第一步就得有团队。我就和县领导商量着，得在县里挂牌成立个“通榆县电子商务发展中心”。出乎我意料的是，没过几天，书记亲自带队做工作，从省里“跑出”一个 9 人的编制来。这在政府机构拼命压缩人员编制的年代，新增编制，是多么不容易的一件事儿。编制内的通榆电子商务中心，也就理所当然成了“前无古人，后无来者”。估计也是国内县域电商独此一家的“奇葩”机构。关于“奇葩”这个词儿，还是后来在淘宝大学县长班的通榆经验分享上，一个县长学员提出的。现在想想总结很到位。明明是政府的干部，却偏偏被企业的人“使唤来使唤去”，明明啥都没搞清楚，却偏偏得没日没夜地干，也没个章法，然后还不能多问，问多了，还得被批评“你想得太多了，你脑子能有领导好使啊，赶紧干呗”。确实奇葩。

通榆县电子商务发展中心（以下简称电商中心）成立了，成员哪里来？书记、县长自挂帅，拉上我，组成了电子商务领导小组，我们三个都是组长。不过我是名义上的，不拿工资，只是一个身份，为了工作上方便沟通。至于电商中心具体办事儿的，真正的组员值得特别一提。他们是通榆政府体系中绝对的精英！是书记、县长亲自指挥从政府办、商务局、文广新局、招商局等部门抽调出的最精干的部队。

通榆的一整套做法，后来之所以能够被大家美其名曰：通榆模式，在很大程度上依赖于电商中心强有力的无条件支持。早期我在通榆还没有组建自己的团队的时候，几乎所有杂七杂八的琐事，都直接丢给电商中心的成员，把他们当成我企业的员工在用。

先来简单介绍一下电商中心的组织架构与核心成员。

元粟，原电商中心主任，曾任政府办公室主任，今年年初下基层了。全程参与并领导了电商中心早期的所有工作，总体协调通榆当地的各类资源。

元莱，电商中心副主任，县商务局副局长。全程参与了项目起步阶段的供应链整合工作，直白地说，最早卖出的 100 万的货，就是他带着我们企业的人一起找来的。后期主要跟进村淘项目在通榆的落地。

元宝，电商中心副主任，县文广新局副局长。早期电商中心唯一的女性，也是最年轻的干部，文笔很好。负责所有宣传资料及文件的编写，村淘的宣传标语三天之内遍布通榆也是她的杰作。通榆模式一举成名后，她又成了标准的“接待专员”。

元极，电商中心副主任，县经济开发区招商局副局长。负责项目的所有后勤工作，比方说，缺个螺丝、少个灯泡什么的，都找他，很像是“高级保姆”。村淘项目启动后，主要跟进与我们云飞鹤舞公司的对接。

以上均为干部们的花名，都是元字辈儿的。关于这个花名还有个小插曲，从中也不难看出杨晓峰县长的电商情怀。都知道阿里有武侠文化，每个员工一入职，都要从武侠人物中选个花名出来（当然现在人太多了，听说都开始选动画片里的名儿了）。在阿里内部，很多都不知道真名儿，只喊花名。杨晓峰县长得知后，有一回聊得兴起，说：“咱们也得都起个花名，要跟阿里巴巴无缝对接！”电商中心的主任就说，“我们家种小米，就叫元粟吧”。县长说，“那好啊，大家就都是‘元字辈儿’吧”。然后还“强行”要求大家把微信名儿也改了，还很开心地和各个“元们”拍了张合影，以 Mark 改名一事。听说后来还时不时在微信群里召集各个“元们”开会！不发言，还要挨批。

2．天上掉下个“林妹妹”

2013 年 9 月 29 日下午 5 点 50 分，一个高挑清秀，身着雪纺裙、丝袜、凉鞋的小姑娘飞抵长春龙嘉国际机场。此时的地面温度为 13℃。

她是谁？哪来的？穿这么少？

严格地说，这是被我“骗”去东北的第一个员工。也是迄今为止外派员工中，留守通榆时间最长的员工之一。她叫孙燕姿（也是花名，不是那个明星哦），江西客家人。因为是个南方姑娘，本来我只打算让她在当地落实好天猫开店所需要的各项资质，只需要待两三天就可以回去了。没想到情势所迫，两天变成了二十天。

为什么突然在这里提到这件事儿呢？因为，通榆项目启动后的第一个月，电商中心的成员们，其实是两眼一抹黑的，不是他们不尽心，而是压根儿就不知道该干点儿什么？怎么干？县领导是只管大方向的，我也不可能天天“泡”在通榆。怎么办？只能从上海或杭州派个员工过来，临时先带着电商中心的成员干。再加上十多天后突如其来的 100 万的销售额，孙燕姿的这次“临时”，就一下子临时了二十天。后来再到通榆时听元宝回忆说：当时孙燕姿一到，那真是带来了电子商务的春风，办事儿也是雷厉风行，咔咔咔几下子就安排妥当啦！酒量也是杠杠的！我也算是服了。

其实，这段时间，我每次和小孙通电话，她都要求能尽快回来。在那里实在待不下去了，北方太干不说，她从杭州走的时候，天气还很暖和，以为很快就会回来，也没带什么衣服。可东北 10 月份已经很冷了。最后几次和她通电话的时候，东北已经下雪了。她已经是几近哀求的口吻，略带哭腔地要求要赶紧回上海。我当时也只能“连哄带骗”，尽量拖着。

下面是她在通榆的这段经历的自述。

我刚到的那天，是元菜带着司机小高来接的。从龙嘉机场到通榆，我足足坐了 4 个小时的车。然后就到了通榆最高级的酒店（也就是个三星级吧），向海大酒店。当天晚上，县长和几个秘书就跑到我房间来，和我开会，部署工作，我和几个秘书都认真地做了笔记。我觉着这个县长和想象中的不大一样，人很好，也没什么架子。东北人很热情，听说我没带衣服，第二天早上8点钟文广新局的一个秘书，就跑到酒店来给我送衣服、围巾。

我平时八点半去政府上班。就几个工作内容，在政府开会，在酒店开会，去农村，去县里的几个龙头企业谈合作。不管去哪里，都有电商中心的人陪着，有专职司机接送。几乎每个企业的一把手都对我们之间的合作表现出了极大的热情。还有几天我天天泡在农村，黑豆、芸豆、红小豆等，以前看着都叫不出名儿的，现在全分清楚了，还知道了它们更多的养生功效。

后来，我们的聚划算活动快上线了，我压力很大，就怕最后卖出去，货源出问题。有一天晚上，两个县长、三个秘书、几个主任，一起在我住的酒店一直开会到深夜10点钟，讨论组织货源的问题。要知道，在通榆这个地方，太阳出来早下山也早，晚上6点以后，基本上很多商店都关门了。大家都回去休息了。而我们这些人，都跟打了鸡血一样，还在讨论着。当时我心里是没底儿的，县长倒是很镇静，每每总是跟我说，放心，好歹我们也是个县政府，征集几吨粮食是没问题的。

可是，离活动上线时间越来越近了，货源还是没有实质性进展。莫总很着急，成天电话遥控我，我也学聪明了，天天"越级"。所有的事儿都先跑到县长办公室和县长敲定好，然后带着"尚方宝剑"，元莱陪着，到各乡镇找粮。终于也明白了何谓"一把手工程"，项目启动时，没有一把手的推动，太难了。

以前总觉着政府里的人，平时就是一杯茶、一张报纸，没事儿再唠唠嗑，这次我来通榆，发现完全不是这样的。所以，虽然我很想回去，脸上干得掉皮，直到连妆也化不了，可我还是特别拼命地工作。因为我觉着这个项目真的是很有希望的。而且我也是真的被政府的这帮子人感动了，我觉着我有这个责任这么做。

聚划算活动结束后，我还是"放"小孙回来了。毕竟是个南方女孩子，也不能一直"扔"在东北吧。不过，我想这段经历也一定让她毕生难忘。

而且，通榆可是块儿福地，小孙回去后，没过多久就当上了妈妈。后来我们还经常调侃电商中心的几个人，把小孙“照顾”得太好了。

3．大难不死，必有后福

小孙在通榆指挥“前线作战”的那段日子中，在千里之外的杭州还发生了一件惊心动魄的事情。现在回想起来还有点儿后怕，通榆项目当时差点儿就夭折了，可能我在杭州的公司也会因此关门大吉。

2013 年 10 月 2 日，杨晓峰县长和刘振兴副县长一起，第三次来访海创园，我的杭州公司所在的园区。实际上短短一个月，县长已经来回三趟了。平均 10 天往返一次。且不说从通榆至长春龙嘉机场的颠簸，就算是到了机场，从长春飞抵杭州萧山国际机场，飞行时间也要近 3 个小时，抵达后，还要再坐 1 个小时左右的车，才能到达海创园。全程合计约 2500 公里，耗时 9 个小时，真正意义上的“早出晚归”。而来回一趟就是 5000 公里，18 个小时。途中的辛劳可见一斑。

杨晓峰县长也是年过半百的人了。原本安安稳稳地当个父母官，也挺好！人的政治生命又能有多长呢？可杨晓峰县长就偏偏喜欢“折腾”。我想，后来之所以我们可以相知、相交、相惜，是因为我们两个有个共同点——都是内心“不安分”的人。就像是早年参加《赢在中国》时常唱的一首歌，“那一天，我不得已上路，为不安分的心，为自尊的生存……”。如果我是创业者，那么县长就是政界“创客”。有一次在他家里，喝了点小酒，县长对我说：“这个年龄了，今生对仕途没有什么奢望了。只是在通榆工作这么久，希望为当地老百姓留下点什么，找到更多的致富路子。”说实在的，我听了很感动，他是发自肺腑的。这只有男人之间才能理解。我想我们之间很多合作，早已超越了商业本身，更多的是两个老男人之间的惺惺相惜。

那天，县长带着主抓电商业务的刘振兴副县长，专程来和我的杭州团队最后确认几个合作细节，签署一份名为《通榆县农产品电子商务项目合作协议书》。这份协议一直拖到今天才签署，主要是其中涉及一个重要条款，“政府提供总额为××万的扶持资金，用于平台电商的流量购买和市场推广”。实际上，我怎么算，都觉得要亏××万，才能做起通榆项目来。虽然就像我之前所说的，我和县里领导能够一拍即合，下定决心共同经营通榆项目，但是我想在正式签协议前的那段日子，书记、县长他们内心还是很“纠结”的。想想总是很简单的，等真正开始做的时候，却变得不容易。所谓知易行难。好比大家都喜欢 iPhone 6，产品上市前，看了图片很心动，可真正到了产品上市的时候，又有多少人因价格而望而却步，最终放弃了最先的喜好，转向了性价比更高的国产机。2013 年下半年，县域电商还没有今天这么火爆，我和书记、县长当时仅相识短短数月，在今天这个骗子盛行的年代，我这么个对通榆而言远在千里之外的企业，政府凭什么给我和我的企业做出××万的财政支持？反过来讲，如果政府不给我提供这××万的财政支持，我一个杭州企业，又何苦舍近求远，放着江浙一带大把的商机不要，偏要跑到远在千里之外的穷乡僻壤？谈到最后，大家僵持住了，我记得当时场面很尴尬。杨晓峰县长先开的口：“让通榆的干部接受这个力度的扶持，难度太大。所以，能否不要写进合同里去。我回去后向书记汇报，上班子会讨论，以合法合规、合情合理的方式支持。”我勉强答应了，事实上，我不答应也得答应，因为淘宝项目已经在启动中，无法喊停。

好在，过程虽然纠结，结局终究是好的。经过近一年左右的时间，通榆县政府还是兑现了其承诺。适逢国庆长假，县长一行，到杭州也有两天了，协议签完，双方寒暄几句，参观了趟淘宝城（淘宝城就位于我杭州公司所在的园区海创园的斜对面），就准备赶中午的航班回长春了。

接下来发生的那段令人惊心动魄的插曲，让我再一次体会到了什么叫“好事多磨”。

这里要先介绍个人物。他是我好不容易找来的通榆农产品项目负责人。为了方便叙述，我们暂且称他为黑啤。1977 年生人。有海外留学背景，且有丰富的 TOP10 淘品牌操盘经验。当初能找到他，我是很兴奋的。他是个很儒雅、有个性的人。习惯于开着他那辆真正意义上的“老爷车”，手动挡的，而且听说这车只能他自己开，别人完全开不了。不单单是半路会熄火的问题，而是旁人压根儿找不到车灯开关，且发动不了。我觉着他是深受海外生活的影响。其实很多老外生活得都很质朴，没有人会去在意你的座驾，或是衣着，是否使用 iPhone。车，只是个代步工具而已，能开就行。

县长走的那天，我刚好有个其他的业务要去谈判，不能亲自相送。为了表示诚意与敬意，我也不能免俗，就指定黑啤开我自己的车去送。

我记得上午 11 点左右，我接到黑啤的电话：莫总，我们出车祸了！

我一下懵了，出于本能反应，问，人没事吧？

——人没事，就是车撞得很严重！

——好好，人没事就好！

——然后怎么办？

——赶紧帮县长他们叫个出租车啊！

结果，赶到机场，还是误机了。只好改签当天下午飞哈尔滨的了。

我至今仍十分清晰地记得，当时撂下黑啤的电话，赶忙电话杨晓峰县长，除了道歉之外，真的都想不出什么话可以表达我当时的心情。真的太突然了。

不过，一把手终究是一把手，语气镇静！即使刚刚做完了“惊魂一梦”，还能带着笑意跟我在电话里讲：老莫，没事没事。大难不死，必有后福嘛！好事好事，哈哈！

若是地方一把手真在我这儿出了点儿意外，那会是什么后果？

好在人没事！

然后呢，就是忙着处理“后事”。原来，黑啤开惯了他那辆不太好使的“老爷车”，无论是油门还是脚刹，都得非常用力地踩。换了辆更灵活的车，反而不会“用力”了。再加上刚被我“忽悠”到余杭不久，路也不熟。撞车之前，还迷了两次路。眼看离起飞时间越来越近了，心里着急上火的，一个不留神，就撞到高速旁边的护栏上了。简直“惨不忍睹”。光修一修车，就花了我近 10 万块大洋。

不过还是那句话：好在人没事！

4．一辆手动帕萨特，四处借粮

再让我们把视线拉回地球的另一端——通榆。就在县长历经“杭州惊魂一梦”的时候，小孙在元粟、元莱等人的协助下，已经成功拿到了申请天猫店铺所需的全部资质。我也下定决心“强行”把她留在了那里。筹备货源。

聚划算活动上线时间是10月14日。而在10月4日的时候，我们的备货还是零。

我至今仍然在跟县里强调的，要求“超常规的支持”，其实在那个时期得到了最有效的回应。我们当时的流程是这样的，我下达指令给小孙，小孙立即找县长批示，元粟在县长做出批示的第一时间，就安排并传达，紧接着元莱带着政府办或者电商中心的人员立即执行指令。上传下达，毫无障碍。

这段日子也是通榆项目开展至今，我们与政府最畅快淋漓的一次合作。即使是现在，已经看到些成绩的时候，我们都很感慨当初那样纯粹与干劲儿十足。

虽说万事开头难，但是我们中国人骨子里的那种“绝对可以同甘苦共患难”的精气神，冥冥中把所有的人都拉到了一起。地域不是问题，时间不是问题，人手不是问题，所有人都铆足了一口气儿，拼命向前冲。

政府办那辆破旧的帕萨特，手动挡的，这个时候，也承担了它有史以来最最重要的历史使命，成了名副其实的“货车”。元莱也基本上成了我的间接“下属”，指哪打哪。要知道，人家好歹都是个政府的局长，现在倒过来听我指挥，甚至被一个80后小姑娘呼呼喝喝的，从局长变身“男秘”。不过现在，这些都不重要了。找粮重要。

通榆全县有450万亩耕地，把所有产粮的地方全部跑一趟，可不是个小工程。再加上当时，直达有些乡镇的水泥路还没修好，土路路面处处是坑。听小孙说，中间有一回，开到距离向海乡不远的地方，车抛锚了。谁让轿车底盘太低呢？！司机小高尝试修了半天都没搞定。最后没办法，元莱打电话给向海乡的书记，派了辆面包车赶来救援。元莱还挺自豪地讲：放心，组织还是靠谱的！

这中间，最最无厘头的，要算是问白城借粮。也怪我，太心急了，想当然，事前没有调研清楚县情，误以为通榆什么品种的杂粮杂豆干果都很多。我们在提报给聚划算的品类中有“红与黑”组合一项。后来才知道，通榆虽然是“四粒红”的主产区，但黑花生种植却相对少。要一夜之间找出几吨黑花生，把大家都难住了。可聚划算有聚划算的规矩，已经提报好的商品不能更改；否则数以万计的商家，都这么改来改去的早就乱套了。我只能向县长求助，可县长家里也不种花生啊。最后，只能是县长亲自给白城打电话，借点儿花生来。然后，元莱再拉着小孙，开两个多小时的车，赶到白城去连夜把货给拉回来。其实这些都是违背正常的网店运营逻辑的，哪有产品都确定可以上大促了，货源还在天上飘的道理呢？不过当初就是这么被“逼上梁山”的，做了再说！

关于筹备货源，还有个敏感问题，就是进货价。我毕竟不是慈善机构，再有情怀，我也还是个商人。聚划算不赚钱，也不能让我亏太多吧。于是进货价，就是个“坎”儿。一来，当时刚刚接触农业不久，对这个行当还不熟悉；二来，时间紧任务重，哪里来的时间货比三家，通榆地方那么大，路又不好走，早晨 8 点出发，晚上 8 点回来，最多也只能跑三个地儿。我们只能关注品质。只要元莱他们讲品质还不错，小孙就像逮着根救命稻草一样，使命砍价。听元莱描述，小孙砍价绝对的敬业，“砍”得面红耳赤，声色巨变，就差声泪俱下了，呵呵。把对方农民也搞得满头大汗。

后来提起这段往事，我常和员工们讲，开局的那次聚划算大促，如果不是政府倾力支持，凭我们几个人根本玩不转。就算派个人 24 小时在那里随时待命，也是扯淡——不了解县情啊。可即使这样，那次大促，在供应链环节也让我们“吃了药”。后面会有一整章来讲述这个问题，希望可以让有心做农业的读者引以为戒。

5. 从通榆到全世界，只有指尖间的距离

我一直都很讨厌路边的高炮广告，不过自打做了通榆项目，喜好就发生了转变。每每去东北出差，总是对路边的高炮广告高度关注，看到感兴趣的厂家还要拍下来存底。因为我觉着在东北很多闭塞的地方，能有意识花钱打品牌、做广告的，都是相对不错的商家。也是我的供应商首选。还不仅仅如此，几个月后，我自己也在通榆竖起了高炮广告。广告语就是，从通榆到全世界，只有指尖间的距离！

暂且抛开商业模式不谈，“只有指尖间的距离”，也是我对通榆的祝福。我希望可以凭借自己的力量和这些年积累的行业资源，能够帮到通榆，改变通榆至少比上海这样的大都市落后20年的状况。不过，梦想总是美好的，道路却是曲折的。

度过了政企联盟的“蜜月期”之后，项目推进开始进入焦灼状态。一来是匆匆忙忙的淘宝大促，有点儿伤了网店元气，在准备不足的情况下涌入大量流量，难免客户体验不佳，销售进入了停滞期；二来在这个阶段，政府思维与企业思维完全不在一个“频道”上的矛盾表现得越来越突出。

这个阶段，我每次到通榆，主管领导就召集所有相关人等开会，布置任务。会上，所有人都信誓旦旦，一定要怎样怎样支持，怎样怎样配合。会一开完，领导一走，大家又都不认账了。桌上的茶还没凉呢。我感到很痛苦。甚至有一段时期，我想想还是算了。何苦呢？进入11月的通榆气温已经骤降到零下一二十度了。而向海大酒店地暖铺得实在是太好了，好过头儿了，室内温度高得我都受不了。这一冷一热的，没几天就开始高烧不退，直接进医院了。人在生病的时候，意志力总是最薄弱的，一个人躺在县里的小医院里，抬头就看到一个简陋的日光灯，很失落，是不是该放弃呢？

或许我骨子里就是个“不安分”的人吧，或许是男人的自尊心在作祟，我也实在是放不下脸面去跟领导讲，不好意思。我想人活着还是得硬气点儿，尤其是男人，得有担当，能扛得住事儿。

于是，我不厌其烦地往返于通榆和杭州之间，一边盯着杭州团队推进业务，一边又和通榆政府反复谈判。谈得不顺利，每次去一般都是一场大酒，聊以解忧吧，经常喝到“断片儿”。回到酒店，直接躺床上睡了，衣服也不换。第二天完全失忆。光记得酒桌上，总有一个声音一直在强调：莫总，主要电商这个事情，量真的太小了，总共也卖不了多少。再说，我们虽然不富裕，不过农民的粮食也不愁卖啊。

说到这里，穿插一个背景知识：通榆县是纯粹意义上的自给自足的自然经济。相对于黑龙江的大农业而言，规模化有限，所以种粮的成本也不低。而生产出来的粮食，要么本县内部消化了，要么就全部便宜卖给南方来的收粮企业。单单通榆县瞻榆镇一个镇，就有 314 家收储大户，每年 9、10 月份，就有大量的南方深加工企业来收粮。当然，收储户们过得也并不滋润，因为他们几乎没有什么议价权，大多随行就市，利润都被中间的深加工企业，和那些懂营销的大企业赚去了。

而我在杭州的电商团队卖了多少呢？满打满算 110 多万，也就是几十百把吨的量，主要还是项目启动的时候大促卖的那些。电商中心的人讲得没错啊。淘宝店的量，相比于传统线下的销售通路，实在是太小了。总是提县域经济的产业转型升级，往哪儿转，怎么升，总得先有个基础吧。可我坚持认为，农产品电商还是个新生事物，还很弱小，需要扶持，扶持再扶持，才能茁壮成长。创新从本质上讲也是一场“豪赌”，输赢只能各由天命。要是真的等到理论上逻辑上、都说得通的时候，那这个机会还可能是我们的吗？

而在通榆人看来，他们给到的扶持已经足够多了，多到我一个外来企业都承受不了的地步了。

于是，双方谁也不能说服谁，就这么僵持着。再加上，小孙回上海后，我也确实无人可派，临时“抓壮丁”式的，抓了个 90 后小伙儿过去。毕竟还是太嫩，完全无法应对通榆的局面。正如元莱当面和我所说的：“我们又不是什么知心大哥哥、大姐姐，这个小伙儿做事儿实在让人不省心啊。”所谓一个巴掌拍不响，我和电商中心的关系曾一度很僵，跟我的用人失当也有很大关系。

即使这样，书记与县长还是力挺我和我的团队。他们说，既然选择了就得坚定地相信，总有一天会好的。甚至，在合作之初，杨晓峰县长还对我讲："老莫，我们通榆的农产品主要就是杂粮杂豆，客单价低、复购率低，所以我没法让你在通榆赚到快钱，要长期发展准备。但是我支持你走出去，去做更多的县域，这样我们通榆或许也能沾点儿光！资源共享嘛！"我当时就愣住了，这是一种怎样的胸怀？可能是我在商场"挣扎"得太久了，看多了"不是你死就是我活"，竞争大于合作的商战，一下子面对县长如此开放的态度，有点儿不适应了。

还记得有一回通榆的团队负责人和我开玩笑："莫总，万一哪一天书记、县长突然之间调走了，我们怎么办啊？"我想也没想，就回答说："那我们只能卷铺盖走人啦，哈哈。"虽然只是一句玩笑话，但我是认真的。如果真有那么一天，从通榆到全世界，只有指尖间的距离。那么最大的功臣，不是我，也不是我的团队，而是通榆的书记与县长。如果没有他们，我想决计不会发生后来的故事，我也决计不敢去做今天所有关于县域电商的"白日梦"。

二、团队是“逼”出来的

通榆模式大体分为两个阶段。第一阶段是“乱拳打死老师傅”，在这一阶段，团队成员分别战斗在杭州公司、杭州仓库、通榆三个主战场。接下去的故事，主要发生在杭州公司。

从通榆走向世界的第一步，就是开设三千禾天猫旗舰店。应该说，这个网店是个名副其实的“早产儿”。在没有货源，甚至没有成熟团队的情况下，3 天时间实现了 100 万的销售额。聚划算双刃剑的负面效应在我这儿简直发挥得淋漓尽致。怎么办？问题是人解决的，团队是逼出来的。

1．催生出的“三千禾旗舰店”

通榆农产品商品化程度很差，甚至没有个像样的品牌。祖祖辈辈们已经习惯于粗放经营，收原粮，卖大粮，停留在产业链的最末端，明明抱着个“金饭碗”，却误以为是稻草做的。被上游产业链“压榨”惯了，也穷惯了。

既然没有，我只能自己“造”一个。我为通榆农产品项目注册的品牌叫三千禾，取自宋龚鼎臣的《东原录》，“麦六十，禾三千，谓之大有年，凡一穟当有此数。”一个禾穗三千子实，寓意丰收。三千禾是我投身农业后的第一个“白日梦”。而三千禾天猫旗舰店应该是我造梦计划的开始。

淘宝作为中国最大的互联网平台，是个讲规则、重流程的地方，没有规矩不成方圆。我们想在天猫上开设三千禾旗舰店，作为原产地直供模式的网络载体，也得遵守游戏规则。老老实实走完一整套流程，正常需要两周左右的时间，可我们等不起啊。因为在已经落实了聚划算活动资源的时候，我们还没有申请到店铺后台的操作权限。

早在通榆项目前期实地考察的时候，我就邀请当时还在聚划算就职的小二，人称“农小妖”，一起去通榆“采风”。小妖也是聚划算里专门管我们这个品类的小二，项目启动之初，她给了我们太多无私的帮助。当然，也是感动于当初通榆县领导们的“勇往直前”。作为回报，我每次从通榆回来，都送小妖一大麻袋通榆著名的美葵，原汁原味的，没加任何添加剂的，一嗑起来，就停不下来。小妖老是调侃我“太厉害”，收了个礼，然后搞得聚划算团队办公桌旁边的垃圾桶里都是瓜子皮。她拎着美葵晃来晃去，分给伙伴们吃，好像是在给通榆做免费广告一样。每次我给小妖带美葵，小妖都收了，但每次都以几倍的市价将钱打回到我的支付宝里，而我还不知情。我总是对外宣称，小妖是我做农业的导师，带我入门的。这是个热心又固执的小二，从来不愿意用 QQ 沟通工作，据说好像都没有申请过 QQ，除了电话、微信之外，只用旺旺。2013 年阿里还没力推来往；否则，估计微信都少用了。阿里文化就是这么“霸道”。

一个篱笆三个桩，一个好汉三个帮。在通榆县领导的多次亲自沟通下，淘宝网市场部、聚划算一路为这个承载着国家级贫困县希望的网店开了绿灯。活动资源下来了，总共 10 个坑位，4 天时间，再加上 3 天的聚划算首焦。这次的资源支持力度是空前的，自此之后，聚划算再也没有允许单独一个商家搞如此大型的推广活动。而此次的大张旗鼓，也引来了无数的追随者，很多农产品商家都开始打“原产地直供”的旗号。一石激起千层浪，2013 年 10 月 17 日之后，淘宝突然冒出了数以千计的杂粮杂豆商家。我们一开始就策划的“通榆，淘宝的黑土地”，真的应验了。

活动资源正式通知我，大促定在 10 月 14 日。而那个时候，我手头有什么？除了一腔热情，还是一腔热情。店铺？没有！货源？没有！团队？没有！而聚划算的坑位都是有严格排期的，不可能为了我一个商家而做出调整。我当时只有两个选择，要么做，要么放弃，没有更多。我也是抱着赌徒心态，拼了！

于是按照活动的上线时间倒推工作进度。当即决定，取消国庆 7 天长假，全力一搏。好在此时，我已经找到了黑啤，在杭州快速组建农产品营销团队的重任落到了他的肩上。而我则紧盯货源和聚划算的资源。

满打满算，把双休日全加上也就30天的筹备期。黑啤到任后的3天内，便拉来了一个心腹，由公司内部员工推荐，招了两个运营人员，网上找了个采购人员，加上杭州公司内部其他项目组协调出的一个90后小伙儿，总共6个人。开足马力，没日没夜干活儿。那段日子，真的差不多吃喝都在公司了，就差睡在公司了。同时在诸多朋友的协助下，我们终于在9月的最后一天，拿到了三千禾天猫店铺的后台操作权限，可以开始装修了。

而开店最重要的视觉设计人员，实际上是最难招的。短时间内找到合适的设计人员很难。于是我们动用了一些行业资源，最后找了一家性价比相对高的设计工作室外协，也就是开店所需的美工的活，整体外包了。

匆匆忙忙几天之内拉起来的团队，表面上看也算是兢兢业业了，但实际上运作两三天后，就已经问题重重。再加上，高压之下，团队根本没有机会，也没有足够的时间度过“磨合期”，完全是“硬着陆”。工作流程不清，职责划分不清，沟通“代沟”重重，越忙越乱。而黑啤，虽有丰富的互联网运营经验和开阔的运营思路，但是从他后来的表现来看，实操能力、统筹能力和危急时刻的决断能力还是有所欠缺的。

活动上线后，各类问题曾一度集中爆发，如产品品质问题、包装破损问题等，所有的问题，归根结底都是团队的问题，人的问题造成的。倒也不能全怪黑啤，我自己也必须承担监管不到位的责任。在当时那个特殊时期，所谓的“管理理论”是完全不起作用的，只有亲力亲为才可以。

2. 两个90后小伙儿半夜来“上访”

我特别清楚地记得，从国庆开始的那一个月，我是完全被“困”在了杭州。那段日子，我每天只做一件事，就是“救火”。前厅与后院儿，无处不在的“自燃”，让我焦头烂额，刚刚扑灭了这头儿，那头儿又“着”起来了。

有一天晚上10点多，我刚刚回到宿舍，习惯性地斜靠在沙发上，刷刷朋友圈，放松一下。这段日子，我也是累坏了，每每“陪读”到深夜十一二点，这在我从业二十多年来，从未有过。

最早在马可波罗做职业经理人的时候，手下团队不少，具体的活儿，我都丢给团队干，只管给大家“分赃均匀”就好。后来自己创业了，更是只管大方向，习惯于做个潇洒的“甩手掌柜”。唯独对通榆项目，是个例外。好像有千百个“不放心”，少看一眼，它就“化”了、没了。应该说，从那时候起，我就已经被通榆牢牢地“套住”，以至于后来的很多决策都已经完全超越了商业、利益，我完全把它当成公益来做了。或许这就是爱到深处无怨尤吧。

不过，虽然我很紧张项目进度，但出于对黑啤的职业素养的尊重与信任，刚刚开始的时候，我还是恪守本分，充分扮演好“幕后老板”的角色，并未参与到具体的项目推进过程中，只是时不时关心下进度，提提建议什么的。至于，黑啤是否理解我的“关心”，就不得而知了。不过从后来他一再发邮件跟我探讨“授权”的问题来看，他是不能理解的。但这也不是什么大错。毕竟，我和黑啤之间，老板和职业经理人之间也需要磨合。

只是离 10 月 14 日越近，我就越来越意识到问题的严重性。黑啤在实操统筹能力方面的缺失，或者说是黑啤性格过于儒雅，与我之间的沟通存在较大的问题，以致项目推进受挫。让我不得不抛开所谓的充分“授权”问题，很多事情，绕开黑啤，直接安排了。不过问题并未得到缓解。出于活动马上就要上线，以及团队稳定的考虑，我也一直没有跟黑啤做深层次的面对面沟通。作为权宜之计，我只好不断救火。

那天晚上，我刚躺下扫了两眼微信，就听到有人敲门。“哐哐哐”的，声音还特别大。跑去开门一看，原来是公司的两个 90 后小伙儿，小徐和小韩。他俩面带羞涩，叫了声“莫总”，然后就沉默了。我先愣了一下，心想，大半夜的，什么事啊。2 秒钟后，忽然感觉楼道里有一股冷风，抖了一下，然后赶紧把他们两个拉了进来。

大家都静坐在沙发上，小徐和小韩低着头，开始气氛有些尴尬。很明显，两个小伙儿，有话要对我说，但似乎又有些难以启齿。沉默了几秒钟之后，小徐先说话了，“莫总……我们想跟你反映些情况，本来不想说的，好像越级了。可我跟小韩已经向黑啤讲过好多次了，但都没什么用。今天是实在忍不住了。那个小心（黑啤招来的天猫店长）到底懂不懂运营啊，天天都讲很忙，也不知道在忙些啥，然后也没什么规划，乱给我们指派任务。搞得我们两个整天一头雾水，经常做些无用功。结果，现在进度很慢，做事也没什么效率，眼看都快来不及了，我们也不知道该怎么办？这么下去，这么好的项目实在是太可惜了。我们两个都是刚刚毕业不久，之前也都换过几份工作，都做得不开心。当初找到这个项目，就特别兴奋。我们是真心觉着这是个好项目”。这时，小韩也开口了，“就是啊，莫总，也不知道那个小心之前的天猫店长经验真的还是假的。黑啤一直说他经验很丰富的，可是我们怎么就没看出来呢？成天说我们做得不行，可又不告诉我们该怎么做，就会凶我们。而且我看他自己手头上的事情也是一团乱”。

我突然意识到团队的内部矛盾已经愈演愈烈。小徐和小韩虽说是来“告发”小心的，实际上矛头已经指向了黑啤。他们也在怀疑黑啤的选人眼光和领导力。然而此刻大战在即，我只能将矛盾“冷处理”。

那次谈话之后，我把小韩调去了物流部。一来是部分粮食已经运抵杭州仓库，物流部缺人；二来是物流部不归天猫店长直管，可以暂时缓和矛盾。然后安排小徐直接对接聚划算的小二，提报活动上线前所需的各项资料，可以直接向我汇报，绕开小心和黑啤。

就这样，暂时“安抚”下来。

混乱如麻的工作让所有人没空想太多，只能埋头努力工作，直至通宵达旦。

3. 居然“失联”了

2013 年 10 月 12 日，活动上线前一天的晚上，项目组又干了一个通宵。最后一次调整活动页面。

清早醒来，我一睁眼，好像得了强迫症一样，脑子里不停地闪过明天活动的每一个细节。想象着可能会出问题的地方。

“活动上线之后，压力最大的工作其实是客服。三千禾的客服小姑娘好像都是前两天刚刚招来的，恐怕扛不住这么大的咨询压力啊。”想着想着，决定还是得找个靠谱的人来盯着。

——“苗妙，你还是得来一趟杭州。”

——“啊，我还在苏州上课哎，下午还要考试。最快也要晚上才能到杭州。”

——“那没事，你晚上到就行了。黑啤有他的强项，但是统筹力不是太强，需要你再帮帮忙。最重要的是明天的客服你得盯一下。”

——“好吧。”

苗妙是跟我一起创业七八年的老员工了。2009 年的时候，就开始主抓淘宝业务，说起来也是跟淘宝“斗争”过六七年的互联网老兵了。项目启动之初，她正在进修一个国际 MBA 的课程。现在是火烧眉毛，我也确实没其他人可用，只能把她叫回来了。

10 月 14 日，活动如期上线。效果如同预期那样，订单数在迅猛地不断攀升。

然而，也就是从这天起，各种被压抑太久的矛盾，再也按捺不住了，好像火山爆发一样，喷薄而出，一发不可收拾。

先是产品分装来不及。一来是通榆的货运抵杭州仓库已经很迟了；二来是人手不够。关于人手不够，原本是很容易解决的。我的杭州公司当时除了农产品项目之外，还有其他两个项目组，是先于农产品组成立的，团队相对成熟。临时从中抽调一些人出来帮忙，再加上后来请的临时工，本来是没有任何问题的。可是开始的几天，“狼来了”搞了太多次。每每安排大家去仓库帮忙，到了仓库又没人统筹，大家都干等着，耗时间，好不容易等到有人跳出来安排工作了，大家开始装货了，黑啤又时不时被大家看到带着小心在墙角刷朋友圈。姑且不论黑啤是无意还是有心，可能真的是这段时间加班太多了，精疲力竭，已经干不动体力活儿了。作为负责人，又是公司副总，这么做确实不妥。类似事情发生个两三次，也就没人再愿意去帮忙了。而我是在一个月之后，才听苗妙讲起这些细节的。当时还责怪她没早点儿跟我讲。

产品分装不及时，直接导致没法按时发货。再加上，快递公司也没有提前协调好。通榆的最后一批货又迟迟未到。要是能按时发货，简直就是奇迹了。本来客服 MM 都是新手，没什么经验，怎么能扛得住成千上万的催货投诉！苗妙再有经验，也变不出货啊。当时能做的，只有挨骂和道歉，甚至赔钱。团队内部几乎隔两三个钟头，就要争吵一次，之前的疲劳战导致大家完全不能控制情绪。而黑啤在做什么呢？还是跟我探讨“授权”问题。我实在按捺不住，当面把他狠批了一顿。

10 月 17 日，也就是聚划算活动的最后一天，我要赶去通榆。因为不放心，一大早还专程跑到公司来，具体交代了黑啤接下来要做的事情。最后还差点儿误了飞机。

下了飞机大概下午 1 点左右，我还和黑啤通了个电话，又叮嘱了一些事情。

等到下午 4 点以后，就再也打不通他的电话了。连同他招来的天猫店长小心，也一起消失了。是人间蒸发，不留任何痕迹。因为在接下来的一周左右，我和公司的人事一直都联系不到他们两个人。只是在他失踪后的第二周，我才收到了黑啤的一条短信。大意就是说要辞职，这个工作不适合他。我希望他能到公司来一趟，把具体的事情面对面再交接一下。不过，他还是没有在杭州公司出现。

直到几个月后，听说他当时是找到了一个更好的“去处”，接了个大项目，那天下午是赶去谈项目的。

我想每个人都有自己的选择，想想也就释怀了。

4．拨乱反正

10 月 17 日下午 4 点，聚划算活动还没有结束，订单数还在持续攀升。而杭州仓库的货还没完全分装好，剩余的货也依旧没到。活动结束后更大面积的催货即将爆发。山雨欲来风满楼。

另外，通榆项目不仅仅是我企业的事儿，政府也“强势”参与其中。项目负责人这么重要的人事变动，我怎么跟县长他们解释？才来了一个月不到，就失踪了？之前我还信誓旦旦地把他隆重介绍给电商中心的各个“元们”。如今如何收场？

“兵来将挡，水来土掩”！在赶往通榆的路上，我决定立即做出人事调整。由几个“老臣子”全面接管黑啤留下来的“烂摊子”。然后，逐一电话通知相关人等。紧接着杭州的农产品团队开了动员会议，正面澄清了负责人“失联”的事情。同时充分“授权”给苗妙。而此时，她已回到上海继续上课，没办法，只能再次把她连夜叫回来。一来是她的电商实操经验足够；二来是公司另外两个项目组是她一手组建的，在农产品团队支离破碎，严重缺人的情况下，苗妙内部调人也相对容易。更重要的是，合作多年以来的信任。

5．被玩“坏”了的优惠券

又一轮更猛烈的挨骂、道歉，直至退货、赔钱。终于，通榆剩余的货到齐了。连夜分装完毕，快递公司也陪着熬夜加班，3 天之内，订单全部发货。刚刚以为可以松一口气儿的时候，危机就像是梦魔一般，挥之不去，如影随形。

“黑豆里好像有虫子。”“你们的包装实在太差了，收到全漏光啦！”“明明我要的是小米啊，怎么发来玉米渣啦？？？？还漏了一包！”……匆匆忙忙上马的项目，就像是拔苗助长一样，太多的“先天不足”。有关这次因产品品质、物流包装所交的“学费”，下面的章节还会详细讲述。

互联网是个超速的传播通路，可以将好事一夜之间传得人尽皆知，也可以把“丑事”无限放大。聚划算大促活动之后的两周内，三千禾天猫旗舰店的三项动态评分每天都下降一点点，到最后直接跌破了 4.4，全线飘绿。4.4 意味着什么？对于事先看不到实物的网络交易而言，客户如何选择可靠的卖家？很重要的一点，就是看店铺评分、产品评价。4.4 分，等于是被判了"死缓"，很难再有客户会相信我们。连天猫平台方，也不允许我们再参加任何活动了。当时为了提升评分，尽可能地挽回一部分客户，我们还给存在错发、漏发、货品质量问题的客户，免费送一包绿豆或者红小豆。如果这次吃得好或许还会再来买，总比全额退款效果好。

为了避免赠品再次漏发，同时也可以给赠品的 SKU 积累一些销售记录，我们做了个 10 元优惠券链接。用优惠券去购买 9.9 元一包的绿豆或是红小豆，只需额外支付 0.1 元，实际上也就是免费领了。开始的时候，这个优惠券的链接只有在店铺后台可以看到。客服一对一地推送给那些"难缠"的老客户，而新进入的客户是看不到的。

后来，要补发赠品的客户越来越多，而每天的在线客服只有两人。有人投机取巧，把优惠券的链接直接挂到产品页面了。这也就意味着随便来个人只要看到，就可以免费领。

当天晚上 10 点多钟，我带着刚刚从通榆回来的小孙，吃完烧烤回来。这趟东北之行，确实也是辛苦她了。我这个当老板的请吃大餐，慰劳一下。

刚到宿舍楼下，就碰到苗妙。

——"莫总，告诉你个不幸的消息。你要做好心理准备！"

——"啊？！什么事，赶紧讲！"

——"你要做好心理准备！"

——"快说啊！"

——"已经送出去将近 3 万份绿豆和红小豆了！！"

我一下懵了！这才消停了几天啊？！还真是一波未平一波又起！

抛开经济损失不说，单就是这凭空多冒出来的 3 万份订单的发货就是大问题。刚刚结束上一轮的通宵疲劳战，仓库的人已经处于崩溃的边缘。又来这么多？！原本属于滞销货品的红小豆，如此一来说不定都不够发了，变成缺货产品了。我把苗妙等人都狠狠批了一顿。太不谨慎了！

紧接着，第二天开始了新一轮的“救火”。

事后经调查才知道，原来我们的那个10元优惠券链接是被系统推送到各大促销购物网站了；否则，就凭三千禾当时的店铺流量，即使把优惠券呈现到店铺首页，也绝对不会有3万人来领。这次的事件，是彻头彻尾的“乌龙”。

6. 我把所有人都逼疯了，包括我自己

团队一而再，再而三地掉链子。我确实是急了，越来越没有耐心，甚至一进公司，看到没有人在工作，就心慌，哪怕是周末，或是深夜。每一次初衷是给团队提建议，最后也都变成了痛骂一顿。整个项目参与的细节越来越多，也越来越深。所谓关心则乱，当局者迷。我和苗妙之间的争论，乃至争吵的次数，也越来越多。她在项目接手之初，就一直反复批评我用人失察，不够果断，才导致后来的一发不可收拾。

我相信苗妙有她自己的处事之道、解决问题的方式。我也看到了她正紧盯着团队不断改进，解决历史遗留问题。可我总是固执地坚持：她所做的，还是不够快，手段还是太温柔，不够狠。办法也太中规中矩了，对团队逼得不够。面对巨大压力的时候，终究是个女孩子，承担不够。有时候又太矫情了，说不得，我提点儿什么意见，她就发火，甚至有时候比我还凶。可在这个危机时刻，我还能相信并且依靠谁？除了她，我也没有别的备选。在那段日子里，杭州公司气氛凝重，空气中充满了火药味儿，一个不小心，就会引爆。

而通榆项目很可能是我创业最后的机会了。毕竟岁月不饶人，互联网早已不是我这种老男人逞英雄的时代了。除了尽可能的“快准狠”，除了把团队里所有人逼上梁山，我又能怎么办？

谁让我是老板呢，有压力，有委屈，也只能咬咬牙，自己扛着。

三、挥之不去的“采买梦魇”

很多传统企业转型做电子商务，碰到最大的问题，不是不会运营，不是不懂电商技巧，而是企业的总体架构，底层运转机制，如何与电商对接。县域电商也是如此，夯实原产地的电商基础是重中之重，其中供应链的整合应首当其冲。同时，也是最让我们“受伤”的“软肋”。

接下来，让我们把焦点转移到“通榆战场”。

1. 七赴鹤香，艰难“破冰”

创业之初做陶瓷生意的时候，就觉着和“玩泥巴”的人打交道不容易，景德镇“很复杂”，宜兴紫砂的水“很深”。等通榆项目开始了，才发现“玩泥巴”的人还不是最难缠的，要跟靠“泥巴地”生存的农民沟通才是门真正的学问。从2013年9月开始，我就陆陆续续派过三四个员工去通榆，去“啃”供应链这块儿硬骨头。

第一个就是前面提到过的孙燕姿，跟了我五六年的老员工，对于陶瓷，她现在算是个专家了，但她并不懂农产品。我也曾想过通过社会招聘，尽快招一个熟悉农产品的采购专员进来，若能在吉林或者通榆当地落实人选则更佳。但短期内要找到一个能深刻领会我的意图、价值观统一的人很难。

当时，恰巧小孙刚在通榆落实完三千禾天猫店铺的资质，我就“将错就错”，干脆把她留那儿了。采购陶瓷是采购，采购粮食也是采购，触类旁通嘛。

执行采购任务的第一天，她就跟我打电话抱怨：“莫总，我怕我搞不定啊。原来他们这里除了书记、县长之外，下面的人根本啥都不知道啊。只知道电商好重要，然后该做点儿啥，全都不知道。”我鼓励她说：“这个就是你要解决的问题啊。得泼辣点儿。你要记住，你现在是代表我在通榆，与他们洽谈合作。一言一行，都要拿出做老总的样子来！另外，通榆条件艰苦，你一个人在那边，要注意身体。如果带的衣服不够，就在当地买点儿，回来公司报销。”

第二天晚上通电话，又是毫无进展。根据小孙的描述，我想通榆的供应商应该是把我们当成“冤大头”了，产品报价都高到“天上”去了。也难怪，突然冒出来一个南方企业，还是个小姑娘来谈，不坑她坑谁啊？！

经商这么多年，对于采购这件事儿，我一直坚持两个原则：第一，能合作的，就不单纯买货；第二，供应商必须和我的企业价值观保持一致，能够给我一定账期，愿意和我的企业“绑”在一起，共同发展。

与通榆的合作，整合供应链，就不能单单买货。与通榆县政府签署的《通榆县农产品电子商务项目合作协议书》中，有很重要的一条：合作的第一个自然年度，政府通过第三方合作的形式，为我们提供 90 天的付款账期。一来是作为政府对我们的支持之一，毕竟是南方人南方公司，跑到别人的地界，拉上政府作背书，谈起合作来，底气才足；二来是我自己也刚接触农业电商不久，初来乍到的，也担心被“坑”。有了政府站台，觉得更保险一些。

既然有了政府的这一层关系，小孙倒是不用像原先买陶瓷一样“瞎跑”，只要从政府提供的供应商名录里筛选就好。说是筛选，其实也没多少好选的，全部加起来也就那么几家企业，最后只能“矮子里面挑个高的”。后来的事实也证明，这些“高个儿”还是相对靠谱的。

其中，杂粮的合作伙伴，我们锁定在一家叫“鹤香米业”的企业；而杂豆锁定在“宏远”。这两家都是通榆的龙头企业，产品直供商超，执照资质齐全，相对规范。

先来讲讲鹤香米业。

小孙也算是干过四五年“买泥巴”的活儿的老采购了，可面对鹤香米业的老板娘，第一回合还是败下阵来。

像中国农村绝大多数中小企业一样，为了节省运作成本，一般是老公管大方向，老婆掌实权，尤其是财政大权，俗称“夫妻老婆店”。当然，最终拍板决策的可能还是男人。应该说，这是中国很多企业发展过程中，无法逃开的一个阶段。鹤香米业就处于这样一个阶段。老板娘掌管着工厂的日常事务。这也是个“狠角儿”。虽说在东北，却也有着江南女子的精明。我们暂且把她化名为张姐。

第一回合，是电商中心的元莱打电话把张姐叫到县政府的。小孙、张姐、元莱三个人在政府会客大厅，开始了第一回合的过招。严格地说，是小孙和张姐两个人。因为这个时候，元莱还处在“云里雾里”。

张姐也是个利落的女人，坐下后，喝了口茶，就直入主题，不客套。问:“你们一次要多少货呢？最好是整车。”小孙没缓过神儿，愣了一下。先是说，“整车？张姐，您可不能这么讲。我们可不是单纯来问你买货的，我们是想跟您的企业合作共同把通榆的电子商务做大”。然后把我昨晚跟她讲的话，“添油加醋”地高谈阔论一番。张姐似乎对此并不感冒，这个宏图伟业离她实在太远了。一旁的元莱，出于要完成县长指派的任务的考量，想帮着说几句。不过，也说得不清不楚，没有力度，张姐根本不为所动。第一次的碰面，仅仅持续了 20 分钟不到，就不了了之了。

当晚，小孙向我汇报了情况，问我怎么办？我也没什么好的提议，只是说，压力很大，活动资源已经批下来了，供应链一定要解决。但是你一定要想办法控制好采购量，毕竟活动还没开始，能卖多少，谁都不知道。采购环节务必要把风险压到最低。

其实，在那个时候，我的团队对于“吨”、“车”这些度量单位还是很模糊的。一吨是 1000 公斤，1000 公斤是 2000 斤，如果未来我们的商品规格是 1 斤/包，那么一吨就有 2000 包。如果一车 40 吨，那就是 8 万包，8 万包粮食要在淘宝上卖多久啊？我们不得而知。

在很长的一段时间里，因为订单量不够多，我们都没有办法装满一整车的货。这也是后来物流成本居高不下的一个原因。

接下去的几天，只要小孙在政府里待着，元莱就给张姐打电话，邀请她再来谈。要说政府对这事儿也算是上心了，在一知半解的情况下，还是很热心的。

就这样，又谈了三四次，还是毫无结果。小孙坚持“画饼”，张姐坚持“无动于衷”，元莱坚持“捧场”。

到第五次的时候，小孙也实在撑不住了。因为大促临近，我每晚都打电话催促。她就给张姐打电话，约在第二天上门拜访。

这次，张姐也不再追问“要多少货”的问题了。

——“那这样，你们也是第一次做，要多少都行，先试试吧。”

——“好啊!!!”小孙终于松了口气。

——“不过，发货前货款是要先付清的。”张姐紧接着说。

——“这个……”，小孙为难了。前几天晚上，我和她通电话的时候，还特别强调过要和每一个谈成的供应商签署一份战略合作协议，同时要确认好付款方式，必须把供应商和我们“绑”在一起。于是，小孙拿出了前不久通榆县政府刚刚与我们签署的《通榆县农产品电子商务项目合作协议书》。一边把90天账期的条款指给张姐看，一边解释道，“张姐，我们不是一般的收购户，而是有政府独家授权的企业，我们是要帮通榆将本地优质的杂粮杂豆通过电子商务销往全国的。您看看合作的第一年，能不能给我们提供90天的账期？主要也是为了保障质量和售后。至于回款的问题，您不用担心。您看，元莱这几天也一直陪着咱们一起谈，前因后果都清楚，到时候也能做个见证。万一您要是不放心我，怕我跑了，不是还有主任在吗？呵呵。再说啦，咱们的合同上白纸黑字写得清清楚楚的，通榆县政府作背书。您可以不信我，咋还能不信咱们政府啊？”

接着，元莱又是一番“敲边鼓”，教育张姐得相信政府，眼光要放长远。经过前几次的游说，元莱也开始专业起来。

可是，关于90天账期的问题，张姐始终都不肯点头。小孙他们也是使出了浑身解数，先是搬出政府、搬出县长，再是搬出县里的电商大计。又是商谈，又是恳请，又是据理力争的，可张姐就是油盐不进，软硬不吃。说来说去，还是两个字：不行！

在第五次洽谈无果的情况下，小孙只好求助于分管电商的刘振兴副县长。说起来也巧，刘县对鹤香米业的夫妇俩倒是颇为了解，据说在创业初期，县里曾经帮过他们，当初正好也是刘县出面的。

刘县告诉小孙，“这个事情找老板娘恐怕有点儿难办，咱们得‘曲线救国’”。于是，刘县亲自给老板去了电话，老板当即同意。但是，并没有答应和我们签什么合作协议，只是先把货给我们，等货卖出后，再结款。其实就是靠刘县的面子，先赊账。

直到小孙完成前期所有采购任务准备回上海的前夕，最后一次到访鹤香米业，才同老板娘签署了战略合作协议。因为这个时候，三千禾已经实现了近100万的销售额。我们猜想，大概是精明的老板娘也已经看到了电商的“爆发性”力量吧。

2.“豆”你玩

再来谈谈宏远，三千禾的杂豆供应商。

宏远的洽谈倒是不像鹤香米业那么一波三折，小孙在元莱的协助下，一次谈成，直接签署了战略合作协议。

于是，宏远的第一批杂豆先于鹤香米业的杂粮抵达杭州仓库。杭州团队好像“久旱逢甘霖”一样开心。忙碌这么久，终于有货可以卖了。

我刚刚准备打电话给小孙，表扬她这个杂豆的事儿办得漂亮，以示鼓励。毕竟通榆的首次采购任务是个“苦差事”，我也担心她撑不住。

电话还没拨通呢，就听见仓管小韩在旁边嚷嚷：“哎呀，完了！”我赶紧跑过去，一看，也懵了。

这豆子长得“歪瓜裂枣”，暂且不说颗粒大小不一，还有很多是半粒，甚至夹杂了好多的杂质，看起来就是“残次品”，一点儿食欲都没有。小韩他们一下慌了神，也不知道该怎么办了。一直在说:“完蛋了，完蛋了，这个孙燕姿是怎么回事啊?出货之前也不知道质检一下。宏远这家企业也真是‘黑心’，这么破的豆子还卖给我们!”

“这批豆子，肯定不能就这么卖，暂时先包起来放一边!”我冷静了一下，立即给仓库下达指令。然后拨通了小孙的电话，把豆子的情况和她描述了一下，重申了我们订的是一级品。让她赶紧要求宏远重新发一批来。

当天晚上，我把豆子的情况向县长作了汇报。并没有过多地责备小孙，因为我心里非常清楚，她已经尽力了。这个状况是她无论如何也预计不到的。对于豆子这个品类，她压根儿也没什么研究，能分清楚哪些是黑豆，哪些是芸豆就已经很不错了。

“劣豆事件”发生的第二天，宏远的厂房里发生过一次激烈的争执。

——“你们的货怎么回事啊，那么多杂质和半粒的，根本没法卖，我们订的是一级品啊!”小孙拿着杭州传来的豆子照片给工头儿看。

——“这货没错啊，一级品就是这样的!”工头儿说。

——“你不要瞎说，你看看，长得这么丑，哪里像一级品!你们肯定没有筛选过!蒙我不懂豆子啊?!”

——“筛选了啊，没筛选过的，你是没见过，比这个杂质多多了!”

——“大哥，我在你们仓库里看到的成品明明不是这样的。我要的豆子，是跟仓库里的那个一样的质量，是能够放在货架上卖的，像我们从超市里买来的一样，干干净净的!”

——“姐啊，咱们发的真的是一级豆啊。”

——“你们做生意太不诚信了，我不要了!我要求退货!”小孙发火了。

这个时候，又跑过来一个人，像是工头儿的领导，估计看到这边都快打起来了，是来“劝架”的。了解了情况以后，说:“姐，你别生气啊，你刚刚说的那个是手选一级豆，可你们定的是机选一级豆啊，机选的就是这样，手选一级豆哪有这么便宜啊！"

小孙顿时觉着自己也有点儿理亏了，音量上稍微小了一点。但是在气场上依旧压过对方，开始进行"没理也不饶人"的争辩："那你事先怎么不说，我怎么知道一级豆还有手选和机选之分啊？"

——"姐，这个是行规啊，我们这儿都是从农民手里收购来的原粮，采购下单的时候，必须要明确到采购的豆子的最终质量标准是"机选"还是"手选"，手选是比机选更高一级的。机选出来的豆子，其实还只是半成品，要达到能够直接上货架的品相，是必须经过手选的。"

——"那你怎么不早说。现在怎么办？你必须给我解决办法，要不然我没法跟老板交代！"

——"这个简单啊，你们找几个大妈，手工挑选，很快的，我们手选也就是这么干的！"

——"啊？！"这回，小孙直接无语了。不过，她也没更好的办法，只能如实告知杭州团队。然后又警告对方，"那第二批的杂豆，我可是要手选的啊。千万别再发错了！"

——"不会不会。姐，你放心。"

有关发生在宏远厂里的这段，是元莱私下告诉我的。最后，还特别加了一句：小姑娘，谈起事来，还挺凶的。

接下去，杭州仓库为了"挑豆"，又是一阵忙乱。

当时杭州公司的行政丹子，刚好是余杭当地人。俗话说，在自己的"地头儿"好办事儿，熟门熟路。她只用了一天的时间，就找齐了"挑豆"工人。第二天，附近的大叔大妈齐聚我们的仓库，用竹匾筛，用手选，最原始的手工活儿开始了。

好在第一批豆子的量不多，几天就挑好了。第二批豆子，宏远按照约定发的是"手选豆"，在孙燕姿的"威逼利诱"下，没怎么涨价，只是加了点儿人工费。谁让她有政府这座"靠山"呢？

终于，豆子事件就这么仓促地应付过去了。为此，我们付出了上万元的临时工劳务费，被豆子好好地“玩”了一把。不过，这学费，交的值得！

3．“肤色不均”的小米

像宏远、鹤香米业这样的企业，平日里服务惯了企业级用户，做多了跑量的生意。现在突然之间，让其直接对接终端消费者，难免会有措手不及的“意外”状况发生。

所谓祸不单行，无独有偶。就在临时工挑豆的时候，鹤香米业的第一批杂粮也运抵了杭州仓库。小韩兴冲冲地跑去拆粮，准备立即进行分装。可把小米全部打开一看，吓了一跳。小米有两种颜色：一种浅黄，一种深黄。

接二连三地出问题，我开始有点儿沉不住气了。先是打电话给鹤香米业理论，然后又跟杨晓峰县长通了电话，希望县里尽快协助小孙处理，时间不等人。

当天晚上小孙告诉我，小米的颜色不均主要是因为里面可能掺了一部分陈米。现在正是收割的日子，新米要完全晒干才能剥壳。鹤香米业现在收割好的谷子，都还没有晒干，如果硬是要剥壳，米也会出问题的。现在唯一可行的办法，就是明天去县里重新找一家小米供应商。

于是，才有了三千禾后来力推的“八面乡”小米。

可能是因为做了通榆项目之后，已经把自己当成通榆人了，我一直觉着通榆的八面小米比山西的沁州黄好吃，可能也是夹杂着“热爱家乡”的情感因素在里面。自从和八面达成了合作，几乎每次去通榆，我都要到八面乡，吃碗小米饭，听乡长唠唠八面的事儿：

“霍林河流过八面乡，灌溉了栗盖土，土质非常适合小米生长。八面小米历史悠久。过去，八面小米主要是村民们自己吃，或者逢年过节准备一些送给亲朋好友。2000 年左右，由书记老丁头开始，办厂扩大规模，将八面小米商品化。这个厂就是现在的大段河米业。现在老丁头已经下不来床了。大段河米业卖给了村里年轻的、有创业梦想的杨磊夫妇。杨磊希望把八面小米越做越好。老丁头的梦想也在延续……”

我想，未来如果三千禾要在通榆选一个产品，打造人气爆款，那么，非八面小米莫属。

4. 新米“姗姗来迟”

经过小孙在东北十多天的艰苦“抗战”，10 月 14 日活动要卖的货，基本到齐了。只剩下最后一个重量级“大亨”——大米。做东北的粮食生意，就绕不开东北大米。有了大米的三千禾，品类才算完整。

而通榆本地并不产大米。早在 8 月底 9 月初，我就开始亲自寻找大米的供应商。9 月正值长春召开东北亚博览会，我去参观的时候，注意到一个名叫“丰盛米业”的大米企业展位。丰盛米业的展台设计、产品包装、企业介绍，都做得相对完善，给我留下了很深的印象。参观结束，我就急匆匆赶到了通榆。

凑巧的是，第二天中午通榆县的商务局长说要给我介绍一位大米企业的老板。在饭桌上，我惊喜地发现，这位大米企业的赵总恰恰就是前一天引起我注意的丰盛米业的董事长。一番交谈之后，我们双方都有相见恨晚的感觉。对方非常认同我正在做的事，当即表态会拿出最大的诚意来合作。尽管是中午饭，我们每个人都喝掉了一瓶红酒。

那天下午，赵总就派助理给我送来了样品。没过几天，又派了两位高管赶到我的杭州公司来洽谈合作细节。对方的态度非常积极，一切都在紧锣密鼓的进行中。能在这么短的时间内找到一家规模大、实力强、产品好的合作伙伴实在是很幸运。更重要的是，我与丰盛米业的老大还“臭味相投”。

于是，小孙的大米采购任务，只要盯牢丰盛米业就好。

可事情往往就会这样，越是让人放心的，到最后出问题的也会是它。就像是走路一样，走山路的时候，总是很小心，一步一步踩得很扎实。反而是到了平坦的水泥路，完全放松下来，连跑带颠的，最容易栽跟头。

10 月 14 日活动一上线，大米就卖出了近 3000 份。丰盛米业原本给我们的承诺是 14 日新米运出，三天后到达杭州。我们的活动是 4 天，17 日结束，刚好可以准时发货。

可是通榆的各种杂粮杂豆都已经陆陆续续抵达杭州后，大米还一直没消息。我们简直是望眼欲穿。

订单数，每分每秒都在增加，货还不知道在哪里。

后来我有点儿急了，也不通过小孙了，直接给赵总打电话，问到底什么时候能发货。他肯定地回答“今天会发出”。

接下去，又是杳无音讯。杭州团队和小孙，开始通过各种渠道，联系可能联系到的丰盛米业的人，追问货什么时候发出，得到的答案都是一样的：今天会发出。

直到 17 日，我们才得到确切消息，其实大米根本还没有装车！

这简直就是晴天霹雳。这意味着什么？这意味着，即便是第二天能发车，路上一切顺利，到杭州也需要三天，就是最快也要等到 20 日。这个时间已经距离第一批网购客户下单的日子整整一周了。先不提聚划算规则是否允许这么晚发货，单单就客户体验而言，就是极差的。好评是根本不会奢望了，能够不退货已经很好了。

事后，我们分析原因，这么大的企业怎么会那么不靠谱？其中很重要的一点就是，我们要的是新米，10 月份正值收割季，刚刚收下来的粮食还没晒干。如果想要快干，就必须上烘干机，但是，我们订货的数量有限，没有办法上机器，只能自然晾晒。自然晾晒就只能是“靠天吃饭”了，究竟需要多久，谁也没个准儿。

归根结底，那个时候对农业，确实太不了解了。这是一只“农业菜鸟”的必经之路。

5.“秀才”遇到“兵”

俗话说得好，秀才遇到兵，有理说不清。当南方姑娘遇到东北农民时，偏偏是越说越清晰。

三千禾的首秀就有个经典的营销案例，新鲜葵花整盘直送。有关具体的营销细节后续的章节会有详细阐述。在这里，我们先来谈谈“买葵花”。

这次葵花采购的促成，是我们整合原产地供应链的一个转折点。从此之后，我们在通榆的供应商合作完全打开了局面。当地人也终于知道我们是干什么的，至少不再认为我们是外地来的“冤大头”。尤其是，一直陪着小孙的元莱，从此之后，对小孙、对我们公司刮目相看。

吉林省白城市通榆县是著名的“葵花之乡”。在当地有个葵花种植大户，叫邢波，在家里排行老三，因此人称邢三儿。是个地道的官二代，父亲曾经是村书记，家境还算殷实。不过他打小就不愿意从政。人倒是勤快，愿意靠自己的劳动做点儿小生意。这样的农民，在东北农村并不多见。勤劳且有生意头脑。初见时，不怎么爱说话，感觉就是有一股子蛮力。

小孙要买葵花嘛，元莱就打电话把三儿召到县政府里来了。因为新鲜葵花盘本就是个季节性的单次活动产品，不供日常销售，所以不涉及长期合作条款，不涉及账期，原本应该是一场简单的买卖，只要把价格谈妥就行了。所以洽谈的核心，就是讨价还价。

——“我要的是一整盘葵花，连籽带花一并摘下来。当然要花型完整的，直径控制在28cm到30cm之间。还有，要帮我们装进纸盒里。要多少钱一个？”小孙问。

——“那恐怕得15块!”三儿寻思了半天才回答。

——“啊？！太贵啦!”小孙没按捺住情绪，朝三儿喊了一句。如果真是15元的收购价，那我们这次的营销活动很可能就要夭折了。因为活动的售价已经拟定在38元/颗。15元的收购价再加上包装和至少18元的运费，可能都已经超出了销售价格。

——“就要这个价啊。”三儿低着头，嘟嘟囔囔地讲，就像是刚刚挨了老师批评的小学生。他估计是被眼前这个“凶悍霸道”的小姑娘吓着了。

——“那我问你，你这个价格是怎么核算出来的？”小孙语气缓和下来，打算和三儿好好谈谈。

——“反正就是要15元。你的这个要求这么多，我要好多人工费啊。”三儿还是坚持己见。

后来不论小孙怎么“软磨硬泡”，三儿就是坚持15元一个。虽然三儿在气场上完全占下风，半天说不上一个字，不像小孙牙尖嘴利的，可任凭小孙说破了天，他就是不理你。现在想来，三儿这招叫“以柔克刚”、“以不变应万变”。你小孙不是能说会道吗，我可不会说那么漂亮的话，反正就一口价，15元！

于是，第一次的碰面，无疾而终。

在通榆执行采购任务已经有几天了，小孙似乎也已经习惯了“一切谈判都要孜孜不倦，一而再，再而三”。几天后的中午，元莱带着小孙去三儿家里吃中饭，饭桌上好谈事儿，没有在政府里的时候那么一本正经。家常便饭可以联络感情。

——“三儿，你那个15元的葵花盘，是怎么算出来的啊？”小孙问。

——“以前从来没这么卖过。但是你们要求高啊。”三儿回答。

——“那我们一起算算看。我问你，如果你在市场上单卖葵花籽，多少钱一斤？”小孙问。

——“5元一斤。”三儿说

——“那一盘葵花能收多少瓜子啊？”小孙说。

——“半斤左右吧。”三儿说。

——“这就对啦，你那个15元也高得太离谱啦。”小孙终于逮到机会了。

——“但是你的要求太麻烦啦！我还得请人包装呢。”三儿回答。

——“那就是些人公费嘛，你嫌烦不核算不要紧，我帮你一起来算。”小孙紧盯着三儿不放。

三儿也没办法，只能由着她。

“首先呢，新鲜葵花盘整盘出售，其实是给你们省了好多活儿，不用脱粆，不用筛选，也不用晾晒，整盘割下来就行。”小孙先分析了一下。然后“义正词严”地列举，如果我们采购4000盘，要10个人收割，平摊到每盘上，要多少人工费。如果10个人不够，我们请20个人要花多少钱。最后把请人包装的费用也加进去。

小孙把15元的总账，“打散了”拆解得清清楚楚。元莱在旁边听得“津津有味”，暗地里直竖大拇指，“这小姑娘‘砍价’可真是一把好手”。

不过，这可把三儿急坏了，半天蹦不出一个字。10月份零下的温度，汗都淌下来了。可不是嘛，原来明明15元的报价，现在被小孙直接“砍”成了“粉末”。他能不急吗？！差点儿就跟小孙吵起来！平时不爱说话，和和气气的人，一发起火来，还是很吓人的。

幸好元莱在边上劝着，“三儿，有话好好说。人家是客人。”这才冷静下来，又喝了两口小酒。“三儿，要么我们现在就出去摘一颗葵花下来，脱了粆，晒干，称称看能有多少分量？”小孙说。三儿答应了。

结果是半斤不到。

最后，三儿按照小孙的要求，把葵花卖给了我们。实际上，整盘出售，还是给他增收了1万多元。虽不是什么大数字，但是这一次的事件，让三儿这样的“聪明农民”，快速意识到互联网的好处，之后的合作越来越主动，主动与我们靠近。有关三儿的故事，在第5章里还会继续。

四、仓储物流亦喜亦忧

虽说是跌跌撞撞，一波三折，但总算是把通榆当地的供应链问题处理得差不多了。把粮食安全“送上路”。接下来杭州仓库发生的事儿，有喜亦有忧。喜的是关键时刻，团队还是扛得住事儿的；忧的是大家急需提升农业的专业能力，尤其是要有格局意识，能用发展的眼光看问题，防微杜渐。切不能光顾眼前，等到问题真的爆发了，才来“亡羊补牢”。

1. 一天“建成”的分装厂

除了丰盛米业的大米之外，其余的粮食都是整包的大货，是需要分装的。从 25 公斤一袋的大货包装，分装成 350g 的独立小包，对我当时的团队而言可不是一件容易的小事。因为这个环节，所有人都一窍不通，包括我自己。

所以，我“想当然”地以为，像杭州这样的城市，电商产业如此发达，一定会有专门提供这项服务的工厂。正因为不懂，才打算把分装这项业务整体外包。可是实地调查的结果是：生产分装机器的厂，只管提供机器，闻所未闻这项服务；而食品厂，只管分装自己的食品，连自家的货都包不过来，何谈帮助别人?

我们一连打了多个电话，处处碰壁。最后，好不容易在萧山找到一个即将倒闭的食品工厂，勉强符合要求。厂里设备齐全，而且可以提供分装这项服务。但是当谈到费用的时候，我直接把这家厂否定了。因为分装一包要一块多，再加上我们把货送去再拉回的运费，这绝对是个无法承受的成本。

怎么办？事到如今，就算没有枪没有炮，我们也得自己造。唯一可行的办法就是，买机器，自己上分包线！之后，我们用了一天的时间，考察了三个生产分装机的工厂。最终选定了上海的一家分装机厂。

没过几天，10 月 14 日活动正式上线了。一场"有准备"却又"没有准备"的硬仗，才刚刚开始。这一天，订单数猛增；这一天，我们刚刚拿到仓库钥匙；这一天，分装机刚刚从上海运抵杭州仓库，严格地说还是傍晚时分。

当时的情景估计和红军打游击战的时候差不多。10 月的杭州，6 点以后，仓库里已经黑漆漆的了，只能看到机器的轮廓。因为是刚刚搬进来，仓库里连灯都没有。

一开门，几个人冲入仓库重地。然后立即分成两支队伍。一边是装修工人紧急布线；另一边是分装机厂的两名工人从电箱里拉出一根临时电线，点亮了一个简易灯泡，然后就着泛黄的微弱的光晕，开始进行机器的安装和调试。与此同时，行政丹子已经在余杭当地的二手家具店购买了一批长条形的桌子，作为流水线的工作台。当天晚上就搬进了仓库。

就这样，一个简易的分装厂在 24 小时内就"建成"了。

"厂子"是有了，"工人"在哪里呢？我们正面临着巨大的分装任务。如果要在三天内发完货，每天必须包出一万包成品。而此时，我的杭州公司也仅仅成立 5 个月，另外两个项目组承接的都是小项目，团队人数有限，全部员工加起来，不足 20 人。

我当时就下了指令：全体员工，除了有非处理不可的事情，全部轮班去仓库帮忙。于是，十多个原本坐办公室敲键盘的 80 后、90 后小姑娘和小伙儿，"摇身一变"，都成了"草头兵"。这是三千禾的首批战斗在一线的分装工人。

或许是"山寨"终究敌不过"专业"。分装机在调试工人离开后不久，就开始频频出故障。第一个分装工作日，小伙伴们花了大半天的时间，在与分装机"做斗争"。不是左边漏斗漏得太多，就是右边漏斗下料下得太少。

好不容易分装机搞定了，封口环节又出现问题。因为设置的热度不够，刚封好不久的袋子又自动开口了。等发现的时候，已经封了上百包。没办法，只能全部倒回去，重来！就这样，和分装设备“纠结”了一天。

结果是，产量极低。

接下去的两天，小伙伴们去仓库帮忙的人数越来越少。这中间当然有前文提到过的黑啤管理上的问题，当然，更重要的是，我的其他几个电商项目，总不能一直这么停滞，非要处理的事务越来越多。况且，“草头兵”的包装效率堪忧。

我没有更好的选择，只能接着用“请临时工”的办法。招来一批大叔大妈，白班和晚班两班倒，按小时计工资，这样就可以 24 小时赶工了。

持续了十多天后，总算是把聚划算积压的订单都发完了。

对于这段经历，到了今天，我回想起来还是有点儿“沾沾自喜”的——这么短的时间，一群对行业如此无知的人，应对如此混乱的局面，意外状况不断，结果无论如何，大家还是顺利地趟过去了。

2. 大雪封路

就在杭州仓库打乱仗的同时，小孙在东北，已经顺利地选定了两家快递公司，准备同时派送邢三儿的葵花盘。

4000 盘葵花全部包好，整装待发。快递面单也已经就绪。货全部拉到了快递公司的仓库，小孙都已经把快递单号，一单单录入淘宝后台了。眼看着已经没有任何问题了。

老天爷在这个时候，又跟我们开了个玩笑。

此时的东北忽然下起了鹅毛大雪。一夜之间，大雪封路。很多葵花盘的物流信息显示两个字：留仓。

而我们这次活动卖的是鲜美葵，如果不能在两天时间内送到客户手里，即便以后再收到，也已经是“废物一个”了。全部发霉，既不能观赏，也不能吃。

好在，仅仅是一个小玩笑，大部分发到江浙一带的美葵还是按时抵达。留仓的大部分是北方的客户。当时，为了确保三千禾的信誉，但凡是发货后两天内没有收到的，我们都主动给客户全额退款。

或许是“天将降大任于斯人也”，即使我愿意“赔钱赚吆喝”，都不想让我赚得那么舒心。好多葵花盘因为路途颠簸，客户收到的时候，已经全成了葵花籽了。因为邢三儿和小孙都是第一次干这个活儿，没经验，包装葵花盘的网兜扎得不够紧，所以葵花籽都脱落下来。

让我万万没有想到的是，葵花盘的包装失误只是个小失误，还有更大的“灾难”，在等着我。

3. 好看不中用

第一批发货的客户，开始陆续收到货了。我的又一个噩梦也同步开启了。有关包装袋破损的客诉就像是复读机一样，一直在我耳边响个不停。活动结束后，把数据一统计，破袋比例居然高达 30%。这个事件，给我和我的团队上了非常严肃的一课。

这是三千禾的第一代包装，一个透明食品袋系列。因为我们都不专业，当时还特意委托了一名喝过洋墨水的设计师来操刀完成。包装的设计总体也不错，简约典雅，比较迎合网民的审美需求。但是，光好看是远远不够的。那名包装设计师最擅长的是视觉设计，而对包装材料则是“门外汉”。也并未提醒我们，材质选择的重要性。出于节约包装成本的考虑，我们最终定了相对较差的材质。

同时，杭州团队里负责包装袋生产的小范，也是个生手。他刚刚进公司不久，还没有完全融入。加上性格相对内向，少与大家交流。遇到事儿，喜欢独自解决，也不汇报。当生产包装袋的事儿已经火烧眉毛了时，就很随意地选定了一家包装厂。既没有多选几家做比较，也没有事先与我沟通。

等到我们的分装厂已经“建成”，货也都到了的时候，包装袋却迟迟未到。我追问起小范包装厂的事情，方才得知，跟我们签合同的这家厂规模很小，基本无法在规定时间内完成10万个包装袋的生产。

我非常严厉地批评了小范，并要求他让包装厂分批送货，生产出来多少，马上送过来多少，好让工人先分包起来。于是，这批袋子，送一批包一批，足足送了一个多星期，才把所有袋子送齐。

最后，包装袋的材质选择错误和包装厂生产力严重不足，直接导致了极高的破袋率。再加上粮食晚到、分装不及时造成的延迟发货，“重压”之下的仓库发货难免错发漏发，临时工挑豆经常性“百密一疏”，三千禾的“困境”，已经是“雪上加霜”。

等到产品全部发出后，就开始了持续长达半个月之久的客诉。为了保证三千禾的信誉，我们一般都是以退款或补发的方式处理。据苗妙回忆，当时仅仅处理退款一个事情，每天就要花费两三个小时。

事后团队开总结会议，分析原因的时候，小范主动承认了错误，“这次是我的失职，对行业不了解。我们开始选的那种包装材质比较脆，通过大货运输供实体店销售，是没问题的，但是小包快递，就很容易在快递途中发生漏底破袋。而且我又放在小工厂里赶工，底部也没有完全封牢……”

但是，任何人都要对结果负责，尤其是创业团队里的成员。小范这次的失职，虽说有经验不足的原因，但是选包装厂的事情过于草率，就算是时间紧迫，事后也没有主动与我们沟通，而是选择了“秘而不报”，等着问题发生。“一个萝卜，一个坑”的创业团队容不得一粒沙子，我坚持认为小范不适合现在的岗位，把他辞退了。在我二十多年的职场生涯里，很少“开掉”员工。小范算是一个。虽然有些残酷，但我知道，通榆项目，太需要有品德的“狼”，而不是懦弱的“羊”。

有关这次包装的教训，我总结了一下，希望可以为后来者“提个醒”。

首先包装不仅要好看，更要实用，要符合渠道的特性。比如，供超市销售的包装袋，最好能透明直观，去实体店购物的消费者图的就是个“看得见”、“摸得着”；而供网络销售的包装袋，在表现形式上可以加更多的创意和想象力，但是一定要考虑到快递途中的安全性。三千禾的第二代包装，经过第一代的教训，就选用了非常牢靠的牛皮纸材质。同时从节约成本的角度考虑，规格也从原来的 350g/包提升到了 420g/包，但在用料上无论如何不能节省；否则会付出成倍的代价。我们目前在售的大部分产品，都是用二代包装的。但在运作过程中，还是发现了诸多不如意。一是包装袋的规格采用了狭长的非常规尺寸，在外观上给人增加了不少创意感，但是由于口径太小，给分装带来了难度，降低了分装的速度和效率；二是牢固度是绝对达到了，换了这个包装后，破损投诉比例几乎降至 0，但是这款包装看不见里面的实物，仅适合电商销售，不适合线下展示，会影响网店之外的线下渠道的开拓。因此，我们最近在进行第三代包装改革，希望能最终找到一个适合 O2O 的包装解决方案。

4．高达 35%的物流成本

提及没经验、交学费这个话题，最贵的学费还不是前面提到的请临时工和包装问题，而是物流，一个农产品电商里暂时还没有更好的解决办法的“痛点”。

三千禾的第一份成绩单是，4 万个订单，近百万销售额，这些包裹要分成两大段运输。第一段是从吉林通榆发物流，将大货运抵杭州仓库；第二段才是把分装好的小包从杭州仓库快递发到全国各地。而粮食的分量可不轻，我们的包裹，最轻的杂粮三联包，净重也要 1200g，外面再套上纸箱，在 1400g 左右。最重的，光一袋大米就要 10 斤，最疯狂的客户，一人就能购买 10 袋。

为了确保发货能力，在杭州我们也同时与两家快递公司合作：天天和中通。因为订单量实在是太多了，两家快递公司也都派了四五个工作人员来帮忙打包，加上杭州公司的员工和临时工，也算是有二十来号人马了。大家开足马力，全力赶工，好不热闹。一边是打包组，自发地形成了三个打包小组，流水线作业；另一边是分装组，用自动分装机分包、封口，也是流水作业。满眼望去，分装好的小包、大小纸箱，还有未分装的大货，堆积成山。赶工的那段日子，每天晚上我处理完公司里的事务，也都跑去仓库帮忙打包。分装机“哗啦哗啦”有节奏的下粮食的声音，撕封箱胶带“嗞啦嗞啦”的刺耳声，场面壮观，好像在搞“大生产运动”一般。说句心里话，那个时候，我还是满心喜悦的。

但最后一结账，却发现物流成本的占比高达总销售额的 35%。拿到数据我也吓了一跳，虽然知道农产品的物流成本高，事先就有心理准备，但是也没想到会这么高。

事后分析，原因是多方面的。首先，时间紧任务重，物流工作缺乏统筹，基本上是处于散兵游勇的状态。从通榆到杭州的大货，各品类的粮食到齐时间不同，也是为了能够抢时间，只能是到一批货发一批。而大货物流包车的规矩是，不满整车也一律按整车的承载量来收费。我很清楚地记得，第一批要从通榆发出的货总计 27 吨，而卡车载重量是 40 吨，我们也只能按 40 吨来支付运费，这样分摊下来，单位重量的运费成本就增加了48%。

其次，还有一些主观上工作失误带来的额外损失。比如前面提到过的，包装袋的破损漏袋、大米的延迟发货等引起的补发、重发、赔偿等。

第三，前两方面的原因总结之后，是有办法可以解决的。不满整车发货的情况，日后可以通过合理的采购计划，尽量避免。因售后赔偿引发的物流损失，可以通过更改包装，优化仓库发货流程，将费用控制在合理的范围内。但是，有关快递费用本身过高，对于单价低、重量大的农副产品不适用的问题，才是真正困扰我的地方。快递的价格，无论如何降，快递公司都有其固有的运输成本存在。快递费用对农产品而言，始终是一项无法忽视又无力改变的高额成本。而我国地域辽阔，优质农产品往往来自交通不便的偏远地区。这些优质农产品，即便是原产地直销，一旦加上快递费用，等到达消费者手里时，性价比也已经大打折扣，价格优势尽失。也正因为如此，若想从根本上解决农产品物流成本高的问题，我们只有另辟蹊径。比如，目前我们正在研究农产品通过社区 O2O 的方式到达消费者手里。

全国各县域的优质农产品，只有在物流运输方式得到妥善解决的前提下，才能真正实现从田间地头直达消费者的餐桌，原产地直供模式才能真正发挥其应有的作用，让普通消费者吃得好，也不贵。

5. “水土不服”引发大面积霉变

《晏子春秋》有云：橘生淮南则为橘，生于淮北则为枳。意思是，橘树生长在淮河以南就是橘树，生长在淮河以北就变成枳树。这个简单的道理，我相信大家都懂，可往往最简单的道理却最容易被忽视。

第一批东北粮食入杭州仓库是在 10 月份，那个时候，天气已逐渐转凉。当时我和我的杭州团队，正开足马力，终日忙于网店运营、销售、发货、售后、搞促销、做影响力，扩大三千禾品牌的知名度。

渐渐地，三千禾已经累积了上万名客户，禾协会的粉丝也突破了 4000 人。一切都在往好的方向发展。我们的冬天，好像已经过去，春天就要来了。然而，就在我刚想把紧绷了大半年的那个“弦”松一松的时候，又一场“事故”发生了。

过了 5 月，杭州的天气瞬间转暖，气温陡然飙升。南北方因气候差异所埋下的隐患，在顷刻间，如同定时炸弹一般突然爆炸了。那一天，仓库主管来电，“莫总，不好了。库存里好多粮食都长虫子了，而且还有好多发霉的。怎么办啊？”这个时候，我才猛然意识到，我们忽略了南北方气候差异，忘记了提前做防潮和除湿的准备。在备货的时候，也忘记了提前考虑季节变化而做出更科学的采购计划。

“莫总，怎么办啊？”仓库主管的再次追问，打断了我的沉思。

“唉，绝对不能卖了。赶紧盘点一下存货，把所有霉变的粮食处理掉吧。”做出这个决定的时候，我实际上是很心痛的。这不单单是因为扔掉这么些存货所带来的经济损失，更重要的是，原本好端端的，从原产地运来的这么多优质杂粮杂豆，就在我手里给糟蹋了。我自觉有很深的负罪感，对不起通榆农民一年来的辛勤劳作啊。

但木已成舟，后悔又有什么用。事后，我给团队开了深刻的反思会。“开始做粮食生意已经大半年了，如果说最早的时候，经验不足可以谅解。但是现在，我已经不能再容忍因为不懂无知而造成的失职。这次的事件，有很大一部分原因是大家做事用心程度不够。比方说，采购人员平日里若能多关心一下货物的流转问题，仓库人员若能在空闲时多检查一下，可能我们今天的损失就没有这么巨大……”

为了让团队能够记住这次的教训，我对相关人员做出了经济处罚。仓库人员承担主要责任，采购销售人员承担连带责任。当然，罚钱只是手段，目的是希望大家真的能够明白，用心做事的重要性。

同时，为了从根本上杜绝此类事件的再次发生，我们对杭州仓库的备货计划做了科学的调整。杭州仓库的粮食周转率在 10 月至次年 4 月，最长不得高于 90 天，在 5 月至 9 月，必须控制在 45 天之内。

五、三千禾品牌诞生记

"麦六十，禾三千，谓之大有年，凡一穟当有此数。"

——宋龚鼎臣《东原录》

三千禾的品牌创意来源于这段诗文。一个禾穗三千子实，寓意丰收。诗文中还藏着另一个品牌——大有年。这是我为通榆的畜禽产品准备的。

闯荡职场二十载，前十年顺风顺水，后十年无比艰辛，挣扎度日，每每看到曙光，却又总是失之交臂，从未到达彼岸。寓意丰收的三千禾能否让我在应该收获的年纪满载而归？答案不得而知。成功一定是个小概率事件。但不论结果怎样，三千禾都可能是我这辈子最后一次任性了。很感谢通榆给了我这次任性的机会和土壤。

1．改不了的文艺腔

我是一个为梦想而活的人，身边很多朋友都觉着我不像个商人，更像是个文人。或许这和我早年曾在新华社当记者的经历有关。每个人的第一份工作都对其职业习惯的养成至关重要。

2004年，我创办了上海莫耶，提出了"非白色卫浴"，打造纯手工艺术台盆，从此踏上了一条"不归路"。莫耶是我的第一个"白日梦"。对此，我首先要感谢的人，是联合创始人LUCY，她是学英语专业的，北外的高材生，有留英背景，是个标准"海龟"。原本在500强外企里干得好好的，因为我放弃了高薪且光鲜的工作，和泥巴打起了交道。刚创业的头两年，我们经常开车往返于上海和景德镇，考察工厂，寻求与新锐陶艺家的合作，跑过的里程数以万计。本书的书名之所以叫《八万里路云和月》，其中一个原因就是为了纪念那段过去。同时自勉：我依旧在路上，不能有任何倦怠。

LUCY 也是个很有创意的人，莫耶这个品牌应该说是我们俩头脑风暴的结果。释迦摩尼的母亲是摩耶夫人，莫耶品牌的中文释义是“摩耶”的谐音，同时，也是我和 LUCY 的姓氏“牟”和“叶”的谐音。其英文写法，也比较有意思。MOIIDEA，MOI 是法语“我的”的意思，IDEA 理解为英文“创意”，合起来就是我的创意。充分表达了我当时希望走差异化、个性化的品牌路线。至于普通“大路货”不是我们要做的事情。可在 2004 年的中国市场，人们对于品质的追求并不强烈，中产阶级的消费力也远远没有形成气候，如此小众的产品，从诞生之初，就注定了困难重重。莫耶的这十年，多次命悬一线。最困难的时候，我甚至卖掉了那辆跟我跑了八万里的“座驾”以抵债。不过我终归还是幸运的，一路上，得到了无数好朋友的帮助，莫耶至今还活着。2014 年，我们还为她过了个热热闹闹的生日 Party，莫耶十年品牌庆典。

关于莫耶品牌一系，后来还衍生出一些其他子品牌。比如，莫耶的高端品牌，善莫大耶，取义佛教用语。其 LOGO 是由著名书法家贺京沙书写的。一些高端瓷礼定制，我们都会以善莫大耶的名义运作。另外还有一个专门经营纯艺术品的品牌，大善。从莫耶到善莫大耶，再到大善，几个品牌一脉相承，都是做些关乎品质、关乎艺术的生意。

之所以提及早年的这段创业经历，也是为了让读者更全面地了解三千禾品牌的前世今生。行业虽大相径庭，但做事儿的人却是同一个。我，一个还算“有文化的农民”，正在用心做的。区别于其他品牌首要也是最重要的特质就是——文艺。

2. 原产地直供模式

从田间地头直达餐桌，省去所有中间环节。不仅让产品品质从源头上得以保证，而且省去的各种间接成本，可以直接让利消费者。直供模式本不是什么新玩意儿，农工商、联华等各大超市早就在用。不过在 2013 年 10 月的淘宝，高举“原产地直供”旗号的，唯三千禾一家。如果非要给三千禾的原产地直供定个性，那就是自上而下，高举高打，先声夺人，先从气场上"震"住你。

为此，我们特别请了通榆县的书记和县长一起来为三千禾首秀"站台"，政府办、电商中心，还有23万通榆农民一起为三千禾摇旗呐喊。白纸黑字，公章为证。书记、县长联合为通榆杂粮杂豆代言，起草了一份《通榆县致淘宝网民的一封公开信》，同时加盖了中共通榆县委和通榆县人民政府的公章。另外，由电商中心牵头，制作了写有"通榆县人民政府全力支持三千禾杂粮杂豆原产地直销"的条幅，组织工作人员拉横幅在县政府大门口合影，彰显"后援团"的强大阵容。

政府背书成了三千禾手中最大的一张王牌。我强制要求，在每一个单品页的最显著的位置恶狠狠地用上"公开信"、"政府独家官方授权"等内容。当时来自黑啤团队的反对声音很多，他们认为我这么做有些背离市场，远离客户。毕竟有没有政府授权，客户并没有那么关心。页面设计得太官方、太口号化，不符合互联网一切消费娱乐化的特性。理论上，他们没有错，可我当时固执地认为他们太"学院派"了。三千禾的首秀本来就不是一场常规意义上的"战役"。没有充足的时间去分析行业销售数据，没有充足的时间去分析单品卖点，更没有充分的时间去从头了解农业。毫不夸张地说，当时很多的团队成员甚至分不清芸豆和红小豆。不要怪我没有花心思组建团队，2013年秋季，哪来那么多既懂农业又懂电商的专业人才。扪心自问，我们有什么？与其再挖空心思找那个还不一定有结果的产品卖点，不如直截了当"卖"政府。有的时候，土匪式的"赤裸裸"比咬文嚼字的"学院派"更管用。当时的我，就这么独裁和霸道！

我常常调侃自己，既不懂农业，也不懂互联网，却干了农产品电子商务这件事儿。可能就是因为不懂，才不会被条条框框约束。所谓物极必反，有时候，太懂了，未必是好事儿！后来的事实证明，我当初的独裁是对的。从10月下旬开始，淘宝上涌现出了无数店铺打着原产地直供的旗号，并且还喜欢多加一句：我们只做大自然的搬运工。从2014年开始，政府背书这一招已经不是什么秘密，开始有越来越多的书记、县长登录淘宝，亲自"卖货"。

3. 新鲜葵花籽整盘直送

有关三千禾首次亮相天猫的处女秀，我想特别感谢一个人——农小妖，就是之前帮助通榆走上电子商务这条路上的那个小二。

在项目筹备期，曾一度苦于开店没有足够的亮点。记者出身的我，对于营销的要求几近苛刻。有一次去通榆考察，小妖也在。走到连片的花田，数不清的向日葵都朝着太阳升起的方向，被风吹得“摇头晃脑”，很美。忽然她拍了拍我，说：“老莫，干脆我们活动就做这个吧！直接卖一朵花！”“啊？！啊！太好了！就这么干！”那天，我特别兴奋，有了好的点子，我对于三千禾的首秀信心更足了。尽管这个点子当时在通榆人看来简直就是“天方夜谭”，根本不可能实现的事儿，也从来没有人这么干过！有关买葵花的种种遭遇，前面的章节也提到过。

不过，我还是一如既往的“独裁”。我一直给团队洗脑，给政府洗脑，强调要创新。尊重规则本身并没有什么错，可一直跟在别人屁股后面跑，被数据、规则牵着鼻子走，什么时候才能“出头”啊？就以葵花籽为例，牙签（葵花籽的一个品种）、美葵是香，可是如果仅仅是卖葵花籽，通榆一定会被淹没在淘宝成千上万的“瓜子堆”里。任你再香，再好吃，也不会有人在意，因为根本不会有人看到。即使看到，估计他们也更愿意买洽洽。

在某种程度上，互联网还真是“眼球经济”，我给葵花籽穿了件“衣服”，包装了一下，效果就会完全不同。葵花盘一上线，就把已经备好的4000盘全部卖光。产品下线之后，还有好多客户来索要。可惜就一年一次，先下手为强，错过只能再等一年。

既然是原产地直销，评估一个事件营销效果的好坏，我们只看两头。一头是原产地的农民，一头就是消费者。

先来看原产地的农民。卖葵花盘的农民邢三儿，前面的章节也提到过，开始把我们当“冤大头”，后来被小孙“征服”。最早我在通榆见到他的时候，不怎么爱说话。每次找他就一句，“你说咋干呗？我就照着你的路子来！”有些东北农民就是这样，坐在炕上唠嗑的时候，特别能讲，可一到正儿八经的时候，要他讲就一句话也说不出来了。邢三儿就是个典型。

2014 年的时候，通榆电商已经有点儿名气了，央视财经频道去通榆县采访。邢三儿因为葵花盘的营销事件，被要求"出个镜"。邢三儿虽然因为小生意做得不错，在村里挺牛气的，但哪里应付得了这世面啊？于是电商中心派元莱去给他做上镜前的"辅导"。一字一句教了半天，就差白纸黑字给他写下来，就像小时候背课文一样了。最后，邢三儿来了一句："哥，怎么讲啊？"

——"汗！怎么讲？刚才不是教你了吗？"

——"忘了……"

我都能想象到元莱当时的表情，真是欲哭无泪啊。没辙，再教一遍吧。

好在最后总算顺利过关。这下子三儿可成了村里的大明星。在这个偏僻的东北小县城，祖祖辈辈都靠种地谋生，村民们做梦也不会想到有一天，央视的记者能来。居然还采访了身边的另一个农民。

从此，三儿不仅仅能在炕上唠嗑，讲起正儿八经的事儿也底气十足，还说得头头是道，连一个结也不打。这个在东北当地叫"有尿性"，意思和我们常说的牛气差不多。

我最近一次见他，发现他愈发有头脑了，不再是我让他干啥，就干啥了。还私下和我通榆的负责人说：跟莫总说说，我们这里穷啊，需要莫总投资啊，我还想搞个农场，搞搞众筹什么的！

"众筹？！"我知道后，先是大吃一惊，进而感到很欣慰。虽然一年一次的葵花盘销售，也只能为三儿带来万把块的经济收益，但是一旦人的观念发生了"质"的飞跃，那么，他就离彻底的脱胎换骨不远了。让我们一起祝福三儿的生意越做越大。

再来看消费者这头儿。

实际上"新鲜葵花盘直送"营销事件本身，就是三千禾文艺腔的集中表现。葵花盘的购买者，大多都是图新鲜、好玩，不单单是好吃的层面。

消费者本身也是有情趣、有创意的。我记得第二次卖葵花（在没有冷库的情况下，新鲜葵花盘直送一年只能做一次。在总结了 2013 年的教训后，2014 年我们又搞了一次）的时候，我的几个 90 后小朋友员工，也买了葵花盘。一来支持公司的生意，亲身体验一下；二来也是"闹着玩"，抱着葵花盘一个下午，居然吃了个"南瓜头"出来。当时正直万圣节前夕，小朋友们还和南瓜头合影，放在朋友圈，说是万圣节礼物。一时间，那张搞笑图片被疯转。LUCY 当时非常敏锐，立即决定，借此做个互动活动，向所有买了葵花盘的客户征集"瓜子残留图案"。凡是积极参与且把照片连同三千禾的店铺 LOGO 放在朋友圈的客户，都有礼品赠送。先是在她小姐妹的微信群里动员了一下，效果非常好，好几个原本没有买葵花盘的，为此都重新下了单。有人说要吃个"小纂"，有人说要吃个"清明上河图"，还有人说要吃一只"天猫"出来。居然还有人说怕直接"吃不好"，要先去画个样子，然后"照着吃"。一时之间朋友圈被"各色"葵花盘刷屏。当然，终究还是没有清明上河图，专业技能要求实在是太高了。

一个产品，如果可以给消费者带来超过其使用价值本身的价值，就会给客户意外惊喜。同时，消费者也亲身参与到产品价值再造的过程中，"哥嗑的不是瓜子，而是快乐"。在整个 DIY 过程中，消费者是快乐的，是充满想象力和创造力的。不仅产品本身已经在客户脑海里留下深刻印象，积极主动地进行"自传播"也就是很自然的事了。应该说，新鲜葵花盘直送是至今为止三千禾打过的最漂亮的营销战役。

4．三千督导与禾协会

之前的章节提到过"被玩'坏'了的优惠券"，这一负面事件的唯一正面效应就是让我切身体会到了互联网上"免费"的力量。当然，这种"恍然大悟"是用"黄金白银"买来的。三千禾开局的乌龙事件，让我很没"面子"。不能再这么乱下去了，一定得扳回一局！你不是想吃免费的午餐吗，我就让你吃个够！干脆放开来免费赠送，通过三千禾的微信公众账号——禾协会，面向全网征集"三千督导"。只要买过我们的产品，哪怕只有 9.9 元，也可以成为督导免费领赠品。还不止可以领一次，每次上新，都能领。领的还不是少量试吃装，而是“货真价实”的正装。但有个条件，所有赠品的领取必须通过三千禾天猫旗舰店下单。这样一来，不仅仅禾协会可以沉淀不少粉丝，而且通过这些天猫交易，还可以把三千禾的动态评分拉上来。这个作用跟刷单是类似的。但刷单是“黑市交易”，我这个“三千督导”可是合法的。

同时，大批量的派发赠品本身，也是在帮通榆打广告，只是把原本付给广告公司的推广费，换成了产品货值。我当天就把自己的想法向杨晓峰县长汇报了。他特别赞同，而且还承诺说，为“三千督导”派发的所有粮食，政府也参与。有了县长他们的强大后盾，我底气就更足了。干吧！

以下是当时在禾协会微信公众账号里发的三千督导征集令：

免费的午餐来了——三千禾面向全国买家公开招募 3000 名买家督导！

三千禾旗舰店招募买家督导啦！

这次可不是噱头哦！是实打实的**免费赠送**，并且，送的还不是小气的试吃装，是正式上线的标准分量；送的还不是一次，是任何一款新品上线前，都会先寄一份给买家督导们品尝。目的是让买家来做我们通榆杂粮杂豆的品质监督员！

三千禾用这么大的动作来招募买家督导，一是表达通榆政府和农户对淘宝买家的感谢；二是通过买家的前期介入，更好地提高产品从品质，到包装，到物流环节的监控。

会员特权：

1. 三千禾每款新品正式销售前，会给督导优先免费品尝。常规装包邮到户。一年不少于十次免费试吃的机会，价值上千元。

2. 买家督导日常购买三千禾产品，享受 9.8 折包邮的会员折扣权利（聚划算、双 11 等大型促销活动产品除外）。

3. 三千禾买家督导有独立的客服专线，由督导中心提供一对一服务，享受产品咨询、售后等快捷服务。

入会条件：

1. 在三千禾旗舰店有过至少一个成交订单。

2. 加入“禾协会”，即：关注三千禾公众微信平台“club3000”。

3. 通过微信报名，报名格式：我要当督导+您购买的平台名称和您的平台账号名+姓名+手机号+收货地址。例如：“我要当督导，淘宝天猫店，路路猪，王XX，139XXXX9692，杭州市余杭区文一西路X号X号楼XXX室”。

入会确认：

报名后，经审核符合标准，我们会在微信上回复您已成为督导。

督导资格的保留和取消：

1. 欢迎督导推荐满足入会条件的好友入会。

2. 督导的意见和建议对我们非常重要，欢迎督导在试吃后，可以在微信上给予真实的评价。

只要您曾在三千禾下过单，即日起报名，即有机会成为三千禾买家督导，享受每年不少于十次、价值上千元的免费体验品快递到家服务。3000名督导资格，全面开放中，等候认领。

征集令一发，客服MM们又开始忙了。旺旺上“一片红色”，当时看到最多的咨询就是“我要当督导”。为了用更短的时间召集到更多的督导，我还在公司内部要求每个员工，从身边的朋友中拉5个督导。我一直坚持一个观点，如果连自己和身边的朋友都不吃我们三千禾的粮食，怎么能要求其他客户爱上三千禾呢？因为连我们自己都不爱。再说，这次活动确实“货真价实”，如此好的福利，怎能不通知好朋友呢？我自己也动员了好多朋友来当督导。还专门在禾协会里发了一篇软文，为三千督导“拉票”。

正文如下：

我们的生意，大家的福利

一直以来，我们努力想将自己的生意，与周围朋友的工作、生活搭条线，却发现是件好难的事：

最早做瓷砖，间或有朋友家里装修，让我们来个“半买半送”，但还是极少数，大多数人摸着冰冷的瓷砖，给我们排了一个五年八年后的装修计划；

后来，我们自己创业了，做艺术台盆，虽然赢得满堂喝彩，但阳春白雪，别说卖了，想送都找不到合适的门；

再后来，做了艺术品，喜欢的人倒是多了，也送了不少出去，但越送心里越没有底——生意这般做下去，关门是迟早的事。

……

在我们自己的公司，有同事曾开过玩笑，“你们最好还是不要在办公室里待着，你们送掉人情，把我们的提成也送光了”。这话不假，只要有人喜欢，但因价格因素犹豫，凡是被我们碰到了，要么一降再降，要么干脆就送。我们的价值观：“能找到喜欢我们东西的人，是不容易的！”

我们的生意，在很大程度上，真的是我们朋友的“福利”。一句话，只要他真的需要，他真的喜欢，价格不是问题。换一个方式来理解，如果连自己的朋友都不会用的产品，这个产品会有市场前途？这个观念伴随着我们下海的这些年，直至今天。

但很遗憾，我们在海里折腾的这些年，大部分生意，与朋友们没有关系。于是乎，有不少人一见面时就会很关切地问：“你们这些年都在忙啥啊？”唉，连朋友们都不了解的生意，又能够做得多大、多顺畅？

这次，我们终于走运了。三千禾的推出，农产品成了新的项目，我们发现“大家的福利真的成了我们的生意”！农产品，粮食，是每一个人每天要面对的。尤其是在粮食安全形势如此严峻的今天，能否吃到有机的，甚至是绿色的，成了身边每一个人的强烈需求。我们做的努力，突然间，成为关系到朋友们生活品质的一件大事。

还是那个态度，要送。我们的生意，必须要成为大家的福利。尤其是粮食，我们送得起。所以，我们有了“三千督导”的策划，有了万份“试吃”的大礼。唯有让大家信服这份福利，才能影响到更多的人。

所以，大家的福利，才是我们的好生意。

结束记者生涯之后，已经很少有机会静下心来写写东西了。这次为了三千督导，也是拼了。好在“宝刀不老”。

5. 杂粮主食化倡导者

在2013年的时候，我们都误以为通榆是黑土地。通榆亮相天猫，我们也一直打着“黑土地宣言”的旗号。实际上，通榆是“灰土地”。真正的连片黑土地在黑龙江。不过通榆的土壤，跟我们南方的土相比，颜色确实深许多。

这个误解就这样延续了很久。直到有一回，通榆县和1号店搞了个共建直供基地的线下签约仪式，出于线上营销的需要，1号店的运营人员提出给每个购买通榆粮食的客人送一把黑土。而且这个黑土还要有检测报告，以证实此土的养分充足，进而生长在此土上的作物绿色、无污染。我们把需求提交到了通榆电商中心。这才第一次得知，通榆不是黑土地！

这下团队没有方向了。三千禾造了半天“黑土地”概念，今天忽然得知，之前的营销方向是完全错误的。于是就有人跑来问我怎么办？

既然黑土地不能用了，就想别的招呗。我翻阅了大量的资料，紧接着还飞去山西参加了农业部深加工局的研讨会。在会上得到一些启发，现在的人都关注健康，而很多网站包括朋友圈都发了有关杂粮养生，多吃杂粮有助身体健康的帖子。还有人提出粗粮细吃。于是，就顺势将三千禾定位为“杂粮主食化倡导者”。这个定位一直沿用至今。

6. 腾讯“拉”了通榆一把

虽然有了新的定位，但仍然无法挽回颓势。三千禾在那场轰轰烈烈的聚划算之后，有很长一段时间陷入了停滞状态。一来是那次大活动，网店伤了“元气”；二来是经过那次大促之后，淘宝好像一夜之间冒出了无数的竞争对手。而通榆的杂粮杂豆本来就是个小类目，市场份额就那么大。品类的单一严重制约了三千禾的增长。

电商中心看到三千禾好像后劲不足，销量直线下滑，便也没有了当初的积极性。每每和县长碰撞出的火花，会后无人问津。我在通榆所面对的压力也越来越大，最直接的表现就是酒越喝越多。有一回断片儿之后的第二天一早，就给欢欢发信息，这个时候的项目负责人已经是欢欢了（苗妙处理完那段危机之后，就回上海继续读书了）。大家都喜欢叫她欢姐，一个很霸气的称呼。她也是个拥有八九年电商经验的互联网老兵，早年曾就职于阿里。

要她立即拿出解决办法。欢欢说没有办法立竿见影，店铺只能慢慢养，如果觉着她能力不够，可以换人。我当时按捺住内心的情绪，解释说我不是那个意思。

现在想想当时确实有些强人所难。欢欢最擅长的是网店运营，而单纯靠运营本身想一日之内使销量突飞猛进，是非常难的，甚至可以说是不可能的。除了搞大型活动之外，三千禾已经没有退路了。可偏偏动态评分低于 4.5，根本无法报名淘宝活动。

我们当时唯一能做的，就是等待。随着三千督导和第一批大促累积的回头客，不断复购，慢慢把店铺评分拉起来。

等待了足足有半年的样子，终于争取到了一次机会。聚划算在 2014 年 3 月的时候，推出了一个叫“互联网私人定制农场”的项目，俗称“聚土地”，出售土地使用权。同时兼顾农产品和旅游产品的跨界营销。实际上是预售的一种形式。第一次效果不错。在 9 月的时候，想再搞一次，称为聚土地二期。那次活动由另一家 TP 公司主导，我们作为跟随者得到一张“入场券”。活动时间定在 2014 年 9 月 29 日。

说来也巧，就在活动上线前，9 月 19 日下午 15:37，腾讯新闻推送了这样一条消息：

吉林野生丹顶鹤突袭并啄伤游客

2014 年 9 月 17 日，吉林省白城市通榆县向海国家级自然保护区，一名游人被野生丹顶鹤袭击。当日中午，几名游客在向海国家级自然保护区观赏拍摄野生丹顶鹤，其中两人先后遭到同一只丹顶鹤的突然袭击，衣服被撕破，多处皮肤被鹤嘴啄伤爪子挠破。

“通榆，向海，丹顶鹤”！熟悉又令人兴奋的字眼！LUCY 看到后，立即把这条消息转发到 QQ 工作群里，并引导大家加以好好“利用”。

原本与同期参加聚土地二期的其他几个地方相比，通榆不占任何优势。北京延庆、海南三亚，虽农产品一般，却有不错的旅游基础，城市知名度也够。而通榆呢？虽是著名的鹤乡，但估计在 2013 年之前，少有人知道通榆两个字。虽然景是真的美，国家 AAAA 级自然保护区向海湿地几乎有十个西溪湿地那么大，但这些都无法逃开东北旅游软环境差的通病。再加上通榆地处偏僻，去玩一趟的时间代价实在太高。

然而，在这个节骨眼儿上，向海的丹顶鹤“发飙了”，居然还被腾讯爆了出来。当即引发了无数网友的转发和跟帖讨论。一时之间，向海丹顶鹤成了大明星。网友们都知道，在中国东北有个通榆，通榆有个向海，向海的丹顶鹤很“残暴”，会伤人。单就这一点，已经把通榆的地域知名度拉至几乎与延庆等地平起平坐的位置。

这个事件似乎也在冥冥中印证了“通榆是一块儿福地”的说法。

7．定制私人东北粮仓

对于这次聚土地二期，我对欢欢团队的评价很高，打 90 分。我一直讲这是三千禾开店以来，打的一场漂亮的“翻身仗”。

自从开局的大促之后，销售几乎停滞不前，团队压力很大。电商中心的工作人员曾在一个月之内向欢欢要过三次销售数据，可那个销售额小到连欢欢都难以启齿。现在终于有机会“咸鱼翻身”了。虽然，这次战役的成功，在一定程度上也要归功于通榆县政府的倾力配合。有关政府此时发挥的作用还会在后面章节中详述。

机会总是与风险并存。有了上一次聚划算大促评分下滑到谷底的教训之后，这一次我还是非常谨慎的。对欢欢团队的要求也非常简单，第一，不能亏本；第二，要充分考虑到售后问题，一定要确保店铺评分；第三，做好跟随者的角色。通榆这么久没在淘宝“露脸”了，小二们也都快不记得三千禾了。这回虽然做不了主角，能演个配角也不错啊。帮衬着主角把二期这台戏唱好，就足够了。至于后来通榆始终引领二期的销售额，倒是超出我的预期的。

这一回，欢欢团队的工作强度并不亚于开局时的那次聚划算，最忙的时候，听说团队曾经在一个星期内喝了三箱红牛。不过唯一不同的是，这次还算是“运筹帷幄”，上次是“乱七八糟”。

首先，在视觉策划上，还是很有亮点的。通榆不是穷吗？经济状况不是还停留在十多年前吗？那我们就用最原生态的、复古的手法，唤起消费者对于十多年前生活的回忆。几个套餐，都用粮票的形式展示。页面设计得非常“革命”。用欢欢的话讲，这个叫“通榆时尚”。

而在套餐产品的组合设计上，运营团队也是做足了功课的，除了考虑到产品的最佳食用季节外，还参考了一些有关营养学、养生学的内容。最重要的是，这一次的营销活动，我们把“如何吃”这个点，提到了很高的位置。在随货派发的《通榆地主手册》中，有 6 页都是关于养生食谱的介绍。东北的杂粮杂豆，很多南方人都不会做。而我们卖的是原粮，如果不教会消费者如何做，生意做不长久。

等活动正式上线后，通榆一路“领航”，并最终保持了销售额第一的战绩。我原本还是非常担心售后的。不过这一次，“林子大了什么鸟都有”、“众口难调”的规律，没有在三千禾身上得到印证。

通常是订单数越多，出现差评的概率会越高。而这次发货之后，我意外地发现，普遍的评价都还不错。消费者都非常认可三千禾，支持通榆。我想这个结果在很大程度上与客户质量有关。

开局的那次活动，参加活动的商品是单包小米、单包绿豆等，客单价普遍不高，最低的只有 9.9 元。购买者大多是图价格低，有贪小便宜的心理，对品牌的忠诚度不高。但这批价格敏感型客户，偏偏对于产品品质的要求更高。他们希望可以少出钱，甚至不出钱，就可以买到特别棒的东西。而一分价钱一分货的硬道理，在农产品领域照样适用。所以，那次的大促积累下的客户未必是我们的目标人群。

而聚土地二期推的是整体打包的套餐，卖的是一家人全年的口粮，而非单独的一包小米、一包绿豆。客单价偏高。因而愿意下单的消费者，其实心里对于产品品质是有一杆秤的，对于产品的预期也相对理性。只要我们足够用心，对于这部分客户的服务也相对容易。从某种程度上讲，这个才是我们的目标消费者。

8. 众筹高粱村

通榆有两个杨晓峰，一个是通榆县长杨晓峰，还有一个是村长杨晓峰——再普通不过的农民。

结识第二个杨晓峰，是2014年年初，我不知道是第几次去通榆考察的时候。印象里当时他只说了几句话："莫总，我种了很多高粱，不太好卖，但我的东西真的特别好！能不能和三千禾合作，一起把高粱给卖了？"当时来访的客人实在是太多了（每次去通榆，都有一堆人盯着我，政府的、供应商，还有物流公司的），我也没有太在意这短短的几分钟。当然也就没给他正面答复，只是敷衍说，要回去和团队商量一下再决定。

说到底，我也是个商人，高粱米这么个小品类，一定是不好卖的。可村长倒也不气馁，反而对我们的合作愈发积极了。第一次见面之后，每次我到通榆，他就像小学生每日要向班主任报到一样，总在我抵达后的第二天，神奇地出现。每次还是那么几句话，他说想合作，我说还要商量。

其实，我心里一直存有个疑问，到底是谁给他通风报信的，怎么每次都那么"巧"？后来又过了很久，村长的高粱都开始众筹了，我才得知，原来电商中心的元宝就是村长的"内线"。

说起来也很惭愧，我的一句"再商量"就商量了大半年。直到2014年年末，苗妙因为阿里村淘项目落户通榆的事儿，在通榆待了一个月。杨晓峰村长的高粱米才被她从尘封已久的“黑匣子”里取了出来。

记得那天，我在向海大酒店给电商中心的几个“元们”开会。快中午的时候，村长再次习惯性地神奇出现。我问他最近情况怎么样，高粱有没有卖出去，他说还放在家里呢。来来回回这么多次，其实我已经不知道该跟村长说些什么了，正好这天苗妙也在场，我顺势就把皮球踢给了她。“苗妙，我们之前很多营销工作做得还是不到位。你研究下杨村长的高粱米，看能不能在年货节的时候，也在三千禾推一下。我就想，这个故事好好讲，是有卖点的。还有思考一下视觉上怎么表现，张艺谋的那个《红高粱》也可以参考下。”

村长听后，立马邀请我们去村里看看，说是有很多故事可讲。

第二天我有急事，直接飞杭州了。苗妙就留在通榆，开始搜集“村长版红高粱”素材。

以下是苗妙高粱村之行的自述。

前一天晚上，我和村长通了电话，说是第二天过去看看。村长给我大致指了条路，说是两个小时就可以到。

早上 8 点，吃过早饭，徐哥（云飞鹤舞通榆的负责人）就带着我出发了。预计 10 点半左右就可以到达。出发前还给村长通了电话。他说会提前把高粱米煮好，等我们去品尝一下。

车大概开了一个多小时，就“找不到北”了。开始想导航的，但是地图上压根儿没这个地儿。于是就想找人问路，可已经开了老半天，愣是一个人也没有。心想通榆这地方，本来就地广人稀，下面的一个穷乡镇了，没人也正常。最后，好不容易看到了一个大活人，我超级无敌开心，冲下车去问他知不知道杨晓峰村长，他们村怎么走？路人很茫然地摇摇头，说没听过这个人。我一下心凉了半截儿，这村长靠不靠谱啊，不会是碰到骗子了吧？

这时候，村长来电话了，大家一沟通才知道原来走错路了，绕了远路。这条道还特别不好走，要多花一倍的时间。最后，我们在村长的电话遥控下，开到一个不知名的屯里，村长让在那里等他。不一会儿，就看到有个人，带着漫天黄土，骑了个摩托，猛地出现在车窗前。徐哥说了句“走吧”，我才反应过来，原来是杨村长啊。

然后又是一路狂颠，心里一直骂“这条破路”。不一会儿，看到一座简陋的平房。就是这儿了。最最要命的是，厕所又在户外。

走进屋里，村长又不见了。有个大婶，笑嘻嘻地说，村长待会儿就回来。我闲着无聊，在屋里瞎转悠。发现厨房灶台上一个超级大铁锅里，有一道东北名菜，著名的小鸡炖蘑菇。然后像捡着金子一样兴奋，咔咔咔，拍了张照片，发朋友圈嘚瑟一下。

刚回里屋坐下，就看到村长推门进来，手里拿了瓶“营养快线”。瓶子上一层灰，看上去有点儿脏脏的。村长说是专程去附近的小商店里买的，怕我不喝酒。当时，我就有点儿小感动，也顾不上瓶子上的灰了，打开就喝。

然后村长就开始慷慨陈词，讲起了他种高粱的过程。开始还有点儿小紧张，后来越讲越进入状态。表达能力还是很不错的。

忽然，我觉着村长很靠谱、很朴实，不是个一般的农民，是个有梦想的农民。他说，除了种高粱，他还想建一个生态村，并且已经请人写了计划书，把项目报到县里了。他想带着村民一起致富。

我要求村长把生态村的计划书给我一份，他说原来的已经拿到县里，答应明天再找人写一份，给我送到向海大酒店去。

那天，我们聊了两个多钟头，然后回到酒店我就开始着手写高粱村的众筹方案。第三天一早，就有人跑来送计划书。我一看，直接愣了。

我概念里的商业计划书，应该是A4纸大小，装订好，然后再加个像样点儿的封皮。眼前这个呢？一个破破的蓝色小塑料袋，打开塑料袋，是几张泛黄的旧信纸，上面手写着密密麻麻、歪歪扭扭的一些字。

原来这就是生态村的计划书啊！

这一刻，我是彻彻底底地被杨村长征服了。实在是太朴实的一个农民了。我对于他所执著的事，已经不仅仅是感动，而完全是震撼。这种震撼前所未有！

我觉着，我们真的该为杨村长做点儿什么。

后来，我看了苗妙写的众筹高粱村的方案，感觉很好，就让欢欢找淘宝众筹的小二协调资源，看看能不能尽快做一次众筹。

此时，村淘也正在通榆紧锣密鼓的推进中。电商中心的人催促我赶紧去帮忙。于是忙完了杭州公司的事儿，就又去通榆了。

刚到酒店，欢欢就在微信上说，众筹高粱村活动后台报名，没有通过。好像是产品太小众的原因。我想想，这个事情还是要再争取一下。

于是第二天和“元们”开完会，我特意把当时村淘通榆的负责人阿亮（花名）叫来我房间。希望他可以帮我们同淘宝协商一下，帮一把杨村长。那次协商与其说是一次沟通，不如说是一顿“狂轰滥炸”。我刚刚开了个头，元宝他们就开始七嘴八舌地讲杨村长是如何如何不容易，淘宝如何如何有责任帮帮他。一屋子总共 8 个人，有 7 个都是通榆这边的，就一个阿里人。现在想想当时真的有点儿“以多欺少”。

最后，阿亮同意帮我们争取。他让苗妙先把方案发给他，他再邮件给上级，协商一下。不过，他接着又补充了一句：“我还是觉着希望不大。淘宝内部选品是有标准的，要么有经济效益，要么有社会效益。高粱米吃得人太少，卖不了多少钱，也就没什么经济效益。如果村长上过电视，或者报纸头条，那么我倒还是可以争取一下的。”我们都表示，只要尽力就好。

那天下午，在回杭州的路上，我看到了欢欢团队在三千禾公众微信平台发的一篇有关高粱村村长的故事。正文如下：

一颗种子，一份希望——“高粱村”村长的坚守

一个村长
一辆摩托
一颗种子
一份希望

东北黑土地上，一个落后贫困的小村落，

一个柔情铁汉的村长，执著着一颗种子，

希望能带领全村过上好一点的日子。

永胜村，国家级贫困县通榆县下面的一个小村子，坐落于吉林与内蒙的边界，紧挨科尔沁草原，风光旖旎，原生态，我们被村长和这个村深深地感动，以一种分享互助的心态，把这个村长的执著故事，以及散落在草原、田间的放心粮食以写意的方式呈现给大家。

去村子里的路还是土路，一下雨就泥泞不堪。

杨晓峰，今年 45 岁，是永胜村的村长。自从村长研究种植高粱，永胜村的名字已经被人淡忘，取而代之的是更响亮的名字："高粱村"，杨晓峰也被尊称为"高粱村村长"。从今年 3 月份起，每次我们到访通榆洽谈电子商务，村长总会在第二天神奇地冲到县城！一个人，一辆摩托，单骑闯关！从屯里到县城，往返 300 多公里！一次没有落下！

要说村长的故事，得从 3 年前说起。村长在整修自家屋顶，掀起瓦片时发现了三株高粱种子。村长告诉我们："这种品种的高粱，我小时候吃到过，在那个少粮闹饥荒的年代，曾经替代奶水养活了无数中国人。我们那嘎达叫作粗粮细吃。煮起来也很方便，直接扔进电饭锅里就能熟。"

为了改良品种带动村里脱贫致富，村长开始对高粱不断地反复种植测试，村长不顾家人的反对前前后后东拼西凑已经投入了二三十万。只为了能早日实现生态村的梦想。

记得村长有句话让我们记忆犹新——他说："种了，就爱上了，赔了，也无怨无悔！"这是一个农民，一个村长最朴实又最伟大的宣言。

村长的梦想是把"高粱村"的改良土品种通过电商推广销售到全国。

关注农民，关注粮食。粮食不是多了就安全，能吃出健康，吃得放心，才是安全。

有志者，事竟成，破釜沉舟，百二秦关终属楚！苦心人，天不负，卧薪尝胆，三千越甲可吞吴！相信村长的付出一定能得到回报的。

我静下心来，再一次细细读了村长的故事，百感交集。有感动，亦有愧疚。村长如此坚定而执著，难道我创业之后不是这样吗？我常说，要左手温暖右手，可一直拖到现在才真正对村长“上心”。着实不应该啊。于是我立即把这篇文章在朋友圈里转发，号召有心人都来帮帮村长。那一刻，村长的故事开始“刷屏”。我公司的员工、通榆人，还有阿亮他们这些阿里人，都一起转了起来。

可是没过几天，众筹高粱村的方案再次被否决。同时也有个好消息，就是吉林日报的人看到了朋友圈里高粱村的报道，对这个题材很感兴趣，想去报道。这个不就是阿亮所说的“社会效益”吗？吉林日报记者的稿子出来后，编辑部负责人不满意，感觉写得非常不到位。于是他自己亲自出马，再访高粱村。最新一次的报道一刊登，反响非常好。开始有各种商人陆续联系杨村长，希望合作卖高粱。

而此刻，经过欢欢他们的反复争取，淘宝众筹终于通过了高粱村的活动方案。

最终众筹项目的销售额是20475RMB，项目完成率为204%。虽不是什么大数字，可这次营销活动却为未来通榆电商的转型升级打开了一个全新的思路。

六、通榆，淘宝的黑土地

现如今，县域电商已经不再是星星之火，百县大战已经开始，各地都施出自己的绝招，抢夺为数不多的流量入口。还有县长对我表示，2015 年，要学习杨晓峰，多跑淘宝，学习电商，争取资源。杨晓峰县长去 5 次，他就去 6 次。“为了咱县的电商，我不怕路远，我有时间！”虽是玩笑话，却也不难看出，阿里在县域电商里所扮演的重要角色。可见，通榆的土并不黑，通榆自始至终都在举全县之力，成为电商平台的“黑土地”。

1. 鹤舞西溪淘宝城

仙鹤对于通榆的意义，就像是大熊猫对于中国的意义。走进通榆县城，就会发现，连道路两边的路灯都是仙鹤造型。2014 年 9 月 30 日，在无数人的推动下，通榆的仙鹤终于“飞”出了向海。这是个值得纪念的日子，我们启动通榆项目整整一周年，聚土地二期线下新闻发布会在这天如期举行。杭州西溪淘宝城处处可见领了“三千禾身份证”的绿色仙鹤。

前一天晚上，我整晚都没睡好。一直在心里默默安慰自己，“不就是马上要开局的聚土地吗？何必如此紧张？这么多年，什么大风大浪我没见过啊！”回想起白天陪着杨晓峰县长一行接待省市级的领导，再带着他们跑淘宝，愈发觉着自己肩头的单子好沉好沉。有一个声音愈来愈强烈，“对于通榆，你莫问剑是有责任的”。

近一年来淘宝搞线下新闻发布会常会邀请地方政府，比如特色中国地方馆开馆和聚土地上线。当时与通榆一道参加聚土地的还有北京延庆、海南三亚、重庆巫溪、安徽芜湖、江西婺源、浙江诸暨、安徽绩溪七个地方。而一个活动页面，就那么大，北京、海南占了前一两屏（打开一个网页，不用滚动鼠标，一眼就可以看到的部分，称之为一屏）的“坑位”，也就没通榆什么事儿了。这个“坑位”就好像我们在超市购物时的货架，进超市一眼就能看到的货架，位置最佳。

最开始，淘宝给到通榆的“坑位”，很靠后。为什么呢？我常跟员工说，小二也是很“势利”的，嫌贫爱富。通榆有什么？就那么点儿杂粮杂豆，又不是什么热销的品类。小二要是把好的坑位都给了通榆，通榆拿什么来完成小二的 **KPI** 啊？完不成 **KPI**，奖金减半不说，说不定还要被末位淘汰。将心比心，在淘宝当小二，真的是件劳心劳力的事儿。

但人总是不能放弃希望的，事情不到最后一刻，都有发生转机的可能。当小二得知，吉林省常委副省长可能要来时，小二立即告知我的员工，他们打算把通榆的坑位提前。与其余七个县市相比，吉林省将派出“最高规格”的领导团，亲临西溪淘宝城，为聚土地站台。

我知道后，特别高兴，甚至有点儿“飘”起来了。因为这个“吉林省常委副省长可能亲临”已经证明了，通榆电商在白城市，乃正整个吉林省已经形成了“气候”。同时也更紧张了，紧张聚土地的销售额，都惊动省长了，可不能“交白卷”啊！窃喜好在坑位提前了。

不过 29 日早上 8:00，打开页面一看，我傻眼了。不仅淘宝首页找不到任何入口，就是聚划算首页也只是放了张海南水果的广告图，根本看不出来是搞什么聚土地活动，还以为是单纯卖水果呢。心想这下“完了”，又被“骗”了。与淘宝合作多年，类似事件时有发生，不到活动最后一刻，淘宝承诺给你的资源，还不知道是谁的呢？

这倒不是挑阿里的不是，阿里是个机构，员工太多了，他们所面对的商家更多。而互联网的理念是不怕犯错，就怕不做。活动先上线，不妥的地方可以改嘛，页面总不能开天窗吧。有些资源未必是真不想给你，而是时间太紧迫，他们也协调不过来。还是那句话，好坑位是有限的。那怎么办呢？好在只是活动上线第一天，第二天还有发布会，资源位还可以再争取。

最终省长因各种原因没能成行。但是通榆依然是“最高规格”，杨晓峰县长他们请来了，吉林省政府副秘书长刘非、白城市市长安桂武，一行十多人参加了30日当天的新闻发布会。会后还同几个淘宝高层，分管农业的负责人座谈了有关通榆、白城乃至整个吉林省如何发展电子商务的话题。总之，吉林省是下定了决心，一定要搭上电子商务这辆顺风车。为此，将上下一心，严阵以待。

应该说，这是第一次，吉林省政府与淘宝平台展开了全方位的、直接的业务对话。而促成这次对话的，是我和我的团队。作为对我的“小奖励”，这次对话之后，通榆的坑位被提前了。

2. 北纬45° 天然弱碱粮仓

聚土地二期之后，通榆已经不再是无人问津的偏僻小县。我也因通榆而在吉林省得到了更多的礼遇。很多县市邀请我去参观的时候，都会反复讲一句话：莫总，来我们这儿做吧，我们的资源比通榆好太多了！事实确实如此。两年来，我考察过东三省无数的县域，通榆是资源禀赋较差的一个。然而，迄今为止，我还是认为通榆软环境是最强的。从客观上讲，也正是因为通榆穷，电商给通榆创造了一次“弯道超车”的机会。所以通榆才能孤注一掷，无中生有。

在很长一段时间里，我习惯于对外宣称：我们做通榆项目是政府搭台，企业唱戏。这个观点在一次淘宝大学的县长班上被通榆的黄县纠正，她说，“我们是企业搭台，政府唱戏”。

诚然，三千禾在淘宝的几次卓有成效的公关，都是政府直接出面“摆平”的。而这个“戏台”确是我用尽了所有可能的人脉资源搭建的。本来嘛，通榆县作为一个县级政府，阿里是没有责任和义务派专人接待的。全中国这么多县，要是全都跑来阿里，要求合作，想必阿里都要为此事专门成立一个县长接待办了。但当淘宝大学电商县长班今年如火如荼举行时，淘宝大学事实上已经承担了这么一个角色。

在聚土地之前，杨晓峰县长和电商中心的人就已经对淘宝城和海创园熟门熟路，跟他们家后花园一样。有一次吉林省另一个县要来参观，正好当时县长也在杭州，他还自告奋勇地说：“海创园、淘宝城啊？我很熟啊，我来带路！”

那么，通榆一个政府机构，而且地处遥远的大东北，怎么能够和淘宝这样每天都在拥抱变化的互联网企业进行“无障碍沟通”呢？凭什么？用通榆人自己的话讲，就是真诚。他们是不懂电商，不懂互联网，但他们有一颗真诚而坚定的心。

正是因为通榆穷，没有这样，没有那样，没有什么工业，只有农业，通榆才能保持那么纯粹的水、土、空气，才能成为北纬 45° 天然弱碱粮仓。而通榆人在面对互联网企业时，就像当地的支柱产业一样，天然、纯朴。这是要有大智慧的。通榆人常说，“我们地处雄鸡的眼眸，是‘点睛’之地”。站在未来看现在，可不只是说说那么简单。

3. 北方村淘的“黄埔军校”

有关通榆人的真诚、远见和决心，还真不是“吹”的，有一件事儿可以提供最有力的证明。

2014 年 10 月中旬，阿里巴巴正式启动农村淘宝战略前期。因为刚刚结束的聚土地二期通榆“独领风骚”，阿里新农村电商考察组把通榆定为考察的第一站。

此时，村淘试点，全国只有两家：浙江桐庐和广东阳山。

孙洪君书记、杨晓峰县长得知这个消息后，特别兴奋，立刻打电话把我叫了去。考察团抵达之前的两个晚上，电商中心的几个“元们”都是在我房间里一起开会，“密谋”到凌晨才离开的。商定参观路线、用餐安排、陪同人员，恶补电商基础知识。小到接待人员当天讲的每一句话、考察的每一个点，都是由书记、县长亲自敲定的。孙书记说，我们目标只有一个，就是“一定要把村淘留在通榆”。

10 月 23 日，农村淘宝的项目负责人余向海带着几个总监顺利抵达通榆。全县所有乡镇的负责人全部“严阵以待”，拿出了十二万分的诚意。

虽说通榆的农产品品类单一，却有几个极具感染力的乡镇。包拉温都就是其中之一。这个是蒙古族乡，紧挨着内蒙古大草原，是白城市目前为止唯一一片尚未开发的“绿洲”。乡长是标准的蒙古族汉子，最喜欢用当地最著名的蒙古族白酒招待远方来的客人。

酒过三巡，又去看了一望无际的大草原、芦苇荡，余向海当时非常激动，给乡长他们提意见，说应该要建设包拉温都，紫色山冈，生态牧场。紫色山冈，是包拉温都的中文释义。

此时，通榆这把火早就烧到了它的“上一级”——白城。余向海一行考察完通榆，再去白城。白城派出了两个副市长全程陪同，由市长亲自敲定行程所有细节。且在考察团抵达后的第二天上午白城市辖区内的县市一把手悉数到场参加座谈，重视程度是“空前的”。

这样一来，通榆这两个字算是彻彻底底“钻进了”阿里人的心里。

余向海返回后的第二周，也就是 10 月底，就派了工作组，再次考察通榆，并制定落地计划。

于是，又一次“战备状态”的接待。孙洪君书记、杨晓峰县长在项目落地前的最后一次座谈上，明确表示：“我们已经做好了充分的心理准备，全面配合阿里，要人给人，要钱给钱。没有问题的。我们全力支持。”

要知道，通榆作为农业大县，国家级贫困县，财政确实是非常紧张的。甚至到后来，通榆名气响了，很多县市慕名而来，参观学习的时候，连招待费都很紧张。通榆在村淘这个问题上，是绝对“够大方”！

当天晚上，大家一起吃饭的时候，阿里北方大区的负责人坦言：莫总，我终于知道为什么余向海要把村淘落在通榆了！一个我曾经都不知道的地方。他第一次跟我通电话的时候，我就问他为什么？他说你去看过就知道了。我说论电商基础、经济基础，山东的几个地方不错，就算想把试点落在东三省，也可以考虑几个大的点儿。通榆，我根本没听过，你得给我一个理由。他又说你去看过就知道了。我又说担心地方偏远，而且经济落后会影响项目推进。他还是说，你去看过就知道了。你一定要去看看！村淘试点就选在通榆吧。我们基本上是被“生拉硬拽”过来的。

成为农村淘宝全国第三个试点，北方的第一个试点。这还不是通榆县的目标的全部。目标的全部是，通榆不仅要成为农村淘宝的试点，还要成为试点中的试点！

凭什么？凭的就是通榆自上而下拥抱互联网的热情和干劲儿。

11 月初的通榆，气温已经零下，很多户外工作已经暂停了。可为了能配合村淘前期的宣传动员，电商中心的元宝带着工人，两天之内，就让村淘的标语遍布通榆的大街小巷。能刷的墙全都刷上了，不能刷的，政府出面协调也刷。电商中心的“元们”习惯称之为“通榆速度”。什么是通榆速度？就是和时间赛跑，没有路，抢也要抢出一条路！

如此这般，真叫给力！不仅仅是阿里人会感动，任谁来都会感动！通榆政府所做的，已经远远超出了一般意义上的“政府职能”太多太多。

通榆村淘项目启动没多久，阿里人就已经在内部把通榆定位为“黄埔军校”。通榆的村淘不仅要做，还要做得足够好，然后源源不断地为北方各个县市输送人才。

通榆人真的做到了。他们离目标越来越近。

4．番外篇：通榆居然也产大米

淘宝是非常重要的电商平台，是电子商务行业里最重要的领头羊，但是淘宝不等同于电子商务，完完全全依靠淘宝的县域电商是不完整的、有缺陷的。为了能做好，通榆的原产地直供，我们也对接了很多除淘宝之外的电商平台。其中最值得一提的就是幸福 9 号，是 80 后兄弟俩共同创办的。幸福 9 号是至今中国最大的老年人社区 O2O，也是我们的战略合作伙伴。

通榆的农产品是原粮，是杂粮杂豆，然而，现在的年轻人很多都忙于工作，很少有时间踏进厨房，厨房大多是那些爸爸妈妈、爷爷奶奶们的天下。而淘宝的客户群偏年轻化。幸福 9 号的老年人客户，理论上和通榆的农产品更加匹配。

为了“拿下”这么重要的一个渠道，杨晓峰县长也是拼了。专程又一次从通榆赶到上海。

关键性的一次会面，是在幸福 9 号公司总部。总裁王磊亲自接见杨晓峰县长，两人很投缘，尤其是通榆作为杂粮杂豆之乡，有着丰富的农产品资源，而幸福 9 号作为国内赡养老人最多的机构，杂粮养生对老年人是“必需品”，双方有着广阔的合作空间。饭后，大家移步黄浦江边，就合作的方向继续交流。初秋的上海，气候宜人。黄浦江两岸，华灯初上，晚风习习。三个男人谈理想，谈抱负，此情此景此心，一生难忘啊。

就这样，我们与幸福 9 号达成了合作。第二天就成立了专门的项目小组，正式推进。

一个月后，我们与幸福 9 号联手，在长春举行“共建东北农产品直供基地”的签约仪式。目标是 2015 年全年，向幸福 9 号的老年人客户平价直供 1 亿斤粮食，输送 1000 万支人参，流转 20 万亩土地，惠及 4 万农民。会后的晚宴上，幸福 9 号的王总说，他昨天一下飞机，就接到杨晓峰县长的电话，说这几天要去白城汇报工作，出席不了签约仪式很抱歉。

——“杨晓峰县长还真是我见到过的官员里最不像官的一个，是个性情中人。”王总说。

——“确实如此。”我表示赞同，然后又强调了一下合作细节，“还是要来点儿实际的，得让你的团队认真帮县长多卖点儿货！”

——“那是当然！我前几天还问过跟进通榆项目的采购经理，通榆的大米卖得怎么样了！让他大力地推！”王总说。

——“哈哈哈哈”一桌人都笑了。王总不解地看着我。

——“通榆没有大米，我们在幸福 9 号卖的大米是镇赉的。”我解释说。

镇赉也隶属于白城，是我的团队运作的第二个县。但镇赉与通榆不同，镇赉盛产大米。

——“啊，什么？通榆不产大米啊？那完了，前几天，有内蒙的一个领导来考察，我还特别认真地给他讲，我们卖的通榆大米怎么怎么好。他当时还有点儿疑惑地问我‘通榆还有大米啦？’我非常肯定地回答他有。我还当他什么都不懂，呵呵。看来还真是闹了个大笑话。”王总说。

——“通榆的杂粮杂豆还没正式开卖呢。”我说。

——“啊，那不行。进展太慢了。老莫，说实话，合作这个项目，我还真是看在通榆人的面子上。那天第一次与杨县长见面，我就觉着他人不错。如果不是县长对当地发展的情怀，我对这个项目根本没兴趣，杂粮杂豆甚至是大米，这个品类的利润太低。”王总说。

“通榆产大米”虽然只是一个误会。讲到这个故事，我只是想说明一个问题，“诚意大于技巧，用心多于用脑”，平台方也是人，也是有七情六欲的。政府向平台争取资源，双方确实存在利益的博弈。但只要肯用心，没有什么是办不到的，尤其在互联网时代。

后来，听元宝说，通榆正在利用科技的力量改良土质，培植自己的水稻。看来，不久的将来，通榆大米不会再是一场梦。

七、修一条云高速

有人这么评价，通榆这件事儿，就是几个不错的人在一起做了一件还不错的事儿。事实上，抛开我和书记、县长的私交，我的团队与通榆电商中心，企业与政府之间的矛盾从一开始就存在，从未停止过。企业思维与政府思维的差异就像是一道无法消失的鸿沟横在我们之间。我一直跟我的团队讲，面对政府要耐心，他们每天所面对的大事小事成千上万，要周全的东西很多。有的时候，妥协也是一门艺术。

1．冲不破的销售瓶颈

在 2014 年 6 月之前，我和我的团队，最怕电商中心的人问一个问题，“目前为止，我们的销量有多少？”好像在去年的大促之后，我们一直忙于“补课”弥补我们做通榆项目的先天不足，销售额不是最重要的因素了。

一来，杂粮杂豆本身就是个小类目，无论在京东还是淘宝，或者之前提到的幸福 9 号，市场份额是有限的；二来，催生出的店铺，催生出的团队，确实后来出现了各种因“拔苗助长”而引起的后遗症，直接影响销售额的健康成长。

可这些，电商中心的人不会理解，通榆政府里的其他人也不会理解。因为在他们看来，从未有一个企业，得到过他们如此多的帮助。而且还是一个外来企业。不仅不理解，当看到中心的人因为电商项目整日里忙得跟小白兔一样时，私下里还会议论，“他们是不是疯了？做这么多到底是为了啥？就只是帮助电商企业做销售？”。

“到底是为了啥？”是啊，东北的工作节奏、生活节奏原本就比江浙沪一带慢很多。如果没有这个电商项目，中心的这些“元们”，原本可以每天按时上下班，节假日陪家人出去旅旅游，一享天伦之乐。可是现在呢？工作，工作，还是工作！有一回，元宝跑来向我诉苦，“莫总，你看，五一原本我要和老公带着儿子去香港的，机票都订好了。现在去不了，又不能退，机票钱只能打水漂了。哎……”

可我除了安慰、鼓劲，还能说些什么呢？

“到底是为了啥？”此时此刻，为通榆修一条云高速，越来越像一句口号，是那么的苍白无力。

曾经有人讲过，当你还没有认清形势之前，最好原地不动；否则很可能会像陷入了沼泽地一般，越挣扎，就陷得越深。也有人讲过，互联网最大的好处就是可以给我们提供快速且廉价的失败的机会。利用互联网快速行动！快速试错！先做了再说！2014 年上半年我在通榆的处境，刚好是实践了第二句话，却陷入了第一句话的困境。

举个例子。因为无法取得短期销售突破，眼看着我们和政府的关系开始慢慢地“淡了”。电商中心觉着我的团队不行，我的员工又觉着中心的人都不愿意出力了，开始“打太极”了，沟通很困难。每次要什么营销素材都要不到，渐渐地也就不去要了。

为了保持住和政府的热度，我是绞尽脑汁，把多年的好友也拉了进来。他叫朱海兵，建材生意做得很大。在上海的公司叫简一陶瓷有限公司，公司旗下有非常多的设计师资源。我们联手推出了“三千禾粮票”，为每一位购买简一陶瓷的用户配送不同价值的产品，启动了“简一美丽乡村设计帮扶公益活动”。

来自简一的设计师将在第二年到通榆的 100 个行政村针对美丽乡村建设展开设计。这是个半公益性质的活动。为了这次活动，电商中心的元宝他们，做了很多功课，包括调研、宣传动员等。当时在上海的项目启动仪式，搞得很是轰轰烈烈。

然而，最终并未落地。因为，我当时并未考虑到通榆当地的承载能力。

单是简一的一批设计师来通榆的接待费用就是一笔不小的开支。这对于贫困县的财政而言，无疑是雪上加霜。项目前景何在？每个人的劳动都是有价值的，他们的没日没夜，最终换来了什么？换来的是项目的“夭折”。

为了尽快度过这次“信任危机”，我又动用了原先在新华社的一些人脉，找到了红粉笔计划的负责人，促成了通用汽车“红粉笔贫困乡村支教计划”落户通榆。这个计划是由篮球明星王治郅代言并亲自参与的。5 月 29 日，王治郅及十多名义教来到通榆双岗镇学校，和孩子们度过了难忘的十天。

所有这些努力，除了保持通榆项目的“热度”，也是在持续不断地为通榆造势。慢慢地，政府官员们也开始理解了。

有一回在饭桌上，元粟很感激地说：“莫总，前几天咱们杨县长向白城市的安市长汇报工作的时候，安市长的原话是‘莫问剑是个能人，通榆一定要抓住他啊！’你看，自从搞了电商这个项目，咱们通榆没少露脸。央视来了，王治郅来了，明天香港商报的记者也要来采访。这一年多咱们见到的世面比之前十多年见到的总和还要多啊！”

安市长和元粟的肯定，我很欣慰。但我当时的心境，依旧是忐忑的。那个时候，杭州公司的定位实际上还是一个网商，是帮通榆卖货的，货卖不出去，哪里来的利润？没有利润，拿什么来养活公司一大帮子人？再加上杭州公司的大股东此时也出现了一些问题，要求撤资，对我而言无疑是雪上加霜。光靠造势，只能带来表面上的风光。

那段日子，我最真实的心境是：撑起这个摊子，好累，好累。却又不能对外人讲。

2．奋战 24 小时

当上帝为你关上了一扇门的时候，同时也会为你打开另一扇窗。9 月底的聚土地二期，无疑是给通榆政府和我的团队打了一针强心剂，也是通榆电商项目从此走出“困局”的转折点。

活动上线的第一天，流量非常有限，远远低于我们的预期。于是，10

月29日中午，我们启动了紧急预案，为荣誉而战。

我的团队主要负责继续优化活动页面，比如，很多淘宝客户咨询，“要怎样才可以到达通榆”，我们就在页面里加入了交通指引图；更重要的是继续跟聚划算小二协商争取更多的流量，并要求替换那张让人误以为单纯卖水果的入口图。

通榆政府负责进行非互联网手段的推广。在书记、县长的亲自指挥下，电商中心的“元们”把政府的组织优势，充分应用到了营销中，大打情感牌。他们动员所有通榆本地人，以及所有已经离开通榆去外地生活工作的通榆人，都来支持通榆，支持三千禾，支持聚土地。这是个讲起来非常容易，不带任何营销技巧，甚至带有“强买强卖”色彩的推广方式。但真正做起来，并不那么容易。单单是整理所有通榆人的信息，并逐一短信通知，就是非常耗时的。而我们的活动时间却只有短短几天。

当时的信息内容如下：

号外！号外！淘宝汇吃“挑食”挑中了
通榆葵花盘、高粱米！

2014年我县电子商务再接再厉，更具互联网革新意义的淘宝汇吃“挑食”专场活动和马云重拳打造的“聚土地”二期活动已经登场，通榆被列入其中。敬请家乡父老乡亲和通榆籍域外友人持续关注三千禾微信公众号：禾协会。或许你的持续关注，将会让更多的人知道通榆！或许你的一次转发，就会让更多的人了解通榆！或许你的一次点击购买，就会让更多的农民增收致富！朋友们，让我们一起为家乡发展尽一份绵薄之力吧！

我印象非常深刻，那天已经是10月30日凌晨，上午9点还要去淘宝城参加新闻发布会。杨晓峰县长的状态依旧非常亢奋。在我办公室里，和县里通电话，部署短信通知的工作。绝对是“宁可错发一条，不能漏发一个”的架势。这回真让我大开眼界，原来营销推广还可以这么搞。

为了抢时间，尽早通知到所有通榆人，电商中心的“元们”，全部亲临一线，干了整整一天一夜。要知道，这些人可都是通榆政府里的中坚力量，好歹都是某个局的局长。就干整理通讯资料、发信息这事儿，未免有些大材小用了。不过大家彼此鼓励说了，“今天，三千禾的事儿，再小也是大事儿。其他不相干的，再大也是小事儿”。

以下是通榆电商中心为配合此次活动起草的宣传推广方案。全文如下，希望对后来者有所启示。

关于我县参加淘宝“挑食”和阿里巴巴“聚土地”活动的宣传推广方案

为进一步推动我县农产品电子商务项目的发展，发挥舆论引导宣传的作用，扩大通榆农产品域外知名度和美誉度，提高网上销售总量，我县拟对政府授权的吉林云飞鹤舞农牧业科技有限公司即将参加的淘宝“挑食”和阿里巴巴“聚土地”两项活动进行广泛宣传，使包括域外通榆籍人士在内的更多消费者了解、参与这两项活动，宣传活动的具体安排如下：

一、“挑食”、“聚土地”活动内容

（一）“挑食”是由淘宝旗下挑食业务部门发起的针对通榆特色农产品的专场活动。活动将通过视频宣传片、图片、美文相结合的方式精致展示通榆特色农产品。挑食在淘宝有固定的淘宝首焦广告资源，拥有一批挑剔而忠实的客户，活动将把通榆的优质农产品快速推向全国，这是扩大通榆农产品知名度和网上销售的一个重要机会。

（二）“聚土地”是由阿里巴巴集团旗下聚划算发起并承办的“农产品定制”项目，是以全国各地土地流转与电子商务相结合，重点推广原产地、销售原产地农副产品和旅游产品的一个活动。此次活动为全国第二期，目前已经汇集了全国多地参加，许多来自全国各地的省、市、县级领导人、农业产业知名人士、企业家将参与活动的宣传推广，聚土地将是一次提高通榆及通榆农产品在全国影响力的绝好活动。

二、宣传范围及方式

本次宣传活动主要针对通榆现有各层面人员所拥有的域外人脉资源，

通过电视、报纸、微信、微博、QQ、邮件等形式进行广泛全面的宣传。

三、工作内容及责任分工

（一）向相关部门、单位转发“挑食”、“聚土地”两项活动的实施方案，使有关部门、单位了解活动详情。（宣传责任单位：县电子商务发展中心、吉林云飞鹤舞公司）

（二）撰写新闻通稿，活动上线前在市、县电视台、广播、报纸、网站等多媒体进行宣传报道。（责任单位：县委宣传部、吉林云飞鹤舞公司、县电子商务发展中心）

（三）撰写微博、微信宣传稿，稿件中要明确提出具体宣传和购买的要求，将宣传稿转发至有关部门、单位，为扩大宣传提供基础资料。（责任单位：吉林云飞鹤舞公司、县电子商务发展中心）

（四）利用县人才交流协会的会员资源进行广泛的宣传发动，鼓励每个通榆籍域外会员购买并利用手中宣传资源进行再宣传和购买。（责任单位：县人才交流协会）

（五）借助县委、县政府主要领导曾参加的各类学习培训活动时所获得的同学资源，在其联系的校友会、同学群中进行广泛宣传，动员其宣传购买我县优质农产品。（责任单位：县委办公室、政府办）

（六）将活动宣传信息在通榆县自办的信息传播报等多个报纸上进行宣传。（责任单位：县电子商务发展中心）

（七）联系通榆籍在外就读大学生，号召其为家乡农业发展尽一份力，动员其利用自己的微博、微信、QQ向同学、朋友、域外亲属进行广泛宣传，动员其购买家乡优质农产品。（责任单位：教育局）

（八）各部门、各单位要在本部门、本单位进行广泛宣传动员，确保本单位职工利用自己的微博、微信、QQ进行广泛宣传，每个单位动员域外亲属购买产品。（责任单位：政府办、相关部门、单位）

（九）参与本次活动并为吉林云飞鹤舞农牧业科技有限公司供应大米的还涉及到镇赉县，为此要与镇赉县委宣传部、镇赉县商务局联系，争取做到同步宣传。（责任单位：县电子商务发展中心、县委宣传部）

四、工作要求

（一）各部门、各单位要对此次宣传工作高度重视，将本次宣传工作上升到关系通榆农业发展和强县富民的大事上来认识，要从正面积极宣传和引导本单位职工参与活动。

（二）各责任单位间要加强联系，明确责任人员，确保在有限时间内做到宣传效果最大化。

（三）对宣传购买的不明事宜请联系县电子商务发展中心，联系电话XXXXXX。

二〇一四年九月二十日

后来，通榆成了聚土地二期最大的赢家。一方面，我的团队亲眼见证了通榆政府的努力，有惊喜，有感动，有震撼。以前种种的沟通不畅都已经不重要了，忘记了。此刻，结果最重要。我们是第一，通榆是第一。我的团队重拾了对于电商中心的信任。另一方面，通榆政府重拾了对电商项目的信心。这次的荣誉捍卫战，很长一段时间以来，中心的“元们”都引以为傲。以后每次遇到宣传推广的事儿，元粟都会自信满满地说，“放心吧，你要相信组织的力量，上次聚土地的时候……”还有第三个层面，聚土地二期之后，通榆在淘宝开始“名声大震”。后来村淘之所以能够落户通榆，在很大程度上也得益于此。

应该说，聚土地二期是政企联合作战的一个典型案例。到这节为止，有关聚土地的故事已经全部讲完。最后梳理一下活动取得成功的原因，便于读者参考。

第一，运营团队完整、周密而有创意的活动策划，借助腾讯新闻中的仙鹤事件在微信朋友圈提前造势。并且在活动中，根据用户的反馈，不断自我修正。在最初遇到困难，与平台方的“对峙”中，不放弃，积极争取。

第二，通榆政府使用短信“地推”，最大程度地争取本地通榆人和外地通榆人的支持，以情动人。且整体的宣传推广方案，考虑周全，执行到位。

第三，吉林省政府自上而下的重视与支持。在参与活动的 8 个县市中，吉林省派出了最高规格的代表团，为通榆站台，让淘宝看到了吉林省的决心与信心。

3. 云飞鹤舞

通榆有个向海乡，也就是国家 AAAA 级自然保护区向海湿地所在的地方。向海有个香海寺，也因香海寺而得名，向海早些年叫香海。历史上，乾隆皇帝曾到此一游，并题词：“云飞鹤舞，绿野仙踪，福兴圣地，瑞鼓祥钟”。我在吉林省的公司取名云飞鹤舞（云飞鹤舞公司主要是负责原产地的供应链整合），就是源于此，也是希望能够得到乾隆爷的庇佑。

同包拉温都一样，向海乡是另一个蒙古族乡，民风淳朴、豪放。乡里的书记姓杨，虽是汉族人，但是身材高大魁梧，看似一个蒙古族壮汉。在高度的视觉感上，和姚明相比就差那么一点点。

说起来，东北的食材是真的好，肉有肉儿，菜有菜儿。

向海的农产品里有几样特别的好东西。按照知名程度划分，排第一的要算是向海大雁了。都说向海大雁是通榆人的骄傲，央视都来采访过几次。人工养殖大雁价值高，也算是通榆人增收的一种重要方式。第二名就是我们吃的向海鱼。向海鱼基本上都是野生的，肉质紧实，吃起来很有嚼劲儿。可惜，东北人不太会做，基本上都是酱味儿。我吃过一次“向海全鱼宴”，一桌 12 道菜，其中有 8 道都是鱼，而且是一条比一条个头儿大。不过吃起来几乎是一个味儿。重口味。

向海鱼应该是通榆人心中一个藏了很久的遗憾。和向海几乎处于同一纬度的查干湖，因舌尖上的中国的报道，“查干湖冬捕”名声大噪。当初，向海也邀请央视了。种种原因，央视最终选了查干湖。通榆人不甘心啊。杨书记一直强调，向海的水质比查干湖好，没有工业污染，有霍林河、额木太河、洮儿河三条河流汇入。查干湖的鱼实际上没向海鱼好吃。而我从未吃过查干湖的鱼，所以也无从比较。

除此之外，还有一样宝贝，杨书记一提起，就笑得合不拢嘴，全名叫“向海纯野生的纯笨蛋”。一听名字就是比较讨巧的玩意儿，实际上是向海的笨鸭养的鸭蛋，当地人习惯叫它笨蛋。这道菜也是“向海全鱼宴”的必选。杨书记很实诚，总是说，我们的笨蛋可好吃了。不过我们饭堂做的笨蛋不一定是向海的笨蛋，很可能是邻村的。真正的向海笨蛋都被收储户收走，拿去卖钱了。

如果说通榆的地理位置非常偏僻，那么向海就是偏僻之中的“极品”。靠近水，冬天气温比县城里还要低。人迹罕至，信息闭塞。平日里，杨书记除了去县里开会，和外界的接触很少。我第一次见他的时候，用的还是一部老式手机。于是，我立即向他演示了智能手机的妙处，足不出户，在一部小小的手机上，就可以了解天下事。还特别让他看了看我的微信朋友圈。告诉他，通榆触网了，你一定要用微信。书记、县长、电商中心的人现在都用，很好用的。

一个月后，再去向海。杨书记已经换上了智能手机、并且开始使用微信。他说，只加了我莫问剑一个人为好友，每天都看我的朋友圈。不过现在还不太会用，只会看，不会发。

杨书记是个好人，很真，很淳朴。很想为向海做些什么。

终于，机会来了。2014 年年底，我的团队想做一次年货主题的活动。向海鱼因其客单价较高，成了我们的备选产品。况且向海冬捕的题材完全有可能“PK”查干湖冬捕。

于是，我的团队再去向海，全面深入地了解了一下向海冬捕的可行性。杨书记还帮我们和查干湖冬捕的运营服务商牵了线，好让我们得以向前辈学习，少走弯路。

原来，当年那家服务商也来向海考察过，最终选择了查干湖，也是杨书记促成的。调研的结果并不乐观。冻鱼的保存对温度的要求极高。冬捕捞出来的鱼，本身是带有冰的。从向海到长春，有近 400 公里的路程。到了长春，再发往全国各地。如果快递不够给力，等向海鱼到了客户手里，已经化了、坏了。即使冻鱼的包装里还放有冰袋，也不能确保万无一失。如果全程冷链，那成本必然也是极高的。

当初运营查干湖冬捕的那家服务商，2014 年也打算放弃。因为最后核算下来，基本上是没有利润的。

最终我们也不得不“忍痛割爱”。在没有彻底解决冷链物流之前，我们暂时不会碰冬捕。

但是，办法总比困难多。现在，通榆政府也正和我的团队一起努力，希望尽快促成冷链物流的本土化建设。从通榆直达沈阳、大连，然后从沈阳、大连运往全国各地，可以节省一部分时间。等这条“高速”修通了，杨书记他们也就要忙起来了。向海乡就真的能如乾隆爷所愿，“云飞鹤舞”了。

4．不赚钱

事实上，除了向海乡的特产之外，通榆还有一些其他颇具特色的畜禽类产品，比如地标产品草原红牛肉、小尾寒羊等。我也一直很想把通榆的畜禽类产品卖出去。早在三千禾启动之初，就注册了通榆畜禽类的品牌——大有年。可惜大有年至今仍未投入使用。

除了畜禽类产品的冷链物流尚未解决的原因外，通榆自给自足的小农经济也是一直困扰我的地方。举个极端的例子。通榆有一家卖驴肉的企业，政府极力推荐给我，说是通榆的优秀企业，他们家的驴肉如何如何好吃。我去实地考察过，是还不错。一问价格，吓了一跳，采购价格比淘宝上其他驴肉的售价还要高出一倍。我让欢欢尝试找小二报活动，小二一看价格，直接否决了。

当被问及为什么这么贵的时候，欢欢照着驴肉老板的话，如实回答：我们的驴是吃草的，不是吃饲料的，所以我们的驴肉比别人的好吃。小二说：好不好吃这个东西，只有在消费者买了以后，吃过才知道。况且每个人的喜好、口味、烹饪方法各有不同，直接会影响是否好吃的结果。但是，你如何说服消费者先去花钱买来呢？我们确实无言以对。

那为什么通榆的驴肉那么贵呢？贵就贵在它产量有限，总共就那么几头驴，完全处于供不应求的状态，单单是卖给通榆人都不够卖。所以定价很高。利润很高。驴老板一家，光靠养几头驴，小日子就过得不错，何必花心思去扩大产量，把企业做大呢？在通榆，类似的情况还有很多。

如果说驴肉，因采购成本过高，我可以暂时放下；向海冬捕，因运输成本过高，我也可以暂时放下。而通榆的杂粮杂豆，采购成本也偏高，运输成本还不低，参加淘宝活动，还常常被要求“让利”，能不亏就不错了，何谈赚钱？

为此我也能暂时放下吗？肯定不能！

放下了，就等于“自我了结”，放下了，就对不起书记、县长，对不起电商中心的“元们”，对不起通榆人。可没利润，怎么办？两个字：死撑！

既然 B2C 的方式很难赚到钱（通榆虽是大农业的范畴，规模效益却发挥得不够，种植成本偏高。到了我这儿，也就变成了采购成本居高不下），我就想再试试 B2B。一来，B2B 本身可以卖一部分的货，更重要的是通过批发跑量、薄利多销的方式，可以有效地形成与供应商的良性合作；二来，筛选优质供应商，实现供应链管理，以便更好地为原有 B2C 服务。最简单的就是，三千禾旗舰店要是采购什么粮食，也可以直接在 B2B 客户里挑选供应商。

我当时就选了瞻榆镇作为 B2B 的试验点儿。瞻榆镇是通榆经济最好的一个镇。通榆地名里的“榆”就是取自瞻榆，而“通”字取自另一个镇，开通。瞻榆可以算作是通榆的“微缩版”，通榆有的，瞻榆全都有。

瞻榆镇的李书记，开始对电商这个事儿并不是很赞同，毕竟收储户们线下的生意已经足够大了。县里领导就和电商中心的“元们“一起反复给李书记洗脑，讲电商的好处，讲莫问剑如何如何靠谱。

和向海杨书记的情况类似，有一次在饭桌上，我发现李书记用的也不是智能手机，就“故技重施”，鼓动他换手机，用微信。酒桌上的几次“过招”之后，李书记终于同意在瞻榆搞 B2B 的试点。

我说，第一步要先在瞻榆镇也成立电商中心。有指定负责人与我的团队对接。于是，瞻榆镇成了通榆第一个拥有乡镇级电商中心的行政区域。后来书记、县长要求，在每一个乡镇都要建立起电商中心，有专人负责电商相关事宜的对接，以便行政命令可以更好地上传下达。这一做法，为今后阿里村淘项目来选村点，提供了很大的便利性。不论阿里人到通榆哪个村，都有专门的负责人对接，做起事来，事半功倍。有关村淘的事儿，在下一章节会做详细讲述。

有了独立的电商中心，紧接着就要拉微信群，把瞻榆镇的 314 家收储大户都拉进来。在此之前，还有个必不可少的硬件准备工作，就是首先要让瞻榆镇镇政府的工作人员都用上智能手机。李书记也是下了狠心的，一个个做工作，硬是让干部们都新换了智能手机。要知道一个贫困县的乡镇级行政区划，公务员的收入都不高，做到这一点确实不易。

换了手机后，紧接着，电商中心的人就到这 314 家收储户家里，挨家挨户地扫一扫，拉入群。为了做好宣传工作，还在镇政府的礼堂里召开了几次 300 人规模的动员培训大会。

很快，微信群里的人越来越多。在微信群里，大家可以资源共享、信息互通。举个例子，比如我们要采购 50 吨绿豆。可是单独一家收储户暂时没有这么多的存货，那么集合三五家的存货，总该够了吧。张三 10 吨，李四 20 吨，赵五 20 吨，抱团取暖，订单就达成了。

对于瞻榆镇而言，完全是个好事儿。

可是对我的企业而言，这件事儿却又没有足够的盈利点去养活我的团队。做企业，很多时候的决策是很无奈的。李书记很难给到我们足够的财政支持，而我在这个时候也刚刚处理完大股东退股的事情，资金压力很大。迫不得已，只能“弃车保帅”。

不过瞻榆电商并不是个令人忧伤的故事。它有着意外的惊喜。无论如何，微信群总是建好了。乡里乡亲的，有事儿没事儿也会在群里互通个消息。谁家来收美葵啦，谁家来收绿豆啦，偶尔也会促成一两单。还有，在村里找人办个事儿，在群里吼一声，也很方便。后来，李书记还建起了政府的工作群，原来很多要当面开会解决的问题，现在通过微信群都给办了。既省时，又省力。

5. 被通榆“套牢”

来了通榆，爱上通榆，做了通榆，就意味着“上了贼船下不来了”。虽然在合作之初，我就意识到，通榆不是一个短平快的项目，企业的发展必须放眼长线。可我万万没有想到，这条路，会走得这么艰难。

一直以来，我们都是通过两家公司来运作通榆项目的，一家是杭州常春藤公司，主要负责营销运营端；另一家就是吉林云飞鹤舞公司，负责原产地的供应链整合。云飞鹤舞的注册地在通榆，这是县里领导极力要求的。也是通榆“套”住我的一种方式。虽说，我与通榆有着很好的合作机制，但通榆毕竟是国家级贫困县，财力有限，政府在经济方面，对包括我在内的所有电商企业扶持政策，自始至终都坚持着一个原则，就是我必须事先投入，还得做出成绩来。

其实，到了今天，不论通榆给我，或是不给我经济方面的扶持，通榆项目，我都得做！我已经被通榆牢牢套住。有关利益、荣誉、梦想的问题，纠缠在一起，就像一张无法打开的网。既然，已经踏上了一条不归路，那只有勇敢坚定地走下去，也只有和通榆政府继续携手前行，才有可能看到明天的太阳。

记得在淘宝大学第一届县长班上，有一个观点曾引发过激烈的讨论：发展电子商务要思考政府的角色，在“自上而下”推动的同时，也要反思政府能否“不做什么”？我的观点是，现阶段，不是政府做得太多，而是做得不够多。除去江浙一带，经济已经足够发达的县域，完全可以市场主导外，更多的县域，电商都是新兴产业。政府如果不在氛围营造、人才培训、产业政策配套等方面多作为，单纯寄希望于某一两个企业来发展电商，是不现实的。

通榆虽是一个比较极端的例子，但国内的大多数县域，也仅仅是在财政收入上比通榆好些而已，电商发展所需要的软硬环境也都是不具备的。如果不是通榆政府前期做了那么多事儿，让我不能也不好意思半途而废，我想我是坚持不到今天的。

县域电商现在还处于爬坡期，在这个阶段，我们与政府的合作一定远远大于矛盾。一切所谓的“隔阂与分歧”都不重要，重要的是目标一致。

八、梦想还是要有的

阿里巴巴的故事告诉我们，梦想还是要有的，万一实现了呢？自从通榆在聚划算的聚土地二期中一路且最终销量领先之后，通榆的“东风”就来了！阿里正式启动农村淘宝战略，还把看似没有任何优势，且距离各个交通枢纽都十万八千里的偏僻小县城通榆选作了北方村淘的第一个试点。自此，通榆电商正式步入第二个阶段，踏上了云高速。

1. 村淘来了

通榆能够找到阿里，是通榆之幸。阿里找到了通榆，难道不是阿里的幸运吗？我有一个离职员工，后来去了阿里村淘部门。有一天晚上和我通电话，聊起目前的工作现状，他说，“莫总，你知道吗？我现在才发现，通榆政府可不是一般的给力啊！是超级无敌给力！我现在在这边选村点，都是自己开车去找的，最多也就是有团委的小孩儿陪着。哪像通榆啊，又是县长又是局长陪着的，还安排车辆……”我笑笑，说，“你们这地方，本来也不需要政府参与这么多啊，村民的意识也已经很互联网化了……”

正如前文提到的，通榆政府可不单单是给力，而将电子商务作为基础设施来抓，尽最大努力做一个好园丁。电商项目启动以来，通榆政府的确是高看一眼、厚爱一分、多扶一把。

阿里人在与通榆政府座谈村淘落地事宜的时候，电商中心的人非常“贴心”地把邮政也拉了进来，从怎么选村点儿，到后期的物流配送，一揽子解决。并当场交给阿里人一份乡镇情况的摸底材料，是元宝用了一整个周末的时间赶出来的，就为了这次座谈。主管领导也表态说，在村淘来之前，县里已经做足了准备工作，心理上的、人力上的，包括财力上的。阿里要什么支持，都可以！当时，阿里的一个负责人提出需要XX平方米的场地，需要同时具备办公和培训功能，地段儿还要好，能聚集人气。

坐在一旁的电商中心的"元们"就在小声议论，"要是我们那个一楼展厅没装，其实还挺合适的"。他们说的是位于开发区的云飞鹤舞公司的展厅。我把公司注册在通榆的时候，政府为我提供的场地。前几天，新展厅才刚刚装修好，花了我近30万大洋，展厅卫生还是中心的"元们"帮着一起搞的。

我当时也没多想，只是觉着我那个展厅确实十分符合阿里人的要求，地方够大，位置够好。就说，实在不行，就用我那个展厅吧。干脆打掉，重新再装！一来，我也有私心，希望让阿里人看到，不单单阿里是个有责任的企业，我的企业虽然很小，但是也很大气，有胸怀；二来，我也有责任，帮助通榆政府推进村淘落地。

座谈的时候，这个场地的事儿还没有最终敲定，阿里人希望再选几个，比较一下。

因为村淘的几个负责人行程安排很紧凑，第二天还要赶到白城考察，所以座谈一结束，就打算立即去考察代购点，俗称村点，本质上就是帮村民们在淘宝上买货的服务中介。县长讲了一句话，把阿里人全给震住了，"你们去参观考察，场地的事儿我来落实！"

县长好歹也是地方的一把手，在常人的概念里，都是县长批示，助理、秘书落实的。杨晓峰县长如此亲力亲为，其实也是通榆电商中心一批干部的动力源泉。难怪后来淘宝大学县长班的县长们听了元宝讲的通榆模式后，都说通榆是个"奇葩"，还有几个县长学员，从教室后门走出去，悄悄抹眼泪呢，一直说"不容易啊"。

人们常说，近朱者赤，近墨者黑，不是一家人不进一家门，通榆找到阿里是运，阿里选了通榆是福。在阿里农村淘宝战略里，大东北是重要战场，但同时也是最难攻克的。地大物博，资源丰富，但同时也是交通不便，地广人稀，气候寒冷。就像通榆这样的县城，如果没有政府的"倾巢出动"，阿里人就算来了，也是两眼一抹黑，无从入手。有了通榆，就有了东北战场的经验；有了通榆，就可以在东北撕开缺口；有了通榆，才可以点燃东北的电商火种。所以，通榆必将是阿里北方村淘的“黄埔军校”。

后来，阿里人还是要了我的新展厅。电商中心的几个“元们”，本来都是不赞同的，因为展厅里也都有他们的心血啊。装修的时候，元极一直都有盯着，他是中心的高级保姆嘛，这种后勤的活儿都归他管的。元宝也是忙上忙下地做展厅的宣传展板。展板上的通榆电商大事记，记录着几个“元们”这一年多来的努力，是他们引以为豪的工作成绩。

前几天，他们把卫生弄干净了，还拍了几张照片发到微信朋友圈，向我炫耀劳动成果呢。可现在说拆就拆。

破坏总是比建设容易得多，分分钟钟就变成“废墟”了。

元极一直叹气，“可惜了”，我说不可惜，破坏是为了更好地“重建”。况且这次重建，地基上盖的可不是我莫问剑的屌丝身份证，而是高大上的阿里帝国。

说我不心疼这30万是假的，我又不是什么土豪，况且撑起县域电商这个摊子，资金压力本就已经大到我喘不过气来。但是，我心里非常明白，村淘来了，阿里来了，通榆电商才可以走得更远！

2．80后“知青”下乡

深究起来，为了通榆的村淘，我也挺拼的。不单单是砸了30万的展厅，还特意派了苗妙从上海飞到通榆去从旁协助。盯着村淘。

阿里人去跑村点，她就跟着跑村点，阿里人“开小会”去了，她就去各个乡镇做调研，收集营销素材，顺道看看有什么能够帮到三千禾的资源。

毕竟我还是个商人嘛。村淘现在是风口，我可得尽可能地靠近风口。至于能不能飞起来，就要看造化了。

通榆“触网”之路

以下是苗妙记录的几篇初到通榆时的所见所闻。

1. 邂逅

11月3日下午1点，在上海飞长春的飞机上，我正闲散地翻着吴晓波的两页书。忽然感觉有个什么东西掉下来，就俯身去捡，还给邻座的陌生人。

陌生人开口说话了：“是回家？还是出差？”

“出差，去通榆。”（心想，小样儿，估计你都没听说过这个地方吧？嘿嘿）

“我也是。”

“哇塞，不是吧，这么巧啊！”

“你是去做什么？”

“有个农村淘宝项目落地在通榆。”

“哦，我是阿里巴巴的，那估计后面几天的行程，我们都是一起的，呵呵。”

我在通榆的故事，就这样戏剧化地开始了。事后才知道，飞机上邻座的陌生人就是阿里巴巴农村淘宝项目的一个头儿。

下午4点，阿里员工从全国各地陆续赶到长春龙嘉机场，清一色彪形大汉。不知道，我这么形容是否合适，呵呵。反正当时心里就想，我们老板太不靠谱了，这种活儿，怎么着都得派个男的过来。我一个女孩子，跟一帮大老爷们混在一起，总感觉怪怪的。

人马聚齐，由通榆电子商务中心的元极带队，驱车一路狂奔，5个小时后，晚上8点整抵达通榆。

2. 向海大酒店

浩浩荡荡一行人到达通榆县最著名的向海大酒店。通榆县电子商务发展中心的元粟主任前来迎接。随口问起阿里的头儿：“这次估计待几天啊？”

“哦，我就待两天，我们其他几个同事可能要常驻一段时间。”

“哦，要是长时间的话，也可以住在我们中心那边，也有房间。”

“不用不用！不管怎么样也得让我们的人住得好啊！”

住得好？！讲得那么顺溜！很简单的一句话，却让我内心为之一颤。还真是一家把员工当财富的公司！难怪一路走来，收获了那么多的忠心耿耿。用阿里人自己的话讲，他们被洗脑，并且是快乐地被洗脑。除了股票和钞票之外，我想应该还有别的。毕竟，今天的中国，赚钱的公司，付得起高薪的公司，可不止阿里一家。

应该说，通榆行的前三天，完全被阿里团队强大的公司气场所笼罩。如果一定要找个形容词来形容，那就是，吃惊！我感觉自己碰到了一帮搞传销的，整日处于亢奋之中。

不得不承认，阿里是一家伟大的公司。

3. 第一次下乡

无法想象，生在城市、长在城市的我，生平第一次去农村，就是去地地道道、真真实实的东北农村。一待就是一个月。这一个月所带给我的触动，无以言表。

印象里，第一回下乡，是车队组团。三四辆车，满载着来自四面八方的各路朋友，一行数十人，浩浩荡荡奔驰在一望无际的旷野上。

天空，没有一片云彩，那么的蓝，蓝得让人心醉；大地，是那么平坦、广阔，视野直至天的尽头；草原，泛着入冬以来特有的黄色，刚劲而有力。偶尔可见几处东北民宅，或红瓦青砖，或原汁原味的土房子。眼前的一切，真真切切地在告诉我，这里是东三省的地界！忽而不自觉地想起了早些年一部电视剧《努尔哈赤秘史》的片尾曲：天苍苍，野茫茫，荒原上奔跑着一匹孤狼……自由自在，自强不息，横扫四方……历史上，建州女真人曾在这里，用血与泪，写下了波澜壮阔的史诗。

一阵上蹿下跳的颠簸后，车辆从柏油路面驶入了一条小土路。从车里跳出来后，一阵夹杂着沙子的大风迎面袭来。空气，依旧是那么清爽。东北虽然冷，但是空气含氧量高。绝对的“透心凉，爽歪歪！”哈哈。

到了真正的农村了。背朝沙土，面朝天。除了被惊起的几只雀儿（就是麻雀），别无其他。走进村民们自己开的百货商店，别有洞天。大到家用电器，小到零食玩具，一应俱全，不过大多是市场上的过季商品。

走到里屋，坐在热炕上，和老板娘唠嗑。

在这个偏远的小山村里，村民们习惯了简简单单的生活。享用着上天赐予的无尽资源，好天，好土，好水。自得其乐，尽享天伦之乐。俨然一副“采菊东篱下，悠然见南山”的自给自足。

然而，国家级贫困县，一个硕大的帽子罩在了村民们的头上。他们完全没有享受到改革开放的红利，经济至少比江浙沪落后20年。

这是一个颠覆的时代，农村也是一样。敞开心扉，拥抱变化，接受所有一切新鲜的东西，包括电子商务。打破自给自足，外面的世界很精彩！

苗妙在通榆这一个月，把通榆所有的乡镇全都跑了个遍，甚至比阿里人还勤快。众筹高粱村的题材，就是她去挖出来的。她在通榆的表现有些超出我的预期。像苗妙这种养在城市里的“大小姐”，虽说还不至于衣来伸手，饭来张口，但也好不到哪里去。有一回在淘大，一个小二见了她，就说：“你也太时尚了点儿。到通榆别人会不会很不习惯啊。我们派去的人可都是外形比较像村长的，比较容易打成一片，哈哈。”她说：“不会啊，我和电商中心的人关系都很好的。”其实人与人之间距离的远近不在于衣着，不在于长相，也不在于学历、背景，而在于心，用心做事，用心对人，便不会有距离感。

不过，通榆的条件，确实也比较艰苦，尤其是对于苗妙这种习惯了上海大都市生活的女孩儿来说。不说别的，单是在零下一二十度的时候，跑到户外上厕所，就是一件特别纠结的事儿。

苗妙什么都好，就是不会喝酒，不会提酒。在通榆，场面上的饭局都需要提酒，其实就是敬酒。但是在敬之前，要先发表一番“长篇大论”。一般都会说些场面上的话，比如欢迎远道而来的宾客，预祝项目成功，或是感谢领导的提携，要先讲个三五分钟再喝。

提酒，在东北是一种习俗。有一次吃饭，大家都提过酒了，就差苗妙了，元宝就非逼着苗妙提。她没办法，就说，“这是我第一次来通榆，我就是感觉天好蓝啊，真的特别蓝，看起来一望无际……”我直接无语。这哪里像跟了我七八年的老员工，讲话跟刚毕业的小朋友一样，就连忙打圆场说她不擅长这个。以后每次别人再要求苗妙提酒的时候，我就赶紧制止，说，要是她来提酒，就不精彩了。

还有一次在包拉温都，乡长说村民们都很热情，下次来的时候一定要请她喝最纯正的蒙古酒，倒上一大碗。她居然回答说：那我不去了。我真不知道该说她傻呢，还是纯朴。事后批评也没什么用，基本属于屡教不改。

不过，可能因为都有互联网基因，而且有点儿“同是天涯沦落人”、“同在异乡为异客”的味道，苗妙倒是和几个外派到通榆的阿里人混得很熟。其中一个就是阿亮，从阿里北京抽调来的，当时还是通榆村淘的负责人。每每到吃饭的点儿，苗妙房间的电话就响了，然后大家一同去饭店。

他们待了一个月，生活上互相关照，几乎结伴天天去同一家饭店。据说是因为东北菜口味太重，大家不习惯，这家饭店是经过实地调查后，口味比较淡的一家。他们管它叫饭堂。

每次吃饭的时候，他们一般就两个话题，一个是苗妙会说些这些年和阿里的“斗争史”，表达些不满，然后阿亮他们就会努力纠正苗妙的说法，一定要纠正到苗妙也说阿里好才停止；另一个就是大家一起嘲笑苗妙的那句口头禅：我要回家。这句是她到了通榆后，就开始常挂嘴边的话。我听得耳朵都要起老茧了。

不过，最后这句话还是起作用的，我想想，她再这么讲下去，就动摇了我在通榆团队的军心了，就放她回去了。

好在她这趟通榆行，也算是圆满。用阿亮的话说，就是他们已经建立了深厚的“革命友谊”。更重要的一点，就是在某种程度上，她比我更了解通榆县情，接触了大量的当地农民，为三千禾带回了一些有用的营销素材。同时，她回来后也一直反复强调：通榆项目，我们一定要想办法做溢价，才能体现我们的价值；否则，农民为什么要和我们合作？他们不会有积极性的。

4．全国第一

早在 10 月底，从阿里村淘抵达通榆的那天起，我们就知道，马云很可能会到吉林长春，亲自参与阿里巴巴集团与吉林省政府的战略合作框架协议的签约仪式。时间初步定在 12 月初，二三号左右。

当时，我们都很兴奋。因为马云到吉林，是多好的一个点啊，如果可以抢在吉林签约仪式的前后，把通榆的村淘运营中心开起来，宣传效果一定非常好。

可是，时间仅剩下整整一个月了。

毫无疑问，“元们”又是一轮“紧锣密鼓”。顶着通榆 11 月的寒冷，忙忙碌碌。幸好天公作美，装修场地外立面的那两天，气温略有回升。再加上，“元们”刚装修过展厅，对于装修这件事儿，还是熟门熟路的，效率很高。又一次向世人证明了什么叫“通榆速度”。

一切就绪后，就等着马总敲定最后的行程了。开始定了 12 月 9 日，后来推迟到 12 日，然后再推迟到 22 日，最后终于尘埃落定，12 月 30 日，马总的吉林之行终于成行！

由于此次签约仪式，通榆县邀请我也参加，我的行程也就因此支离破碎了一个月。但不管怎样，马云对通榆、对吉林农村电商的推动，也算是圆了我在《赢在中国》与他的交集（我参加了 CCTV《赢在中国》的创业大赛，马云是主评委之一）。

紧接着，第二天上午，通榆村淘运营中心开业了。这天气温骤降，据说是通榆入冬以来最冷的一天。在凛冽的寒风中，我的光头都冻蒜了，好在心是热的！阿里对北方这个小县城注入的热情感染了干部群众们。“让农民手中的一块钱，发挥出两块钱的价值。要做深做透村淘，避免千县万村成为面子工程，要让农民真正受益。”据说，这是马云当晚深夜的最新指示。为此，通榆村淘将在原有规划的基础上全面提速。我相信，待到春暖花开时，村淘在这块黑土地上一定会结出丰硕成果。

2015 年 1 月 27 日到 30 日，是全国村淘人为之疯狂的四天。阿里巴巴农村淘宝首届年货大促历时四天四夜，通榆一战成名，得到了阿里集团高层的关注。在全国 14 个村淘试点县中，以总订单量 24114 单、总成交金额 889728 元的战绩，收获了全国订单总量和村站均订单量、均订单额三项冠军！并在订单金额最高的前十村点中占据四席，居全国之首！

为配合村淘年货大促，电商中心办了“文化下乡，村淘唱戏”等多姿多彩的文化活动，同期，还举行了“通榆县第六期电子商务培训班”，为年货大促全面造势。

2 月 2 日晚上，我在微信朋友圈看到一篇阿里人写的有关通榆村淘的报道，标题是“【通榆力量 响彻全国】之年货节特别报道”，其中有一句话想与所有投身于县域电商的同仁们共勉：

今天的最好表现是明天的最低要求，在全国村淘作业范围最大的通榆土地上，让全国第一延续成为习惯，通榆 No.1 我们在路上！

5. 通榆模式

有关通榆的故事，写到这里，可以先暂时告一段落。未来将会发生什么？请读者继续关注通榆，支持通榆。

在这一节里，我想分享一个我在淘宝大学县长班里的课件。课件是我对通榆模式的总结。

究竟什么是“通榆模式”？通榆的经验对当下如火如荼的农村电商有何实质性借鉴意义？通榆农村电商面临着哪些新问题、新矛盾？如何在互联互通时代背景下看待“通榆模式”？

说起通榆的农村电商，称之为“模式”，为时尚早，但其在农村电商领域的诸多先行摸索和积累的成功经验，对于全国更多的县域却具有普遍的借鉴价值。

先看看通榆的县情：

- 典型的东北农业大县。
- 典型的国家级贫困县。
- 典型的偏远地区（交通不便）。
- 典型的传统农产品流通方式（批零渠道，卖原粮）。
- 典型的农村电商 发展基础落后。
- 典型的干部群众观念滞后地区。

就是这么一个地方，过去一年，政府与运营商成功联手，走出了一条“政府背书、基地支撑、统一品牌、营销创新”的农产品电商发展新路，并成功引领了吉林省县域农村电商的发展。

那么，通榆有哪些经验可以用来交流？

第一点，政府背书。通榆农村电商是由杭州常春藤实业有限公司作为运营商的。作为一家来自江南的TP，又是如何快速融入当地的？最重要的一条，是“政府背书”，这一背书不是一纸授权书，而是独具特色——

- “一把手工程”——提供了强大的领导保障。当地县委书记、县长高度认同电商化的方向，也充分估计到这一项目落实会遇到的困难。因此，明确作为当地“一把手工程”——成立了县委书记、县长以及常春藤董事长（也就是我）并列组长的“通榆县电子商务发展领导小组”，主管副县长担任副组长，在政治高度上明确这一项目的地位。事实上，在项目运营整个过程中，书记、县长一直参与设计与策划。一年间，一把手县长五次到访阿里巴巴，参与业务的研讨，足以体现当地对这一项目的重视。
- 组建了强大的协作机构——可能是全国第一个，成立了一个拥有九个编制的“通榆县电子商务发展中心”，抽调县里年轻干部的精华来组成，县政府办主任、文广新局副局长、招商局副局长以及其他副科干部，配合TP公司，协调组织各种资源，确保项目落地，提供“保驾护航”服务。

- 成立专项基金，支持电商发展。通榆财政并不富裕，但 2014 年，还是为 TP 公司提供了××万用于基础建设与推广补贴。与此同时，还出台了一系列扶持更多电商创业的政策，出台了当地电子商务发展规划。对于一个贫困县来说，这么做，更需要政治勇气。
- 用行政力量为电商发展建立“绿色通道”。副县长配合企业，亲自跑 QS，一个月内上省城四次，拿下所有农产品生产流通所需要的资质。所有发展遇到的困难，县里组织协调开各类会议，确保一路绿灯。

第二点，基地支撑。全国这么多县，县县都有自己的特色。通榆的特色是什么？我们在调研后发现，通榆位于北纬 45º 世界公认的“黄金粮食产业带”，是典型的“杂粮杂豆之乡”，是“绿豆之乡”，是“葵花之乡”。从数据上看，通榆的杂粮杂豆有不少单品，在全国都是“单打冠军”。在这个基础上，我们很快形成几个思路——

- 为通榆整体定位——北纬 45º 上的弱碱粮仓。这是一个总的面貌，要传播出去。外界并不知道我们某个杂粮杂豆的品牌，在这个前提下，地域品牌更为重要，就是要先将通榆打响，让更多的人知道通榆。所以，我们在网页上，甚至专门设置了“大美通榆”。
- 多种形式确定合作方，包括一些村落与乡镇，也包括一些有固定基地的深加工企业。通榆地域辽阔，各乡镇都有自己的特色，我们选择其中最好的，比如八面乡的小米、乌兰花的葵花等。
- 组建“三千禾合作社联合社”。合作社是最接地气的，但我们作为一个南方企业，无法直接通过合作社与农民建立联系。于是，我们将当地做得最好的、最具实力的合作社拉在一起，组建了一个“合作社联合社”，通过影响农民头，再去影响农民。事实上，这是对农村基层组织的一个创新，非常适合市场化运作。
- 与农科院建立合作。白城市农科院是北纬 45º 上最具实力的科研机构，拥有两个学科的国家首席科学家。为确保通榆下一步品种品类的优化，形成科技支撑，在政府的支持下，我们与农科院达成了战略合作，这样在种子、种植以及深加工等领域注入了科技力量。

第三点，统一品牌。大多数通榆的农民，停留在卖大粮、卖原粮的层面，等着南方的收购企业上门来。所以，没有品牌可言，自然也不享受品牌的所有溢价。今天，我们做电子商务，农民显然是不可能马上走向品牌化运作的。因此，我们在通榆注册了多个品牌，包括三千禾、大有年、云飞鹤舞等，在自己运作的同时，也准备给农民用。

- 建立“通榆农产品分包装中心”。就是让农民拉农产品来，我们给包装好。或者存放在我们的仓库，或者他们自己拉回去。我们在其品质过关后，给予统一分包，只收取成本费用。
- 建立多层“质检体系”。一是由合作社联合社落实种植规范；二是要发展中心定期抽查；三是根据国家标准送检。
- 2015 年，我们的重点工作，是确保以我们品牌输出的农产品，全面实行“溯源”。

第四点，营销创新。

- 我们首先是传递了一个观点，如通榆这般条件的地域，必须牢牢抓住互联网这个机会，后发赶超，弯道超车。互联网给了落后地区一个公平、透明、扁平的竞争机会。而落后地区以其丰富的资源，原生态的环境，相对较低的成本，具有足够的竞争力。
- “让书记、县长做代言人”——代言的背后，是书记和县长要为本县农产品品质承担责任，这也是通过政府公信力提高产品信誉的一种方式。
- 大量的事件营销。包括“东北新鲜葵花淘宝开售”、“七农下江南”、“聚土地”等，只有一个目的，就是将“通榆”品牌打响。也正是因为这些事件，新华社、人民日报、中央电视台等主流媒体予以报道，使通榆能够短时间内迅速提高知名度。
- 高度重视“微传播”——自媒体是我们做通榆项目的传播重点。包括微博、微信等，邀请诸多大 V 参与并传播，取得了非常好的效应，累计有关通榆的阅读量超过了 1000 万人次。

- 重视客户体验，注重积累通榆粉丝。我们提出一个“杂粮主食化”的观念，顺应了目前杂粮养生的潮流。同时，我们建立了“禾协会”微信公众账号，推广杂粮养生的理念。禾协会由我们的“品质督导”组成，而“品质督导”来自于淘宝用户，每个人每个月都会收到“体验装”。这些都是我们做好业务的基石。

以下是我特意为三千禾大米写的一篇微信软文，也是“微传播”的一种方式，希望与读者分享。正文如下：

让男人想家

N 年前，我的老东家——马可波罗瓷砖，创意了一个广告词——“让男人想家”。用了几个月后，我还是坚持将其撤换了下来。因为在那个时代，这个广告词总让人联想到“二奶”这个词，不够正能量，马可波罗最终还是以喊口号的方式冲向了全国。

时过境迁。前些日子，当我捧着一碗香喷喷的“三千禾”东北大米饭时，脑子里再次浮现出了“让男人想家”这几个字。一杯茶，一碗米饭，一张舒服的大床，一个温柔体贴善解人意的女人，一个聪明可爱而又活泼的孩子……我相信，绝大多数在江湖上“折腾”着的男人，对家的理解，不外乎如此，对家的渴望，亦正是如此。泡在酒肉江湖里久了，对这碗饭，有时候还尤其的渴望。

男人不是不想家。男人，这两个字，是“责任”的代名词。试问，在当下的家庭结构中，“宅男”占多少？又有多少女人，说起自己丈夫很“宅”时，是发自内心的自豪？几乎可以肯定，靠女性支撑的家庭，家庭的幸福指数似乎都不高，都有各自的家庭问题。是男人，肩膀就得硬，就得流汗流血，多大的难，得抗起来，得撑得住，多大的坎，得跨得过去。上帝在造人时，对于男女的分工，似乎就是以性别来区别的。

于是乎，在男人的生活节奏中，“家”有时候成了一个不和谐的音符—

—天天有饭局酒局，回到家就是个半死不活，“你不喝酒就做不成生意了？”“你少一顿饭别人不把你当朋友了？”“你天天喝，喝个半死，你也成不了马云、史玉柱啊！”“没有看到那些富豪榜里的人都是你这样奋斗的啊！”老人说得可能更绝些，“我们不要求你赚多少钱，身体好、家庭幸福就满足了”“生意少做就少做些吧”。男人若辩驳，于是家里免不了要吵嘴。更多的男人，选择了沉默，甚至回避。而事实上，他在经历一次次的痛苦无助后，对家的渴望，沉淀成了对人生的绝望。

这些都是大道理，这些大道理都很在理。但是，说这话的人，还是不了解社会，不了解男人。正是他们身边的男人，承担了压力，承受了磨难，才为他的女人、亲人撑起这一片蓝天。从现实的社会来看，没有基本的人情世故，没有彼此的情感交往投入，没有夜以继日的奋斗拼搏，没有相应的社会地位与资源，我们的家将生活在痛苦的汪洋中——求学、就医处处是麻烦，出门、办事时时有障碍，你可以不将钱当回事，但你没有钱时寸步难行。

家，是真男人的港湾。如果将男人比喻成风筝的话，家，就是攥住男人的那根线。不论他漂到何处，只要不断线，家在，他都会回来。

因为，家里，还有他在外一直渴望的，那一碗热腾腾、香喷喷的“三千禾”东北大米饭。

三千禾东北大米，让男人想家。

谈完微营销之后，我们继续总结。做通榆能有这些突破，不是我们的能力有多好，而是时机抓得好，是运气好。在运作过程中，也遇到诸多新的矛盾与问题：

- 当地开网店、做网商热情高涨，但电商服务业配套落后，纯粹依赖我们的力量，力不从心。虽然我们将部分网店发展成为我们的分销商，但杯水车薪，对当地的支持仍然远远不够。需要政府与平台更多的支持。
- 网店流量成本越来越高，正常流量越来越低，这与我们当下号召更多农民触网，形成一个突出的矛盾。平台如何形成这些新网商、新网店的“普惠”政策?

- 有一个普遍现象，“越是品质高的农产品，越是地处偏僻地方”，物流成本自然高居不下。如何破解农产品的物流成本，尤其是生鲜?如果要做起来，肯定要亏本几年，政府与平台如何对待?
- 与平台，尤其是淘宝新农业部门与小二的沟通，如何顺畅起来? 小二肯定喜欢对接大卖家，省心省力。但农村电商，都是由小而大，由弱而强，平台如何建立这么一个特殊通路?
- 认证与标准的制定。通榆很多农产品，是有机的，是绿色的。但农民过去没有这个认证的意识，现在办理认证，既涉及到投入，过程又漫长。如何帮助他们? 以 QS 和蓝帽子为例，农民去申办，难度很大，而平台又需要，怎么办?

以上这些问题和矛盾最终要如何解决，我想单靠我一家企业是孤掌难鸣的。需要更多年轻的、有情怀、有梦想的新农人投身进来，大家一起去推动县域电商大环境的不断优化。

最后，我想与读者分享一下，运作通榆项目至今的一些切身感受:

- 通榆作为一个国家级贫困县电商能够突围，是政府、平台、运营商、深加工企业、农民等诸多方面利益兼顾的结果。“成就他人而成就自己”，也是运营商一开始启动项目确定的前提。对于落后地区的电商项目，不以此为前提，光顾眼前利益，很难推进。
- 区域品牌优先产品品牌。而区域品牌的打造，除了报纸、电视等传统媒体外，新媒体、自媒体的综合开发利用，“跨媒体”可能是突围的主要手段，要善于利用一切可以传播的渠道与方式。
- 营销创新很重要，事件越多越好，但产品是基本面，最后一定要落定到产品力上来。

九、幸福就好

幸福，是指一个人的需求得到满足而产生喜悦、快乐与稳定的心理状态。我们可以从很多维度去诠释幸福这个词。我们每天努力工作，目的就是想获得幸福。我们做了通榆项目，帮助农产品进城、农民增收，也是想帮助通榆人提升幸福指数。

有关对幸福的理解，我想可能没有人会比前文所提到过的 80 后兄弟俩——“幸福 9 号”的创始人，有着更深刻的领悟了。

1. 幸福 9 号村

人和人的关系是很微妙的，时常会相互吸引（可不是男女之间的爱慕哦）。杨晓峰县长就曾“吸引”了幸福 9 号的王总，才有了前面提到的“通榆也产大米”的误会，才有了后来与幸福 9 号的战略合作。而王总他们正在做的事业，也“吸引”了我，让我这个“老江湖”不得不竖起大拇指。所谓江山代有人才出。

这是一家真正低头做实事儿的企业，全国有四千多家门店，只专注于一件事：怎么照顾好老人。

有一回，我因为要和王总洽谈一个具体的合作协议，地点选在了幸福 9 号位于上海宝山区的旗舰店。路上非常顺利，没有堵车，比预定时间早到了半个小时。于是就坐在一个老年人休息区喝茶。听见旁边有几个老年人，一边选购保健品，一边聊着：“这儿好玩吧？什么都有！还能交朋友。而且老板年纪可轻了，还特别平易近人，每次在这里碰到他，都会过来和我聊一会儿，问我最近身体怎么样？有机会，我带你们来这见见他，再和他合个影……”

我想，如果说阿里巴巴是一家伟大的企业，阿里人都像得了“强迫症”一样，自觉维护着企业的荣誉，那么幸福 9 号很可能会成为业界的后起之秀，因为他们正在践行着“客户的自传播”。

在这里，之所以专门插入一个有关幸福 9 号的章节，是因为今年下半年，我们会联合幸福 9 号的王总，一起给通榆人送个“大礼”，一个有关幸福的大礼——在通榆建立 5 个幸福 9 号村。我们要将幸福延续，将温暖传递。不仅仅是空巢老人，还有像高粱村那样，人均年收入只有 1000 元的贫困村。

为了这份幸福，我们草拟了一份计划。

关于在通榆建立“幸福 9 号村”的提议

在通榆与幸福 9 号原有合作的基础上，抓住通榆努力创建国家电子商务扶贫示范县的有利机遇，双方进一步深化合作，拟推出“幸福 9 号村”计划——

1. 通榆选择 5 个经济基础稍好的贫困村，委托“三千禾合作社联合社“进行土地流转，作为幸福 9 号对口扶贫村，幸福 9 号五个大区各负责对口扶持一个村，这个村相应命名为“幸福 9 号村”，该村的土地即成为“幸福 9 号优质农产品直供基地”，并举行揭牌仪式。

2. 扶贫的方式，即由幸福 9 号的几个大区相对应包销村里所产出的农副产品，包括杂粮杂豆以及农户养殖的鸡、鸭、羊等地方特产，由云飞鹤舞公司负责收贮、加工及品质保证，交由相应的幸福 9 号大区负责销售。

3. 通榆县人民政府全力支持幸福 9 号“老人乐园”项目在县城落户。落成后，优先为五个幸福 9 号村的老人提供养老全方位服务。同时，将这一项目打造成在吉林省具有最好影响力的公益事件。

4. 将这一合作分几个维度进行强力推广：

A. 幸福 9 号帮扶国家级贫困县的公益事件；

B. 幸福 9 号年度 O2O 项目的创新；

C. 幸福 9 号“老人乐园”深耕县域，渠道拓展全面下沉。

5．项目进度控制：

A．6 月底前，幸福 9 号与通榆县人民政府举行 O2O 扶贫战略合作签约仪式；

B．7 月初，在相关村落举行“幸福 9 号村”挂牌仪式；

C．力争 9 月中旬，通榆幸福 9 号“老人乐园”落成。

一头儿是原产地的优质农产品，一头儿是幸福 9 号的老年人客户，还有一头儿是通榆贫困村的老人，“幸福 9 号村”就好像是一条连接着三方的、有温度的红丝带，输送着农产品，传递着社会对于老人的关爱，以及对于贫困村孤寡老人的那份孝心。

2．都要幸福

最近杭州团队在筹备特色中国·通榆馆，是以电商扶贫为切入点的。因此，我们向县里索要了一些有关贫困村的资料。我终于明白了，为什么中心的“元们”总是对我说：莫总，你还没有去过最穷的地方呢。

如果不是亲眼所见，有图为证，我确实无法想象，在今天的中国，居然还有如此“没有最穷，只有更穷”的情况发生：

现无住房，借住半砖平房，妻子患糖尿病，不能从事生产，人均年收入 6000 元；

丈夫去世，女儿脑炎后遗症，无劳动能力，人均年收入 3000 元；

还有高粱村，人均年收入 1000 元；

……

这不是杜撰，不是博取同情，而是事实。在通榆，没钱种地，没钱盖房，没钱上学的事儿不足为奇。

我们做了通榆模式，拟建幸福 9 号村，为了什么？为了卖更多货，赚更多钱？不是的。幸福 9 号的王总不是也说过，这是个小类目，利润低，不赚钱吗？

那是为了什么？为的就是，尽一个公民、一个创业者或是一个企业家，对社会应尽的责任与义务。中国要富，农民必须富；中国要强，农业必须强；中国要美，农村必须美；中国人要幸福，农民必须幸福。

十、后通榆模式

正如前文讲述的，短短一年多的时间，通榆已经取得的成绩有目共睹。但今天的通榆，需要的已经不是简单的“关注度”、“粉丝数”、“喝彩声”。通榆模式已经走了一个“中点”，我们需要冷静思考，重新积蓄力量，准备再次上路，迈向真正的“终点”。

1．从通榆模式到电商扶贫

新农人代表辛巴从我们所做的事业中，第一次光鲜亮丽地提炼出了“通榆模式”四个字，并很快被誉为农产品电商继“遂昌模式”、“成县模式”之后的第三种模式。2014 年 4 月 17 日，时任吉林省省长、现任省委书记的巴音朝鲁亲赴通榆，考察了我们的吉林云飞鹤舞农牧业科技有限公司。同年，6 月 4 日，CCTV 二套《财经评论》对通榆项目做了专题报道。7 月，“通榆模式”和“三千禾”引起了阿里的关注，阿里研究院带着十多名来自各高校研究农业电商的专家团队来到杭州公司座谈，并于 7 月 24 日，在《阿里商业评论》上刊登了洋洋洒洒近五千字，专门对“通榆模式”做了深入剖析。紧接着就是村淘落地通榆，我本人也成了淘宝大学首批县域电商培训班的特邀专家……

通榆模式，让我和我的团队站在了聚光灯下，接受鲜花与掌声。但这是我想要吗？是通榆想要的吗？

自从通榆模式一举成名之后，在省市各级领导的高度关注下，在多方媒体的竞相报道下，在阿里巴巴集团的推动下，各地访客络绎不绝，把这个偏僻小县城的门槛都踏破了。以前几乎没什么人住的向海大酒店，现在人满为患，成了电子商务专用接待酒店，连前台的服务员都在悄悄议论“又是来考察电子商务的”。殊不知，如此沉重的接待量，已经超出了一个贫困县的承载量。单单是接待餐费一项，就愁坏了搞接待的通榆人。身处经济发达的沿海城市，无法想象到，在当今的中国，居然还有一个县，会为了吃饭问题“折腰”？

通榆是国家扶贫开发工作重点县，大兴安岭南麓集中连片特困地区片区县，也是吉林省三个片区县之一。总人口 36.4 万，其中农村人口 24.8 万。目前全县仍有建档立卡识别的贫困村 90 个、贫困人口 103010 人，贫困人口发生率 41.5%，分别高出全省、全国平均水平 31 个和 22 个百分点。

所谓给通榆修一条“云高速”，实现“弯道超车”，绝不能仅仅停留在“博人眼球”的层面。所幸，我和书记、县长早有共识，电子商务只是手段，通过电子商务给当地人民带来福祉才是最终目的。

“通榆模式”之后，无论是书记、县长领导下的通榆政府，还是我的杭州、通榆团队，都希望可以淡出人们的视线，“冷却”一段时间，好好思考一下通榆模式的未来。只有让这 10 万贫困人口脱贫，让通榆摘掉贫困县的帽子，才是通榆模式真正的价值。

一直认为通榆是块儿福地。2014 年年底，国家扶贫办一个副主任赴通榆县考察，同时参观了云飞鹤舞公司。陪同的县领导抓住时机，向副主任提出，“扶贫也需要新模式，为何不把电子商务与扶贫做一个结合呢？”副主任当即表示认同。回长春后，他拜会巴音朝鲁书记的时候，向书记转达了通榆县的这一想法。省委书记很是兴奋，当场就下指示，要把通榆县作为吉林省的电子商务扶贫示范县。

得知这一消息后，我都很激动。“通榆模式”之后是什么？我们都找到了答案。

2. 我们一直在路上

这一次，我们与通榆县政府再度通力合作。

原本 2015 年 2 月 14 日，我的杭州团队已经全部休假了，回家过春节。

我又临时把他们急召回公司，头脑风暴了一上午，基本商定了通榆县的电商扶贫方案，下午欢欢就草拟了一份报告发给政府。杨晓峰县长也不甘心落后，把几个“元们”都召集起来，开了几天的会议，商量执行计划。

3 月，通榆县就做出了完整的《电子商务扶贫工作方案》，成立县级电商扶贫的公益基金，将原三千禾合作社联合社改组为电商扶贫合作社，抢先一步抓住了“电商扶贫成为国家精准扶贫十大工程之一”的难得机遇。4 月 9 日，通榆县首届电商扶贫培训班暨第 7 期电子商务培训班拉开帷幕。此次培训，针对 10 万贫困人口普及电商知识，规模空前，有大约 500 余人的主会场、800 余人的分会场，另外还有万余名群众通过电视收看直播。

与此同时，杭州团队开展了一次以“为高粱村修一条云高速”为营销主题的众筹高粱村的活动，迈出了电商精准扶贫的实质性第一步。另外，由我们运营的将于今年 7 月开馆的通榆馆，也将成为“淘宝·特色中国”的第一个电商扶贫馆。

以下是通榆馆的运营草案：

电商扶贫精准到户

助力国家级贫困县向世界发出最强通榆音

——特色中国·通榆馆运营方案草案

（一）盘点通榆县资源禀赋，寻找一个扶贫支点

一、一个大背景：中国北方农村首批触网的国家级贫困县之一，地处国家级生态功能区

1. 国家级贫困县：县域总面积 8496 平方公里，总人口 36.4 万，其中农村人口 24.8 万；目前全县仍有建档立卡识别的贫困村 90 个，贫困人口 103010 人，贫困人口发生率 41.5%，分别高出全省、全国平均水平 31 个和 22 个百分点。

2. 国家级生态功能区：优先保护，适度发展，维护人与自然的和谐发展，至关重要。

3. 摆在通榆面前的大难题：既要GDP，又要环保，鱼与熊掌必须兼得！

4. 怎么办？新时代，就要新办法！——电商扶贫精准到户。

- 作为中国东北首批全面触网的县城之一，虽然经济基础薄弱，却电商意识相对强大，电商扶贫精准到户具有现实可行性。
- 负面影响：电商异军突起，必然会对原有传统经济形态造成破坏。然而通榆本就处于中国经济的最末位，便也无所谓“破坏”，更重要的是“创造”。

5. 在一个大背景下的电商扶贫的意义何在？

- 于通榆县而言，通过互联网，让世界听到通榆声音！互联网时代，贫困县也可以大有可为！电商脱贫并非遥不可及！
- 于淘宝而言，电商扶贫虽不是什么新概念，但成就一个电商扶贫的东北县域典范，社会意义深远，其所带来的社会效应将远远大于经济效应。同时符合阿里农村淘宝战略，也是阿里成为中国国家型企业所需承担的社会责任的一部分体现。
- 于服务商而言，从公益项目切入，参与到电子商务产业链建设之中，分享电商带来的规模效益与电商生态圈形成后的溢出效应。

二、三个维度：从物、人、景三大维度，找寻通榆馆电商扶贫的切入点

1. 物的维度：产品资源

- 具备互联网属性的品类：

品类名称		所属行政区划
小米	有机小米	兴隆山
	普通小米	八面、什滑道……
绿豆	出口豆	鸿兴
	芽豆	乌兰花、开通
	商品豆	
瓜子	美葵	乌兰花、鸿兴
	牙签	
	打瓜子……	
蜂蜜	葵花蜜	开通

	芝麻蜜	
高粱米	糯高粱	新华
	其他高粱……	
四粒红		新发
新迪红辣椒		八面
西瓜		双岗
鸡		
羊		新华
牛		包拉温都
大雁及雁蛋		向海
向海鱼及泥鳅等附属水产品		向海
红小豆、豇豆、玉米渣、高粱米等其他小品类杂粮杂豆以及东北特色黏豆包		

说明：小米、绿豆、瓜子、高粱米、四粒红、大雁、红小豆、玉米渣、黏豆包为成熟产品，其余产品的商品化程度待调查，且部分产品带有明显的季节性，如红辣椒（鲜椒）及西瓜等。

- 通榆农产品两大特征：

① 品质优：水、土、光照条件好，且无工业无污染，粮食品质优。

② 价格竞争力不足：相比黑龙江省的农业大县，通榆农产品品类偏小众，产量相对不高。且作为国家级生态功能区，鉴于环保的考虑，也绝不能盲目扩大产量。通榆农业目前仍处于自给自足的封闭经济圈，规模效应并不显著。因而将通榆农产品独立置于电商平台之上，价格竞争力略显不足。

2. 人的维度：农民、致富带头人、初级农民企业家。

- 目前中国的淘宝村太多了，然而更多的淘宝故事发生在江浙一带，北方尤其是东北偏少。而通榆全面触网早，且作为阿里农村淘宝北方第一个试点，太多的村民都有着自己的“淘宝故事”。
- 故事举例：农民故事，如曾经因在淘宝卖葵花盘上过央视的刑波；通榆很多村村书记本人便是村里的致富带头人，不仅精通农业，而且还是淘宝达人，更重要的是他们非常热心，在村里做了很多好事，如成立合作社，帮助困难户解决买化肥难的问题；已经具备品牌意识的农民企业家，如兴隆山卖黏豆包的孙家姐弟，还自创了“别拿豆包不当干粮”的广告语。

3. 其他通榆元素：仙鹤、蒙古族乡（向海、包拉温都）、向海湿地、万亩杏花林、黄榆景区。

三、结论

- 单纯的物、人、景都是不够的，无法形成鲜明的通榆互联网特质。
- 由物切入，挖掘背后人的故事，将人置于通榆这片黑土地之中，置于通榆正如火如荼的电商大背景之下，通过互联网的力量，推出一个群体形象，并且帮助这个群体，才是通榆电商扶贫要做的事儿。
- 通榆电商扶贫，是帮扶通榆县真正需要帮助的，有互联网意识的，可以向社会传递正能量的一群农民，绝非帮扶只会哭穷的“扶不起的阿斗”。

（二）运营思路：贫困县如何接入互联网+，向世界发出通榆声音

一、特色中国·通榆馆做什么

集中线上线下优质推广资源，整体推出中国东北农民的群体形象。且他们不是普通农民，他们是一个特殊的群体，身上贴着共同的身份标签：来自通榆县，人穷志不穷！

1. 定位：扶贫项目，公益属性。先造势，后销售。社会效益第一，经济效益第二。

2. 什么是通榆声音？

一个人的音量是微弱的，如果集合一群人，发出同一个声音，就可以产生撼动大地的音效。通榆声音代表了东北偏远小县城里的农民群体形象。“出身贫寒，却不甘于贫寒”。通榆将向全国乃至世界传递一种声音：种地也可以成为一项事业，人穷亦可志坚，农民也可以有梦，弱势群体也可以传递改变生活的正能量。

3. 通榆声音要达到什么样的效果？即特色中国·通榆馆的目标设定。

- 社会效应：进一步为通榆电商造“名”，强化当地电商意识；向社会传递正能量，唤起人们的爱心，帮助那些该帮的人。

- 经济效应：利用淘宝平台的流量优势，以项目众筹、产品众筹等形式，直接实现一对一的精准扶贫到户（实现通榆优质农产品输出）。
- 未来，通榆馆不仅仅要成为淘宝特色中国县级馆的典范，更要为电商扶贫推开一扇门。

4. 通榆声音“强”在哪里？

- 强在时机。通榆先于其他县域触网，抢得电商先机。2014 年已形成通榆模式。
- 强在群体效应。一个村，一个贫困村，100 个贫困户，发出同一种声音，足以感动直至震撼数亿的中国网民。

二、怎么做，如何实现通榆馆的目标

1. 综述：场景营销，以情动人。以不同的分类方式，逐个推出各类农民群体形象，讲述他们的淘宝故事，比如村书记专场（每个村都有自己的拳头产品，村书记亲自为产品代言等形式）。充分利用视频等技术手段，让农民与网民更直观的亲密接触，号召全国网民为正能量点赞，为正能量买单。

2. 产品策略：

- 着力主打一个品类，小米。以山西沁州黄为竞争对手，亦是学习和超越的对象。将小米按照不同品相（如普通小米和有机小米）和不同区域（如八面小米和什滑道小米），把小米一个品类做深做透，达到“通榆的小米才是真的好”的效果。讲好每一个有关小米的故事，无论是大段河米业的企业家故事，还是曾经的八面村书记老丁头将小米产业化的故事，抑或是普通村民的小米故事。
- 其余季节性产品，以各类主题营销活动的形式轮番推出。如夏季可以推出网络通榆绿豆节、鲜辣椒采摘行、双岗西瓜向黑水宣战等主题活动，冬季可以推出向海冬捕、通榆年味节、创意美葵节等。
- 无论是季节性产品还是主推产品均与背后的人物、群体相关。

3. 营销策略：一品，一人，一村，一个视频。开馆时可以制作一个通榆声音形象宣传片，集合最具代表意义的各类通榆农民形象，在通榆的黑土地背景下，每人讲一段话，说明几个问题：我是谁？我是做什么的？我遇到什么困难？希望得到什么帮助？

4. 视觉策略：纯朴，纯粹。中国东北的国家级贫困县，蓝天黑土。视觉上要达到一种“纯”的意境，给人真实可信之感，避免华而不实的花哨。

5. 淘宝资源对接举例：在淘宝故事频道，推出通榆群体故事；在聚划算、挑食、淘金币、天天特价等推出最好的通榆农产品；在淘宝众筹进行小众品类的产品众筹等。

（三）里程碑事件：三大网络事件营销

一、开馆主打众筹

以众筹包拉温都生态牧场为主，辅以“羊年要认领洋洋得意”和带有环保意义的认领人工养殖大雁的众筹项目。

1. 众筹包拉温都生态牧场：主打蒙古族乡的少数民族文艺情怀，以牛、羊等为产品回报。辅以骑马游牧场的旅游项目。

2. 认领洋洋得意：通榆县最多的农产品，找不到销路的农产品实际上是羊。通过羊的产品众筹，实现电商扶贫。

3. 认领大雁：通榆县土地不能过度耕种，不耕种，农民如何增收？去养大雁吧！养殖大雁的经济价值很高。认领大雁，可以从认领一颗雁蛋开始，然后是雏雁，给雏雁带上一个刻有认领者名字的指环，向认领者全程播放雏雁成长并放飞的视频。认领大雁重在好玩儿，而非好吃。

二、通过挑食、天天特价或淘金币等渠道，推出通榆的网络特产节，分为绿豆节、美葵节和小米故事，其中绿豆节与美葵节更多的鼓励用户参与，强调互动，晒芽豆发芽照或是创意葵花盘靓照，即可获得通榆仙鹤明信片一张等

1. 绿豆节：集中推出不同品相的绿豆及豆农，主打夏季败火的营销概念。把通榆出口日韩的拳头品类推向全国。

2. 美葵节：以“寻找中国最美的瓜子”为主题，销售通榆各个品类的瓜子。以“整盘新鲜葵花盘直送”为概念进行创意营销活动，鼓励消费者晒出吃完的葵花盘图案。

3. 小米故事：通过淘金币、挑食等活动，推出诸如“那些年的米农米

事儿”的主题活动。目的是抢得通榆小米在淘宝小米品类中的应有销售份额。

三、向海冬捕

1. 做什么？以查干湖冬捕为学习目标和超越对象。卖鱼的同时，整体推出通榆第二个少数民族乡，向海乡。

2. 希望达到怎样的效果？作为通榆馆 2015 年的最后一波营销活动，向海冬捕在继续深入造势，在产生社会效应的同时，争取实现通榆馆的销售额突破。

（四）通榆馆可持续发展之路及愿景展望

2015 年，通榆馆将在淘宝平台上进行各种不同形式的电商扶贫的尝试，推开一扇门。未来，逐步累积一批有爱心的人士，培养一批通榆迷，进行会员营销。更重要的是，通过通榆馆电商扶贫平台的搭建，帮助通榆人更加解放思想，培育更浓厚的电商氛围，创造更多的就业机会，真正脱离贫困。

除了通榆馆之外，我们与在全国首家拥有超过四千家门店的老年人社区 O2O“幸福 9 号”达成意向，首轮建设五个“幸福 9 号村”，由幸福 9 号的一个大区包销一个村的所有农产品，形成一对一的定向精准扶贫。

“电商扶贫”的概念在沿海地区叫得“很火”，但在偏远的通榆，推进起来确实也存在一些现实的困难。不过，经过了“前通榆模式”的“九九八十一难”，这一回，我和我的团队都准备好了。困难再多，办法更多。梦想总是要有的，万一实现了呢？

为了通榆，为了梦想，我们一直在路上。

中篇

第三只眼睛看通榆

我非常感恩生活在这个互联互通的时代。通榆与我，与我的团队，都不是孤军作战，我们得到了太多人的关心与无私的帮助，尤其是吉林省市县各级领导和各方媒体。无疑，他们的认同与肯定，是我们前行路上的一大动力。

这一篇章收录了通榆项目启动以来的“多方声音”。听听他人如何话通榆？

一、巴音朝鲁的“惊讶”

2015 年 6 月 9 日，吉林省委书记巴音朝鲁率领吉林省委省政府重大项目巡视工作组到达通榆。我接到通知，电子商务也是此次巡视的项目之一。让我意外的是，当巴音朝鲁下车看到我时，一脸的笑容，主动同我握手说：“莫问剑，浙江老乡”。在通榆电子商务发展中心，巴音朝鲁在听完阿里巴巴村淘与我对有关通榆农产品下行情况介绍后，没有根据惯例只是做些简单了解，而是接过话筒：“我要说几句。通榆电子商务起步早，发展得也好，为全省树立了一个好的榜样。”他特别强调了互联网+对吉林传统产业转型升级的重要，要求推进电商培训，转变农民观念，开展电商扶贫，加大互联网基础设施投入和农村物流快递业发展。

我与巴音朝鲁只有一面之缘，没有想到他还能记得我的名字。一年多以前，也是在通榆，巴音朝鲁视察云飞鹤舞公司时，要求将电子商务上升到全省战略。

2014 年 4 月 17 日，时任吉林省省长的巴音朝鲁到吉林西部视察工作。为省长这次巡视，选择项目，白城市、通榆县的领导没少操心。据说，在一开始的路线设计上，压根儿没有我们电子商务项目的计划。但白城市市长安桂武坚持选择了我们公司，“要让省长看到新东西”。就这样，在事先接到的通知里，给了我们公司五分钟的介绍机会。在谁来介绍的问题上，有关领导当时指示说，“通榆的书记或者县长来为省长介绍，不能是企业”，但最后也是安挂武力排众议，“电子商务就是企业做起来的，只有企业家才能讲清楚”。于是，我这个创始人，终于有了一次与省长“亲密接触”的机会。

因为在前一站视察时间上的耽误，巴音朝鲁一行到达云飞鹤舞公司时，已经接近 12 点。替省长视察打前站的地方官员反复交代我，“就讲五分钟，不要超时”！

巴音朝鲁在浙江工作过，或许其内心深处对“浙商”还是有好感的。进入展厅，一听说我来自杭州，他脸上就洋溢着笑容。我详细介绍了通榆电子商务的整体发展，省长很认真地听着。当听到“新鲜葵花盘网上直供，一个葵花盘卖到 38 元”时，他让我详细分析了各个环节的成本。“一个葵花盘能让农民增收 4 元，不容易，看来渠道创新非常有必要！”他又问我：“你公司取名云飞鹤舞有什么含义？”我回答说：“1772 年，乾隆皇帝回长白山祭祖，途经通榆向海，题下了‘绿野仙踪，云飞鹤舞。福兴圣地，瑞鼓祥钟’。我们取这个名，是为了凸显通榆作为杂粮杂豆之乡所具有的优越的生态优势。”他听了以后十分高兴，表扬我们是“儒商”！

结果，原定五分钟的视察，巴音朝鲁足足待了半个小时。在现场，他作了明确的指示：“通榆的电子商务在全省能够率先突破，让我没有想到。吉林是农业大省，必须要借助电子商务等现代手段，构建农产品现代流通格局。尤其是吉林西部，生态资源、农业资源十分丰富，要实现后发赶超，弯道超车，电子商务就是一个很有效的手段。”他还说：“要加快推进与阿里巴巴等电商平台的对接，电子商务要上升为全省战略。”他当场指示陪同考察的省级各部门负责人，“研究政策配套，要让全省都动起来”。

我记得，吉林省发改委主任姜有为也是陪同考察的，他当天在电话里就责成吉林省发改委将通榆作为典型进行帮扶。考察结束前，巴音朝鲁语重心长地对我说，“感谢你们为吉林，为通榆所做的努力。这是一块宝地，希望你们能够深耕下去。我会持续关注你们的发展。”

阿里巴巴在美国成功上市后，迅速宣布了三大战略。白城市安桂武市长、通榆县杨晓峰县长第一时间跑到了阿里，对接农村淘宝。正是因为地方政府领导的诚意，农村淘宝负责人余向海率领团队，也在第一时间考察了白城，并将通榆确定为北方地区的第一个试点县。通榆干部使足了劲，从选点到装修，只用了不到二十天的时间，便使农村淘宝成功落地，创造了“通榆速度”！2014 年 12 月 30 日，“马首富”在一再调整时间后，来到了吉林，出席“阿里巴巴与吉林省政府的战略合作签约仪式”。巴音朝鲁以吉林省委书记的身份接待了马云等阿里高管一行，吉林省委省政府的领导、阿里集团的高管悉数到场，足见双方对这一次合作的重视。对于吉林省来说，这是争取到阿里巴巴资源在大东北重大部署的一次机会；而对阿里而言，是上市之后推进三大战略的区域落地措施。只是，让所有人刮目相看的是，在阿里巴巴与吉林省政府战略合作协议签署的同时，同步举行了阿里巴巴农村淘宝北方试点授牌，而这一次的主角，依然是通榆——在吉林全省的市长、县长们的共同见证下，通榆电子商务的发展再一次领跑大东北。

我人微言轻，自然搭不上如此高大上的场面。虽然通榆县的领导极力推荐我参加活动期间的一个高峰论坛，代表通榆“发声”，但有关部门在“审查”时，我的名字还是被“抹”了下来。好在“江湖”里我们还是有朋友的，还是有人给我透露了一些值得回忆的细节。在当天晚宴结束后，马云特意为农村淘宝团队连夜开了一个会，指示“要将通榆做深做透”、“不能撒胡椒面”，还承诺在合适的时间，到通榆看看，到向海看看。巴音朝鲁当晚也召集白城市及省级有关领导开会，指示“把试点做好，尽快全省推广”。我不在场，无法揣摩领导的心思。但通榆都能走出一条路来，不正预示着全省的一个希望吗？

2014 年春节前，国家扶贫办的一个领导到通榆访贫问苦，在考察了通榆电子商务发展的情况下，达成一个在通榆开展电商扶贫示范的意向。国家扶贫办领导在回京前，巴音朝鲁在长春接见他，通榆的电商扶贫成了他们交流的一个话题。巴音朝鲁提出，吉林可以率先做电商扶贫的示范省，而通榆可以做第一个示范县。消息传来，我与通榆的领导都很兴奋，在年前放假前三天，就将通榆电商扶贫的整体方案拿了出来。春节一回来，吉林省发改委主任姜有为受省上领导委托，专门听取了通榆县电商扶贫的方案规划。我也赶去出席了这一次汇报会。有为主任告诉我们：“朝鲁书记很重视，希望通榆闯出一条切实有效的电商扶贫新路子。”

对于政府来说，电商企业大都是小微项目，短期内投资少、税收低，不见得能够很快见“政绩”。在操盘吉林县域电商的一年多时间内，我们的项目能够持续得到巴音朝鲁的关注与支持，的确是一件幸运的事。在“互联网+”如火如荼的今天，巴音朝鲁的肯定，何尝不正是吉林发展的一股“正能量”！

二、CCTV《财经评论》评说通榆电商：互联网让农业更加有利可图

来源：CCTV2 财经频道 20140604 期

视频连接：http://jingji.cntv.cn/2014/06/05/VIDE1401900479142232.shtml

东北的大米和杂粮、新疆的大枣、甘肃的苹果……这些在超市可能买不到的土特产，现在网上都能买到，既便宜又能送货上门。对很多农民朋友来说，有了电子商务，农产品可以走出深巷子，能带来更大的市场。那么，农产品网上行，能不能行得通？未来可以走多远？难题会出现在哪儿？央视财经频道主持人沈竹和特约评论员中国科学院大学教授吕本富、著名财经评论员张鸿共同评论。

从田间到指间，吉林通榆杂粮网上行。电子商务让农产品走出深巷子。农产品网上行，未来能行多远？

作为传统的农业大县通榆，有超过五百万亩的土地，生产的粮食也大多呈天然弱碱性，品质很好。尽管杂粮基本不愁销路，但价格却上不去。去年通榆县成立了电子商务发展中心，尝试将农产品放到网上销售。今年老邢和合作社的社员种植葵花的面积，比去年大幅增加。

邢波（东木村种植专业合作社理事长）：去年在网上卖，比平时常规卖，多卖好几倍。估摸着就我们这合作社好像得一大部分，得有个六七十户。

有了电子商务，农产品走出了深巷子，不止是葵花种植户，如今在通榆，小米等杂粮的身价也在看涨。

姜振红（村民）：原来是一块四五，去年长到两块八到三块。

通榆农产品触网的链条，按品质和要求，提供部分所种植的杂粮。还有一部分杂粮，收购后，由当地的深加工企业对杂粮做精选，然后将精选的杂粮，运给通榆县电子商务发展中心授权的一家销售特色农产品的网店公司做分包装。网络消费者轻点鼠标，就能够选购到通榆县的杂粮。到今年的 4 月，通榆县的网上农产品销售近 40 万斤，销售额超过 370 万元。

黄秀芬（吉林省通榆县副县长）：通过电子商务平台，让更多的农民增收、增效，树立了品牌的意识，今后我们让更多的农民触网，形成通榆的电商集群，实现农业收益的最大化。

对很多农民来说，过去是提篮沿街叫卖，或者在田间地头，等着中间商上门收购。如今坐在电脑前，轻点鼠标，就可以让自己的农产品销往全国各地，E 时代的到来，正悄然改变传统的农产品营销方式。

农民触网正在融入生活，截至 2014 年年底，淘宝网注册地在村镇里的店铺有 105 万家。比 2012 年年底，增长了 76.3%，净增 46 万家。

张鸿：电商能让农产品既卖出去，又能卖出好的价格来

（《央视财经评论》评论员）

我们记者如果坐飞机到长春，还得坐四个小时的车才能到通榆。如果飞到内蒙古的呼兰浩特，再坐两个多小时就可以到通榆了。交通这么不便，东西要卖出来，其实物流是受影响的。如果当中有一个中介机构，或者有多个中介机构来做这件事情的话，其实也解决了物流上的一些问题。比如说，它的很多产品其实是运到杭州的，这些产品的包装如此精美，南方人一定喜欢。杭州相当于一个中转站，然后从杭州再外发出去，这样解决了物流的一个成本问题。

当地的很多农民，包括接受采访的那个农民也说，过去其实也不大愁卖，但是卖不出价格，包括大的美葵，就是葵花籽的那个盘，卖不出价格来。所以当他既能卖出去，又能卖出价格来时，他就觉得这个事值得推广一下，很多人就开始这么干了。

我做过一些调查，其实有两种方式，一种方式是打原产地品牌，比如新疆大枣、通榆杂粮；还有一种方式是打一个品牌，这个企业就叫这个品牌，就卖这个品牌，这个品牌的通榆杂粮。这两种方式其实都可以选。在我看来，我觉得应该多元打品类。就是每一个都拿，然后让众多企业来，我们打通榆的这些杂粮的品牌，这是一个大品类，不是一个品牌，但是当它充分竞争以后，会有一、两个领头的，这样就打出竞争来，由竞争来创品牌。

吕本富：整个农产品电子商务的结构在深化

（《央视财经评论》特约评论员）

先说经营者。网上卖农产品的实际有两类人，一类是农民，一类就是新农人，他们是自愿从城市到农村来从事农产品的。还有一类，他们是做中间的批发业者，比如说我把粮食运到杭州，杭州是个分销中心，把它变成大包装、小包装。

这里边最核心的问题在哪儿？整个农产品电子商务的结构在深化。我们看到最早的卖小核桃、山核桃那个，在网上已经卖两个亿了，那是大生意了。还有山西人卖小米、卖大枣这一类的，它的保存期应该在一个月左右，现在逐渐向生鲜化转移。比如说卖杨梅、卖荔枝，两三天的物流，这个压力比较大了。所以，从长时间的物流到短时间的生鲜，这条链在深化。基本上就像你说的，很多你要吃的农产品，在自由市场中没有，网上有，网上卖的就长尾，尾巴拉得越来越长，品类越来越多，这就是它的特点。

吕本富：对农产品来说，线上对线下的冲击不会特别大

（《央视财经评论》特约评论员）

谷贱伤农，农产品最大的原因就是受自然、受种植面积影响太大。特别是越是小农经济，抗市场的风险能力越弱。那电子商务是不是能解决谷贱伤农的问题？比如我们老家人说，你是电子商务专家，我们这儿准备做杨梅、蓝莓、草莓等，让农民两万多亩地来种，你能不能给我解决问题？

我跟他说，有点儿风险。这几万亩地同时上市，如果卖不掉，农民不是找你去了。那怎么解决这个问题？我说一定要把产业链做全，你让农民做这个东西了，下游的销售是不是要先解决，不管是网上的、线下的批发市场，你要对着搞。

再来，还要冷库产业。现在，比如说陕北的苹果，有好多人开冷库，你的苹果先在我的冷库里放着，我也不收购，还是你的。就像你存一年、半年的一毛钱，价格好了的时候，你再拿出去。所以一定要有冷库产业。随着冷库产业的建立，你不是卖杨梅、草莓吗？我建议再建一个果汁厂，形成农业种植、冷库、果汁厂销售体系。这个链条起来以后，你才能帮农民解决问题，你一定不要单兵突进；否则到时农民颗粒无收。

就工业品来说，线上对线下的冲击还是比较厉害的。对农产品来说，有没有冲击？可能对早市是有点儿冲击的，但是弹性很大。比如说，今天如果樱桃比较便宜了，完全可以买，就是市场的容量可以冲纳在这个地方，它并不会对早市或者超市有更大的冲击，农产品本身的冲击不会特别大。

张鸿：现在互联网已经成为一个工具，融入了我们的日常生活中

（《央视财经评论》评论员）

如果邻居阿姨需要买菜或者买食品，基本上是老年人为主力，他们主要还不是通过互联网来买东西，所以你会发现，这些包装很精美的产品，其实它的定位绝不是我们普通的老年家庭主妇大妈们。它的定位一定要清楚，其实现在互联网已经成为一个工具，你不能避免，你一定要用，当储蓄都用电脑储蓄的时候，你必须得用它。

吕本富：预计用五到八年的时间，电商能替代楼下的早市

（《央视财经评论》特约评论员）

电商使农产品更加个性化，往小了说是个性化，往大了说可能是开辟了一条现代化的路径。对于个性化的成本，比如说有机食品，有人有这种消费能力，就是有长尾的部分，那么我就吸纳这个群体。

当然，冷链物流的成本会上升。但是现在大批量的物流运过来，我们专门调查过，比如说运到新发地，其实 30%的菜都还是烂掉了。那么我小批量把它精细化，那么烂掉的成本在降低。物流冷链肯定是老问题了，那现在这个成本能不能降下来，让老百姓全能享受农产品的电商？我们预计可能在五到八年，电商能替代楼下的早市。为什么说能替代？道理也很简单，它可能会有中转库。

举个例子。海南的水果，热带水果，它可能要冷链物流，大船运来，比如说在天津的武清有一个中转库，它会把整个物流，把这个中心规划得非常好，使得你的成本降得很低。目前这个批量还没弄大。现在，在平谷已经在大量建冷链库了，这个业态不会很慢，很快就会有。

张鸿：农民和农产品要触网，地方政府也要做一些工作

（《央视财经评论》评论员）

我们现在通过网络购物，总说物美价廉，因为便宜。其实我也有朋友是做这种农产品的，就是小区里面的定制。他的理念是这样的，虽然付钱的这个人可能是年轻人，但是有那个需求的其实是老年人。比如说你想给自己父母打包定一个，像每周送点儿菜，每周送什么品类的菜，你可以打包定，你付钱，父母在家里收就可以了。但是到最后，有几个问题避免不了，其中一个还是成本的问题，就是物流成本，确实这样存储成本可能没了，因为不开店了，但是我要精准的，比如送到你家的是几棵青菜，送到他家的是几根萝卜，我要保鲜等，这反而不如大规模的、大宗的，直接从田头到商场要好。

到 2013 年年底，中国的互联网普及率，城镇是 62%，农村是 27.5%。所以，当今天我们在这儿很热闹地谈农民要触网、农产品要触网的时候，他们其实首先真的要知道这些东西。其实很多东西是地方政府要做的。

吕本富：用网上的大数据能在一定程度上避免谷贱伤农的问题

（《央视财经评论》特约评论员）

谷贱伤农这个问题，几百辈子以前就有了，农民被伤怕了，所以我们希望他们在种什么、用什么之前，确实需要先到网上拿到信息，别因为信息不对称受损失。还有一个要注意的事情就是，假如说要投资这个行当，创业者要投资这个行业，一定链条要齐全。除非你的钱比较大，你能自己把链条做全；否则，你最好做添平补齐的生意。链条有了，我补一个，这是最好的，你要是钱大，你就全做完。

三、阿里巴巴“活水计划”深度剖析“通榆模式”

“活水计划”，全称为阿里巴巴青年学者支持计划，于2009年2月由阿里巴巴集团发起，旨在促进广大青年学者成长，推动我国的电子商务研究。“活水计划”启动后得到了国内电子商务学术界的积极支持。

1. 阿里商业评论 | 三千禾：新创农产品电商企业价值共享型商业模式透视

来源：阿里研究院

时间：2014-07-24 09:00

作者：项国鹏、魏唯、崔瀚文

关键词：农产品、商业模式、创新

项国鹏：博士，教授，博士生导师。浙江工商大学工商管理学院副院长，浙江省哲学社会科学重点研究基地浙商研究中心主任

从企业“初创期、成长期、成熟期、衰退期”的四个阶段生命周期来看，新创企业显然是处于生命周期第一个阶段的企业，与成熟的大企业不同，初创企业通常资源比较匮乏，面临高度的不确定性。如何积极整合各类资源，设计并执行相匹配的商业模式成为新创电商企业生存与发展的关键。

从价值创造视角来看，商业模式分为价值主张、价值创造、价值获取与分配三个维度。只有拥有好的创意，并明确自身的价值主张，才能去谋求实现价值主张的资源和竞争优势，并整合价值网络、组织企业的经营活动，从而实现可持续的收入流，最终进行利润的分配，实现最初的价值主张。在具体的要素和构成上，通过对商业模式领域权威性学者提出的商业

模式构成要素进行归纳和总结，商业模式的构成要素可概括为：企业家创意、产品/服务、目标群体、资源整合、竞争优势、关键活动、收入模式、成本结构、利润分配模式，分别属于价值主张、价值创造、价值获取与分配三个维度（如下图所示）。

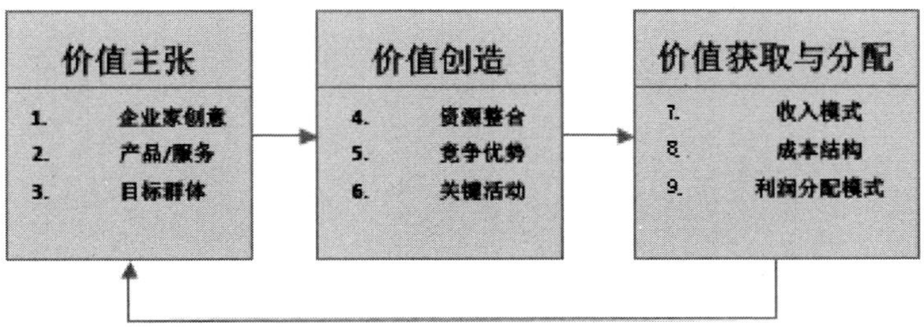

商业模式构成要素

三千禾旗舰店是杭州常春藤实业有限公司农产品项目的线上商店，系通榆县农产品电子商务运营的官方代表。与以往企业带动电子商务发展方式不同，通榆发展农产品电子商务走的是“自上而下”的路径。通榆县政府组建了“通榆农产品电子商务发展中心”，并与杭州常春藤实业有限公司共同打造并在天猫上建立了“三千禾旗舰店”，作为实施“原产地直销”计划的农产品销售窗口，开创了通榆县土特产品在淘宝上销售的历史先河。三千禾旗舰店于 2013 年 10 月 14 日正式上线，主营产品包括通榆县的绿豆、小米、燕麦、葵花等农产品，仅上线当天就交易成功 13000 单业务，交易金额达 40 多万元，上线三天的销售额也达到了 100 万元以上，至今店铺的点击率、客户好评均位列前茅。

三千禾旗舰店的经营亮点在于其创建的“价值共享型”商业模式（参见下图）。地方政府、农户、电商、消费者、阿里巴巴等电商平台都是企业的利益相关者，共同创造并共同分享价值，一方面满足了各方对价值的需求；另一方面也带动了当地县域经济的发展。三千禾商业机会的发现，是通榆县政府的大胆创新和常春藤创始人莫问剑对于商机的敏锐嗅觉共同作用结果。莫问剑早年曾任新华社记者，拥有高超的沟通和谈判能力，其后担任职业经理人并一手打造了马可波罗品牌。此外，创立莫耶陶瓷和参加

《赢在中国》挑战赛并获奖的经历也使他积累了丰富的创业经验和技能。2013 年一次偶然的机会，莫问剑接触到通榆县县委领导，通榆县丰富的农产品资源和县政府脱贫致富的决心使他发现，在当地发展农产品电子商务是一个很好的商业机会，这一想法与通榆县政府的理念不谋而合。回到杭州后，他马上开始着手组织团队建设并启动了三千禾农产品电子商务项目。同年 6 月，公司入驻杭州城西的海创园，并成为杭州科技创新重点扶持项目。

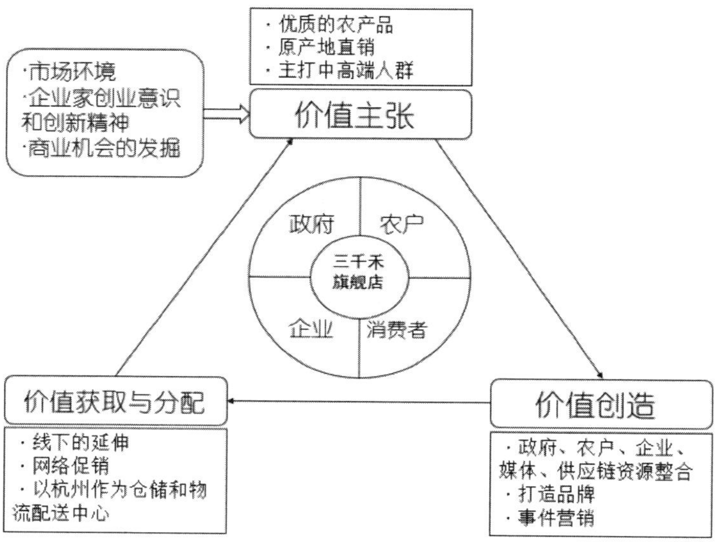

三千禾旗舰店的价值共享型商业模式

三千禾的价值主张

三千禾的产品为“原产地直销”，“原产地”是指国内优质的农产品产区，通榆县位于北纬 45°，隶属遥远的东北吉林省白城市，拥有得天独厚的天然弱碱沃土，是世界公认的杂粮杂豆黄金产区之一。而我国南北跨越 5500 公里，温度、湿度、土质、光照不同均可孕育出不同的优质产品，类似通榆县这样的“原产地”具有行业独特性和不可替代性。提供新鲜健康、价廉质优的农产品和当地特产，让消费者吃得放心，成为三千禾价值主张的一部分。出于成本的考虑，三千禾产品的价格普遍高于市场上销售的一般农产品价格，因此将品牌定位于追求生活品质、对价格不十分敏感的中高端人群。在三千禾旗舰店的首页上，“杂粮主食化倡导者，开启弱碱健康生活”的标语也集中体现了三千禾的价值主张。

三千禾的价值创造机制

在价值主张确定后，三千禾开始整合各方资源，打造自身的核心竞争优势。通榆县政府将原产地电子商务直销计划列为核心发展战略，并专门成立了电子商务发展中心，为当地发展电商产业提供了政策保障和基础条件。与白城市农科院的合作，也为农业研发成果转化为优质产品，提供了科技支撑。在通榆县政府的深度参与下，农产品的主要供应商为政府推荐的当地龙头企业，利用政府在货源组织方面的先天优势，由政府“背书”，提供质量保证，这样也免去了电商与农户进行价格谈判的环节。在通榆当地，农户的农产品实行“统一品牌、统一标准、统一质量”策略，负责运营的杭州电商进行“统一营销、统一包装、统一配送、统一售后”，共同打造出“三千禾”这一优质的农产品品牌。至此，农产品标准化的难题得到解决。同时，通过品牌化的运作，供应链系统得到整合，产品的附加值也有了很大的提升。

三千禾旗舰店在杭州的运营团队有 50 人左右，其中负责农产品项目的约 20 人，占到业务团队的一半，在通榆当地有 3 人分别负责行政财务、质检和供应商管理。人数虽然不多，却有着不俗的执行力和营销能力。活动的策划、与政府和供应商的沟通、媒体的公关等对于团队成员都是极大的考验。在旗舰店上线的当天，在三千禾旗舰店的页面上可以看到“吉林通榆县县委书记、县长致淘宝网民的一封公开信”，信的结尾还有通榆县县委、县政府的官方印章以及县委书记孙洪君和县长杨晓峰的亲笔签名。这种开创性推介方式引起了网友的关注，同时消费者也对三千禾的品牌产生了较高的信任度。今年 5 月 11 日，三千禾与延边朝鲜族自治州首府延吉市政府合作举办了为期一个月的网络泡菜节，借助淘宝、京东、1 号店等国内知名的电商平台，把最正宗的朝鲜族美食用最快速的方式送到网友的餐桌。认识到移动互联网的巨大发展潜力，三千禾也开始利用微信、微淘、手机淘宝移动端等拓宽渠道，并委托第三方打造自己的移动客户端，App 预计将于今年年底上线。

三千禾初步的成功，也得到了多方媒体的关注。央视财经评论、白城日报等多方媒体对通榆的三千禾模式进行了报道和宣传，时任吉林省省长的巴音朝鲁也视察了三千禾，媒体的宣传对于三千禾的品牌知名度也是一个很大的提升。

三千禾的价值获取与分配

天猫的聚划算、年终大促等活动为三千禾的网络促销提供了很好的平台，线上促销，能够很好地提升产品的知名度。在线上旗舰店运营活动日趋成熟的同时，三千禾开始拓展线下的销售渠道，走进社区、大卖场，如今，逐渐形成合理的线上线下收入结构。

农产品单位价格低廉，但物流成本高昂。在企业的初创阶段，生产和经营成本的控制至关重要。三千禾选择了交通便利、物流系统发达的杭州作为仓储和物流中心，将已进行初加工的农产品首先运到杭州，再根据网上的订单分别包装，由物流企业配送至不同的消费者手中，比起直接从物流和交通条件并不十分理想的当地发货，直接成本降低了不少。

三千禾所创造的价值由多方的资源整合而来，也由这些利益相关方共同分享价值。电商企业成为链接农户、政府与消费者的“桥梁”，最终的结果是实现了多方共赢。三千禾的商业模式有很多地方都是可以模仿和借鉴的，但要求该地域的产品具有独特性和品质的保证，还有多方的协同和支持。企业在品牌运营方面比政府更有经验和优势，但与农民打交道还需政府出面。农产品的销售在以前通常是由经纪人向农户收购，初加工后经由经销商逐级批发到零售商，层层环节抬高了农产品的价格，但对农民增收却作用甚微。通榆本是一个名不见经传的小县城，还是国家级贫困县，拥有得天独厚的资源，但“酒香也怕巷子深”，电子商务成为打破农产品传统流通方式的契机。通榆的原产地直销模式使得农产品从生产到销售的产业链条缩短，这也是整个行业不可逆转的大趋势。农产品电商化可凭借电子商务自身的优势，获得更广阔的市场、更便利的营销方式，一方面满足城市居民对于优质农产品的需求；另一方面也使农民得到了好的流通体系，解决了农产品的销售问题，促进农民增收并带动当地的就业和经济的发展。但农产品电商尚处于初级阶段，除了关注盈利之外，对产品品质的把控、品牌的塑造和供应链的整合也是颇费思量。发展农产品电子商务也可以利用大数据来搜集信息，对气象和市场信息进行预判，降低行业风险，提高盈利能力。

还值得关注的是，在三千禾旗舰店的页面上可以看到“大美通榆”这一主题，通过摄影作品对通榆的自然美景和农业资源进行了直观的宣传。电子商务所带动的不仅是当地农业的发展，同时还有文化创意、休闲旅游、交通、物流等相关产业，这对于区域性良好商业生态系统的打造，也是一大动力。

2. 阿里商业评论 | 通榆县：黑土地农产品的品牌化打造

来源：阿里商业评论

时间：2014-07-2809:33

关键词：品牌、农产品、政策、东北地区

通榆县位于吉林省西部，科尔沁草原东陲，幅员 8496 平方公里，人口 36.7 万，是国家重点生态功能区、中国绿色农畜产品生产基地县、中国生态旅游县。目前，该县按照“生态经济景观”三位一体的发展理念，以建设“生态经济城市”为统领，全力打造美丽富庶的通榆。通榆电商新模式开创了吉林省多个第一，即第一个在淘宝网上开设主营通榆特色农产品的“三千禾旗舰店”；第一个以政府名义与国内知名电商平台签约；第一个在电商平台上发布由“通榆县县委书记、县长致淘宝网民的一封公开信”；第一个就县域电子商务发展战略在北京召开专题新闻发布会；第一个与阿里巴巴研究院、淘宝大学联合举办有 2 万人参训的“阿里巴巴第六期暨通榆县首期电子商务培训班”。

通榆县推进电子商务发展举措

通榆县电子商务项目由杭州常春藤实业有限公司建设，总投资10亿元。建设内容包括成立吉林云飞鹤舞农牧业科技有限公司、电子商务平台、全国100家农畜产品线下实体销售体验店、通榆县绿色生态食品城等子项目。到2015年，完成电子商务平台建设，实现年网上销售农畜产品1万吨；建成10平方公里的绿色生态食品城，实现入园企业30家，带动规模优势农产品年种植面积300万亩；在全国主要地区开设100家“三千禾”、“大有年”、“云飞鹤舞”产品专卖店；将吉林云飞鹤舞农牧业科技有限公司打造成为国家级农业产业化龙头企业。为实现上述目标，主要采用以下几项措施：

一是成立了专门机构。成立了通榆县电子商务领导小组，组建了通榆县电子商务发展中心，负责全县电子商务及相关产业发展的组织协调和综合指导。

二是出台了扶持政策。出台了《关于促进电子商务发展的若干政策》、《通榆县电子商务手册》；成立了通榆县电子商务协会、三千禾合作社联合社；设立了通榆县电子商务专项发展基金。

三是实现与三大电商合作。在天猫开设“三千禾旗舰店”、在1号店开设“三千禾弱碱粮仓”、在淘宝开设生态农业店，主营通榆特色农产品。

四是开展了产、学、研、政对接。2013年12月，通榆县与1号店签订框架协议；与白城市农科院正式签订战略合作协议；与中国农业大学、吉林大学等科研院所进行了对接，加强了技术、人才支撑力度。

五是落实了专业种植、养殖基地。建立农畜产品检测体系和质量指导中心，落实了大雁、肉羊、肉驴、草原红牛等畜禽产品养殖基地。选择10个优势品种，规划种植1万亩，作为各合作电商平台的直销基地。

通榆县电子商务下一步发展思路

一是实现电商平台的全覆盖。积极与京东商城、顺丰优选、南方优品以及本来生活网等电商平台开展合作，实现电商平台全覆盖。

二是推进“全社区营销”战略。在北上广深以“唯品会模式的选品+携程模式的地推+微信模式的客户管理+顺丰模式的服务”，以 O2O 模式实现“全社区营销”。

三是推进“全产业链一体化”运作。推进“电子商务+基地化种植+科技支撑+深加工”的全产业链一体化运作，提高产品附加值，增加竞争力。

四是建设电子商务发展总部。三年内建成 5 万平方米集“办公+深加工+仓储+展示”等多功能于一体的电子商务发展总部。

四、新华网、人民网、财经网、商务部网站点评通榆

1. 新华社 | 物流业：提高农产品附加值的“催化剂”

新华社长春 8 月 4 日电（记者吴昊）杂粮、人参、散养鸡……这些“绿色食品”，过去受制于运输距离和成本，生产环节的农民长期处于产业链最低端。随着物流业的发展，越来越多的农民在农产品附加值提升中得到了实惠。

农民田野里的“丰收”不等于腰包里的“丰收”，尤其在地理位置偏远的地区，此种现象更为严重。

通榆县地处吉林省西部、科尔沁草原东端，地理位置偏僻，属国家级贫困县。但该县在北纬 45º，东北黑土地是世界公认的杂粮杂豆产区。通榆盛产杂粮、杂豆、打瓜、蓖麻、草原红牛、向海鱼等特色农产品，过去由于多方面原因，这壶“香酒”没有走出“深巷”。2013 年，通榆县政府与杭州常春藤实业有限公司合作打造以“三千禾”为品牌的特色农产品电子商务原产地直销。不到半年时间，农产品销售渠道得到极大拓展，农民收入显著增加。

“县里帮我联系杭州的企业收购我种的向日葵，验收完样品后他们一口气签了 6000 头，一头卖 5 元，今年光卖向日葵我就收入 3 万元。”邢波笑着说。

通榆县借助电子商务实施“原产地直销”计划，通过电子商务公司对原产品的包装和深加工，打造属于农民自己的电商品牌，并通过“网购”的形式将原产于通榆的优质杂粮杂豆输送到全国消费者的手中。

虽然近年物流业对农业产品附加值增加的“催化剂”作用日益明显，

但在物流业发展的各个环节仍然存在一定“短板”。

通榆县电商售粮的主要合作者，杭州常春藤实业有限公司董事长莫问剑表示，国内电子商务和大数据分析方面人才的缺乏是制约农产品电子商务推广的重要因素。

中国农业大学教授李建军认为，电商对农村经济发展的带动作用明显，但从整体来看，中国农村在加工、物流、服务方面的基础设施还比较薄弱。另外，在市场监管方面的法律法规还不完善。

国务院发展研究中心产业经济研究部研究员魏际刚认为，物流速度慢、成本高、渠道不畅、模式陈旧已成为中国物流产业解决三农问题的瓶颈。

魏际刚建议，设立物流业发展的财政专项资金，支持农村物流基础设施、城乡物流一体化等。（新华社专稿）

2. 人民日报：通榆县破解“好产品卖不出好价”难题 ——农业大县，搭上网络“快车”

本报记者 祝大伟 《人民日报》（2014 年 01 月 12 日 10 版）

大田里，成熟的向日葵花盘沉甸甸坠着，一排排向远方延伸。吉林通榆县东木村种植大户邢波站在自家 30 亩向日葵田边，也把头深深沉下来，宛如一颗沉思状的向日葵。

丰收了，咋还高兴不起来？“葵花籽收割后，要把瓜子从花盘上扒下来，晾干才能出售，一盘也就卖个 2 块来钱”。想到每年收获的葵花籽成堆地摊在院子里，邢波心头“压”得难受。此时，尽管对一分一厘的讨价还价很无奈，邢波还是盼着小商贩能尽快来家里收购。

去年国庆节期间，正在望眼欲穿的时候，邢波突然接到了县农业局工作人员的电话，说是县里正在实施农产品电子商务“原产地直销”计划，他家的优质葵花被推荐给了“电商”，一会儿就要来收购，而且是直接收葵花头。

一听这消息，邢波顿时蒙了，“电商是个啥东西？为啥还收整个的葵花头？”尽管满肚子的疑问，但邢波还是决定试试看，热情接待了他们，他带着电商工作人员来到了自家的向日葵地里。“看到成片丰收的向日葵，收购方都惊讶了，又拍照，又品尝，当场就决定收购了。”邢波说，价钱更是让他吃了一惊，“每头精选的葵花籽给我 5 元钱，共计 3000 多头，从订货到装车运走只用了 2 天，收入比往年多了一大截。”

后来，邢波才知道，收购商把整盘葵花籽包装后，在网上销售。“网店真牛，换个方法卖瓜子，既是食品又能当艺术品，这是我们想都没想过的。”不仅货卖得顺，钱也回得快。电商收购葵花籽，由县电子商务发展中心提供担保，10 多天后就把货款汇给了邢波。“网络真是个好东西，以后我再也不用为卖葵花籽犯愁了。”

困局：农产品种强销弱、质优价不优

政府推动电子商务，将农副产品打包上线出售。

位于科尔沁草原东陲的通榆县，除了有“葵花之乡”、“绿豆之乡”的美誉，当地还出产杂粮杂豆、打瓜、牛羊肉等特色优质农产品。但是受区域位置不佳、销售方式落后等制约，通榆的农产品一直“种强销弱、质优价不优”。

当地种植养殖农户多年来习惯了将手中农产品卖给收购商，收购商再运到加工地进行初加工或深加工后，由一级、二级、三级批发，再经过零售商层层加价的商品销售方式。但这样一来，农户不仅销售困难，而且收益甚微。

县委书记孙洪君说，破解长期以来的农产品销售困局，就必须改变传统的销售方式，省去大量中间环节，在确保农产品质量的同时将更多的利润留给农户。

2013 年，通榆县提出了农产品电子商务发展战略，实施农产品“原产地直销”计划。同年 10 月，淘宝“三千禾”旗舰店正式上线。12 月 6 日，通榆县政府又与 1 号店签约，优选 1 万亩优质弱碱土地和十余个优质杂粮杂豆品种，建设 1 号店农产品直销基地。同时，还开通了“禾协会”微信公众平台，随时发布通榆农产品信息。

登录“三千禾”旗舰店的网页，通榆县的各种优质杂粮杂豆都被拍摄成了精美的图片。在这里，消费者只要鼠标轻轻一点，就可以轻松享用到黑土地上的优质农产品。

网店背后是如何运作的呢？据介绍，为了加速农产品“上线”，县里成立了通榆县电子商务发展中心，联合吉林白城市农科院提供农技支持，依托电子商务公司通榆云飞鹤舞农牧业科技发展公司将农副产品打包上线。同时，每位副县级领导包保一个粮豆品种的产业发展。

“近年来，我国电子商务的发展动力持续增强，正与传统产业进行深入融合。”吉林大学商学院教授刘伟江说。通榆提出农产品电子商务发展战略，顺应了新形势发展要求。借助电子商务，通榆为农特产品与销区对接找到一条新路，解决了“小农户与大市场”的矛盾。

变化：网店火了，农产品不再愁卖

一斤谷子卖到 3 块多钱，农民把更多的心思放在产品品质上。

“三千禾”旗舰店正式上线后，借助淘宝网聚划算活动以及与 1 号店战略合作，大力推介通榆优质杂粮杂豆，仅“双十一”一天的销售就突破了 100 万元、14 万斤。

这些数字背后，是农户增收的喜悦。通榆县苏公坨乡种粮大户车文军家一年产 10 万斤谷子，以前一斤最高只能卖 2.65 元。对他来说，年年辛苦换丰收，可到卖粮的环节，有劲儿使不出，粮食不好卖，卖个高价就更难。

如今，车文军家的谷子能以每斤 3 元多卖给电商。卖粮轻松了，钱袋子也鼓了起来。“网店销售真牛！农产品经过深加工，在网上就能打出品牌。这是以前不敢想的。”车文军说。

在网店运营过程中，通榆县政府提供相关优惠政策的同时，还在电商和农户间当起了销售担保。电商和农户商定好价格，直接收购农产品，等资金收回后，再向农户付款。

从 2013 年 10 月初至年底,“三千禾”旗舰店共实现农产品网上销售 21.4 万斤，销售额达到 190 多万元。近日，车文军和县里的多家种植户都与电商签订了 2014 年包销协议。“网店火了，我们农户手里的农产品不愁卖了，增收的希望就在眼前。”车文军说。

虽然销售不愁，但车文军种粮压力却更大了。签订包销协议后，车文军从选种到施肥直到最后的收割，每个环节都得按照电商的标准严格操作，当地农技人员还会进行专业指导。

“电子商务平台对农产品的品质要求高，消费者对产品的评价往往决定了产品和企业的兴衰存亡。”刘伟江说。农民参与到农产品的电商销售中，会依市场需求努力做到优中选优，自发地推进农产品的精深加工和产品的研发，这有助于提高农产品影响力和美誉度。

瓶颈：人才短缺，配套加工能力弱

加强农民培训，政府主推品牌，龙头企业带动“触网”。

电子商务发展日新月异，抓住机遇把农副产品电子商务做大做强，推动农业产业化快速发展，对通榆县无疑是一个考验。

人才制约首当其冲。虽然眼下已是“猫冬”的时候，但通榆县的农户没闲着。去年 12 月 30 日，县里请来了阿里巴巴的高级咨询师和一批创业精英，传授网店怎么开，并分享成功者经验。

县里为这次培训课专门开通了电视直播和视频会议系统，各乡镇的农民在自家炕头就能听讲，听众总数保守估算也有两万多人。

刘伟江认为，在通榆这样的国家级贫困县，发展电子商务的基础比较薄弱，人才紧缺，政府的大力推动，对农户和创业的培训，能够快速为“电子商务”的发展创造氛围。

在农产品上网的起步阶段，通榆没有主推农户单打独斗的网店经营方式，而是政府主推农产品品牌，靠龙头企业来带动农户“触网”。“这有助于迅速扩大当地农产品品牌的影响力，增加品牌的可信度。”刘伟江说。

据了解，通榆县计划2014年按照预售模式规划建设200万亩电商直销基地，还将加深与电商平台的合作，在淘宝网开设“通榆馆”，并尽快完成与京东、顺丰优选以及本来生活网等的战略合作，实现电商平台全覆盖。

“统一品牌、统一包装、统一标准、统一质量”对农产品网销意义重大。在农牧业标准化领域，通榆将在传统种植、养殖方式上，建立起自己的地方标准体系，形成“通榆标准”。

“网店迅速铺开，背后需要有更优化的产业链支撑。”通榆县副县长刘振兴说。目前，通榆已经开始探索“电子商务+基地化种植+科技支撑+深加工”的全产业链一体化运作。在1号店一万亩直销基地的基础上，通榆将整合白城市农科院等科研资源，同时，在部分品种、品类中进入深加工领域，提高产品附加值。

3. 吉林通榆：“电商扶贫”将年均减贫2.5万人

时间：2015-04-11 20:47:00　来源：人民网（北京）

人民网长春4月11日电（记者祝大伟）4月9日，一场针对10万贫困人口的电商知识普及大课在吉林省通榆县开讲。通榆县在2015年全面启动实施电子商务扶贫工作，实现年均减贫2.5万人左右。计划到2020年，完成90个贫困村的电商扶贫全覆盖。

本次电商扶贫培训是通榆县全面实施电子商务扶贫计划的一项重要内容，旨在引导更多的贫困人口积极参与电商创业实践。通榆县全年计划通过10期面向3000个贫困人口的免费电商知识培训，帮助贫困户尤其是“两后生”、残疾人等直接在网上开店，实现增收。

此外，通榆还将通过当地从事电子商务经营的龙头企业、专业协会、地方电商交易平台等，构建起面向电子商务的产业链，帮助和吸引贫困户参与进来，实现完全或不完全就业，从而达到减贫脱贫效果。

通榆县是国家重点生态功能区、中国绿色农畜产品生产基地县，也是吉林省为数不多的国家扶贫开发重点县。目前，全县仍有建档立卡识别的贫困村 90 个、贫困人口 10.3 万多人，贫困人口发生率 41.5%。

2013 年，通榆县全面启动实施了“农产品原产地直供计划”，借助互联网、移动互联网等载体，推出了代表通榆优质农产品的“三千禾”品牌系列产品。截至 3 月末，“三千禾”10 个品类 30 多款产品已销往全国 23 个省，销售额达到 4000 多万元。

2014 年 11 月，通榆县与阿里巴巴集团签订农村淘宝战略合作协议，成为其“千县万村计划”农村淘宝全国第三个试点县。目前，全县共开办网店约 420 家，其中淘宝活跃卖家达 200 多家，微商约 500 多人，电商服务人员达到 1200 人。

电子商务在通榆县强势发展。通榆县将促进电子商务与扶贫工作深度融合，采取面对面、点对点式的精准扶贫方式，通过创新扶贫资金管理机制，组建电商扶贫合作社等多种方式，探索实施以电子商务促进扶贫开发的新模式。

通过创新电子商务促进扶贫开发的模式，通榆县将加快形成“电商平台+龙头企业+合作社+贫困户+网店+脱贫服务”的电商扶贫生态链条，加快减贫脱贫速度，实现年均减贫 2.5 万人左右。

计划到 2020 年，通榆县将完成 90 个贫困村的电商扶贫全覆盖，60%以上的贫困人口直接或间接从事与电商有关的工作，解决贫困人口基本生产生活中面临的问题，实现贫困人口人均纯收入增幅超过国家平均水平。

4．连上一张网打开一片天——通榆县农产品电子商务发展综述

来源：中华人民共和国商务部网站

转自：淘宝论坛 http://bbs.taobao.com/catalog/thread/508895-311003499-1.htm?spm=a210m.1001016.0.0.Prutg5

1800 份、100 万元，抢眼的数据代表着通榆县在近日举办的淘宝聚土

地活动中一路领先，以全程销量第一的骄人战绩，再次成为农产品电子商务领域的焦点与话题。

科技引领时代。随着信息科学技术的进步和互联网的广泛应用，当今社会已经进入一个新的历史发展时期，一个地区要想实现经济社会跨越式发展，领导者就必须勇立时代潮头，转变经济发展方式，树立符合现代社会发展的新观念，以千帆竞渡、百舸争流的气势，真抓实干，奋勇争先，才能创造出不负历史的辉煌业绩。

2003 年 7 月 7 日，阿里巴巴正式宣布投资 1 亿元开办淘宝网。此后，电子商务一直呈几何式增长，这场经济技术革命已经深深改变了人们的生产和生活方式。2014 年 9 月 19 日，阿里巴巴正式在美国纽约证券交易所敲钟上市……

假舆马者，非利足也，而致千里；假舟楫者，非能水也，而绝江河。

就在阿里巴巴在纽交所上市的同时，处于吉林省西部、科尔沁草原东陲的国家贫级困县——通榆县，也正努力在这一时代变革的大潮中抢占一席之地。

9 月 30 日，通榆出席了在杭州举行的聚土地二期新闻发布会，这是阿里巴巴集团上市后重点发展农产品电子商务的一项重要活动。通榆县作为东北地区独家、全国 8 个县区之一，参加了阿里巴巴聚划算二期聚土地活动。县委书记孙洪君、县长杨晓峰亲自策划本次活动。

吉林省政府副秘书长刘非、白城市市长安桂武亲自坐镇杭州，力挺通榆。并与通榆县县长杨晓峰共同会见了阿里巴巴集团聚划算总裁王立成、聚划算市场部总监华筝、创新事业部资深总监、农业办负责人余向海等高层负责人，就农产品电子商务发展远景进行了深入探讨。

说起通榆农产品电子商务，要从 2013 年 6 月的一次偶然相遇谈起。时任杭州常春藤实业有限公司董事长的莫问剑要到白城查干浩特经济开发区考察项目，却走错了路线来到了通榆向海。那时他不仅被向海美在天然、贵在原始的生态美景所吸引，更因为和县长杨晓峰偶然碰面的一次畅谈，加深了对通榆及通榆人的了解。而县长杨晓峰也敏锐地捕捉到这是一个能够将通榆优质农产品与电子商务进行有效链接，深入开展农产品电子商务合作的一个机会。合作的火花就这样在一次次畅谈中碰撞迸发，让通榆优质农产品走出深巷子的战略构想就这样生根发芽。

在孙洪君、杨晓峰、莫问剑的不懈努力下，一条具有通榆自身特色、以原产地直销为核心的农产品电子商务发展之路，在过去的一年多时间里不断向前铺展，越走越宽。

很难想象，是怎样的高瞻远瞩，让名不见经传的塞外小城搭上了电子商务这列高速行驶的列车？是怎样的运筹帷幄，让通榆在短短一年时间，引起了电商业界人士的广泛关注，让代表通榆优质农产品的“三千禾”品牌得到广大消费者的认可？

抢先一步——争得农产品电商爆发前重大机遇

早在2013年年初，通榆县县委、县政府主要领导就达成了共识，他们精准审视了电子商务发展面临的机遇和形势，深刻认识到电子商务作为新兴产业正在迅速崛起，这种以网络为平台、利用先进的信息技术和通讯手段开展的经济活动，已经渗透到社会生活的各个角落，在改变商务模式、提高贸易效率的同时，更创造了大量的创业就业机会，将极大地促进经济社会的创新和发展。如果能够抢抓住农产品电子商务爆发性增长前的历史机遇期，依托通榆丰富的农畜产品资源，率先在全国实施农产品电子商务战略，不仅能够拓宽通榆农畜产品销售渠道，促进农民增收，带动创业就业，还有望以最短时间、最低成本通过互联网打造出通榆在全国的影响力。

审视通榆自身，发展农产品电子商务优势独特

黄金地理纬度。通榆县位于北纬45º，是世界公认的优质农产品黄金产业带，与法国波尔多葡萄酒、瑞士高山奶酪等知名产品处于同一纬度。通榆是目前国内品质最好的绿豆、葵花、谷子、荞麦等杂粮杂豆原产地之一。目前，通过认证的有机食品28个、绿色食品5个、无公害农产品88个，

认证面积达到 135 万亩。在倡导“杂粮主食化”的今天，无疑迎来了最好的发展时机。

水土呈弱碱性。处于世界仅存的三大黑土地之一东北黑土区中，土壤 PH 值为 8.7，水的 PH 值为 7.2～7.8，是最佳弱碱水质。这里种植的农产品、养殖的畜产品品质更为优良、营养更为丰富、味道更为鲜美，加工出来的产品更具说服力和吸引力，有利于打造农产品的生态品牌。

农畜产品丰富。通榆县是中国（通榆）特色暨绿色农畜产品生产基地县、是全国农产品提供二级功能区。人均耕地、草原、林地面积全省第一，现拥有优质耕地 450 万亩，年产水稻、玉米、豆类、谷子、糜子等各类粮食约 100 万吨。草原、林地 660 万亩，年可提供牛、羊、驴、野猪、鹅、雁等优质畜禽产品约 4.6 万吨。加上周边地区农畜产品的链接式供应，可满足全国消费者对高档优质农畜产品的需求。

生态绿色品牌。通榆县是国家重点生态功能区、国家主体功能区试点示范区。境内拥有世界 AAAA 级湿地、国家级自然保护区一处、省级自然保护区一处。作为典型的农牧业县份，境内无任何工业污染，用近乎原始的方式生产出的农畜产品是最原汁原味的原生态产品，大多达到了“有机”和“绿色”的标准，可以说是能让全国消费者最放心的产品。

龙头引路——打造线上线下立体式营销

2013 年 9 月，曾任新华社知名记者，获 CCTV《赢在中国》创业大赛第四名的莫问剑，怀揣着农业创业的梦想与对农民的真挚情感，带着他的精英电商团队，从杭州来到了通榆，成立了吉林云飞鹤舞农牧业科技有限公司，并注册了寓意丰收的“三千禾”品牌，开启了他们与通榆及通榆农业的不解之缘。

有梦想又肯实干的人定会飞得高远，通榆农产品电子商务项目从确立到在天猫平台上首次亮相，仅仅用了不到半个月的时间，这对电商基础薄弱的通榆及未接触过农产品的电商人而言，都是一次重大的考验。然而，时间是最好的证明，经过一年的精心布局和运营，“云飞鹤舞”先是站稳了脚跟，接着甩开了步子，把“三千禾”品牌农产品通过各大电商平台陆续送进了大江南北的千家万户。

进驻各大平台，抓布局，打通路

天猫是中国浏览量最高的线上购物地标网站、亚洲最大的综合性购物平台，是阿里巴巴旗下的综合性 B2C 零售商城。为了将“三千禾”打造成全网杂粮杂豆第一品牌，通榆县政府与云飞鹤舞公司商定，在产品上线之初首先选择与天猫合作。于是，2013 年 10 月 11 日，三千禾旗舰店正式登陆天猫，通榆农产品开始上线触网。为迅速扩大知名度，10 月 14 日至 17 日，参加了为期 4 天的天猫聚划算活动，进行了互联网史上首次“整盘葵花新鲜直送”的事件营销。每个葵花盘售价 38 元，共销售了 3500 多个，独特的创意让“三千禾”一下就吸引了众多网民的眼球，葵花盘活动页面在聚划算首焦滚动播出后，国内各类媒体纷纷报道，也带动其他农产品的销售，实现了 4 天销售过百万的突出业绩，喜获“开门红”。

随后，云飞鹤舞公司又在县委、县政府的支持协助下，陆续进驻了有中国网上第一超市称号的 1 号店和中国最大的自营式电商企业京东，分别开设了“三千禾弱碱粮仓”，实现了通榆优质农产品在更多知名电商平台上的全面销售。

在农产品 B2C 业务取得了一系列辉煌硕果之后，今年 9 月底，云飞鹤舞公司正式布局国内 B2B 平台，并以 1688.com 为突破口，搭建了云飞鹤舞官方旗舰店。从个人用户到企业级用户，通榆三千禾的销售通路将逐步完善。假以时日，将通过电子商务的规模效应带动通榆产业结构优化升级，现代农业营销模式呼之欲出。

创新营销模式，拓渠道，建体系

按照莫问剑的看法，做农产品电子商务单纯依靠传统大牌电商平台还远远不够。一方面，平台营销会受限于平台规则，部分优质非标的农产品无法更好地展现给消费者；另一方面，农产品作为最接地气的商品之一，是普通老百姓吃穿住行中首要的一环，最大程度地接近用户非常重要，经过行业细分与区域细分的社区电商可以非常好地弥补大电商平台的不足。农产品电子商务若想走出一条康庄大道，一定要建立起全方位的现代营销体系。为此，云飞鹤舞公司整合各方资源，全力打通电视、报刊、广播等传统媒体销售渠道，开始了全媒体营销。同时依托城市著名社区网站，推进社区农产品直供。目前，已经启动与第三方支付平台拉卡拉的合作，为其 5000 万用户提供通榆优质农产品。正在与浙江卫视旗下的好易购等区域性媒体电商进行合作洽谈，为打造立体网络通路和推进全媒体营销做好充足准备。同时围绕北上广深，精耕细作社区直供，目前已与著名城市社区网站 19 楼、地产行业浙江绿城集团达成合作意向，为其专有用户提供通榆优质农产品。

随着智能终端的普及，移动互联网时代已经到来，通榆县虽未赶上 PC 互联网的浪潮，但一定要争取搭上移动互联网和粉丝经济的顺风车。于是，云飞鹤舞公司开始推动开发吉林省移动端的农产品直供平台——App 放心粮。此举正是为了积累通榆农产品的忠诚用户，通过一定量的客户数据积累，进行消费行为分析，以精准的数据反哺生产，优化农产品结构。

同时，为了加快普及电子商务知识，推动农村信息化建设，鼓励更多的农民触网并通过电子商务创业，云飞鹤舞公司于今年 8 月，推出了云电脑电商下乡计划。依托世界领先的云技术，整合桌面资源，降低硬件成本，帮助农户电视变电脑，打开电视即可收看所有电商培训信息，并且通过云电脑与远在杭州的三千禾运营团队取得直接联系，寻求指导，真正实现了从通榆到全国任何地方都只有指尖的距离。

用好活动载体，提名气，增人气

云飞鹤舞公司挖掘各方资源，不断推出各类宣传推广及营销活动，竭尽全力提升通榆地域品牌及三千禾产品品牌的知名度和影响力。2013 年，依托淘宝流量资源，三千禾旗舰店先后参加了“双十一”、“双十二”网购盛会，实现网上销售农产品 18 万斤。随后在年货节又新上线了系列杂粮杂豆组合礼包，再次受到互联网消费者的热捧。

2014年5月，与国内著名陶瓷企业佛山简一陶瓷有限公司联合推出“三千禾粮票”，为每一位购买简一陶瓷的用户配送不同价值的产品。启动了“简一美丽乡村设计帮扶公益活动”，来自简一的设计师将在明年赴通榆县的100个行政村针对美丽乡村建设展开设计。5月29日，通过莫问剑的引荐，由篮球明星王治郅代言并亲自参与的通用汽车“红粉笔贫困乡村支教计划”活动走进通榆，10多名义教来到通榆县双岗镇学校，与孩子们度过了难忘的10天。

近期，三千禾旗舰店又在淘宝特色频道“汇吃挑食”推出了5款产品，这是在全国近百个县万种商品中挑选出来的，活动中共售出葵花盘2200个，大米、杂粮等1万斤，销售额达到21万元。

立足通榆本土，打基础，筑根基

传统互联网企业多为“轻公司”，农产品电子商务属于一个特殊的领域，若是完全与生产资料“绝缘”，恐怕很难构建其核心竞争力。经营农业，必然与土地资源密不可分。因此，云飞鹤舞公司资产下移，在通榆县购置了土地等生产资料。2014年9月，经过一系列的前期运作和精心筹备，云飞鹤舞大厦正式破土动工。但这只是企业落地扎根的第一步，生产基地的建设已经摆上了企业的重要日程。未来，云飞鹤舞大厦将成为通榆农产品电子商务服务平台、白城市农科院通榆工作站、电子商务孵化中心和电子化交易计算后台，形成政、产、学、研、企“五位一体”。同时，也将成为通榆电子商务服务业的聚集地与培训中心，对更多农民开设网店提供支持。

为了解决上游供应链整合的问题，2014年下半年，云飞鹤舞公司针对发展实际，提出整合通榆农牧业现有专业合作社资源，组建吉林省内最大的农民专业合作社联合社的想法，以实现抱团出海，物资与产品的双向物流，扩大通榆农业及农产品市场整体竞争力。三千禾合作社联合社的组建，既做到了让利给农民，又确保了三千禾产品的供应链安全。

为加快产业链条融合，形成一、二、三产业良性互动，云飞鹤舞公司与通榆县政府正在谋划一项大工程，就是建设杂粮主食化高科技产业园。

项目计划总投资 10 亿元，占地面积 30 万平方米。主要是依托白城市农科院的技术力量，开展燕麦、荞麦等全营养谷物类种子培育、种植，特别是深加工以及其他特色农产品深加工。园区建成使用后，将会把白城市农科院的科技成果实现快速转化，将通榆杂粮、粗粮通过本地农产品加工企业做精做细，以抢占更多领域的市场份额。

政府背书——大手笔支持换来大踏步发展

任何产业的发展都离不开政府的引导和支持。在实施农产品电子商务发展战略上，县委书记孙洪君认为：通榆县作为生态脆弱县份，长年干旱少雨，土地荒漠化严重，干旱多风少雨的气候特征是客观不能改变的，通过保证生态安全确保粮食安全的任务十分艰巨。因此，我们要围绕以“生态经济景观”三位一体发展理念建设“生态经济城市”的目标，以通榆县作为国家重点生态功能区——科尔沁沙漠化防治区为切入点，充分发挥政府主导作用，促进通榆生态保护与农业现代化协调发展，以生态安全确保土地安全，以土地安全确保粮食安全，以粮食安全来保障和提升粮食品质与价值。然后通过电子商务，使全国消费者更快捷、更直接地品尝到安全的、价格合理的、原汁原味的通榆原产地优质农产品，为全国消费者的食品安全又增加了一道保险栓。正是基于这样的高点站位和使命担当，通榆县县县委、县政府下了大决心，花了大心思，用了大力气，电子商务发展脚步迈得既快又稳，创造了业内和省内的多个“第一”。

第一个在网上书记、县长联手为电子商务代言的县份。在项目建设之初，县政府与吉林云飞鹤舞农牧业科技有限公司签订了合作协议，授权其代表通榆县接洽各类互联网电子商务平台，开设“三千禾”品牌店或直接出售通榆农产品。2013 年 10 月 11 日，在三千禾旗舰店上线天猫当天，县委书记孙洪君、县长杨晓峰联名写了“致淘宝网民的一封公开信”，开创了全国第一个书记、县长在电商平台推介本地农产品的先例。一时间，引发了广大互联网消费者对通榆优质农产品的倾心关注和各类媒体的密集报道。引用一位网民的话：“从没听说过哪位书记、县长到淘宝网代言，这个举措相当给力”。有网民表示：“政府官员为本地土特产代言，突出了政府的亲民形象和服务职能”。通过政府背书，不仅增强了互联网消费者对品牌的信任度，也增强了企业与农户之间的信任度，更为营造通榆电商发展大环境奠定了基础。

第一个在省内设立电子商务发展专门机构的县份。一个新兴产业的发展，需要有足够坚定的信念和强有力的执行力，才能得以顺利实施。通榆县农产品电子商务中心是在全省压缩人员编制的大背景下成立的。县委书记、县长亲自赴省汇报，争取支持，足以见通榆发展电子商务的信心和决心。没有办公地点，由政府协调，向开发区管委会借用；没有办公经费，由政府出面做担保，向融资部门借用；编制内人员没有到岗，由县委组织部选调，从相关部门的副科级干部中调用。所有一切，只为助推农产品电子商务项目快速走上正轨。

第一个在省内出台一系列产业扶持政策的县份。研究制定了《通榆县电子商务手册》、《关于促进农产品电子商务发展的若干意见》、《关于促进农产品电子商务发展专项资金暂行管理办法》、《2014 年通榆县电子商务工作实施方案》、《通榆县电子商务人才培养培训实施方案》等相关文件和扶持政策，还将陆续出台《通榆县电子商务产业基地发展指导意见》、《三千禾杂粮主食化高科技产业园区入园政策》等政策和规划，为通榆电子商务发展做好顶层设计。

第一个开展产学研政对接，引入域外人才科技支持的县份。电子商务推开后，通榆县政府与白城市农科院签订了战略合作协议，又相继争取到清华大学、中国农业大学、吉林大学等科研院所在产品研发、人才培养等方面的支持。同时，先后聘请了国家燕麦荞麦首席科学家任长忠、向日葵产业专家张义、中国农业科学院作物科学研究所副所长王述民、国家食用豆首席科学家程须珍为通榆县科技经济顾问。这为保证通榆农产品品质提供了高端人才支撑，奠定了先进技术基础。

第一个与电商平台签订种植基地，举行新闻发布会的县份。2013 年 12 月 6 日，通榆县与 1 号店在北京举办大型战略合作签约活动，达成为 1 号店提供1万亩10个优势品种种植基地的合作意向，举行了有60多家主流媒体参加并通过新浪网全程直播的通榆县电子商务发展战略新闻发布会。2014年春，成立白城市农科院通榆优良品种试验站，提供了50公顷试验基地。启动并规划3000公顷土地整理项目，用于生态水稻种植和开发。调整农产品种植结构，研发杂粮杂豆新品种，协助云飞鹤舞公司与种植大户签订了包销协议。

第一个开设2万人淘宝课堂，普及电商知识的县份。2013年年底，在淘宝大学的支持下，通榆县举办了阿里巴巴农村电商讲习所第六期暨通榆首期电子商务培训班，近2万人听到了3名阿里专家讲师、3位淘宝明星销售商和2位电商领域研究学者上的淘宝大课。2014年，启动了“千名电商培养计划”，聘请国内知名电商专家就电子商务发展趋势、电子商务实用理论、电子商务实战技术以及网上开店流程方法进行专题辅导，首期培训学员150名，仅这一次培训就新增网店50多家。

硕果累累——叫得响的农产品电商“通榆模式”

梦想从辽阔的瀚海大地催生，希望从绿色的茫茫草原起航。过去的一年，是通榆县农产品电子商务从无到有、从弱到强的一年。这一年，创造出了业内广泛认可的农产品电子商务原产地直销“通榆模式”，打造了广大消费者熟知的杂粮主食化第一品牌“三千禾”，确立了通榆县在白城市、吉林省农产品电子商务发展中的标杆地位。这一年，通榆县收获了很多很多……

各级领导亲切关怀。项目启动以来，得到了省、市各级领导和有关部门的高度重视与大力支持。2013年10月22日，白城市委书记李晋修、市长安桂武专门视察了通榆县农产品电子商务展厅，认真听取了项目情况介绍，对通榆县深挖资源优势，创新发展路径，推行电子商务给予充分肯定和赞赏。次日，白城市副市长葛树立带领市商务局同志专程到通榆调研有关情况，明确提出要以通榆为基础，打造全市电子商务平台。一年来，市长安桂武同志多次听取通榆县项目进展情况汇报，在项目推进上给予有力的指导和极大的支持。2014 年元旦刚过，副省长谷春立来到通榆，听取了通榆县关于农产品电子商务项目开展情况的汇报。4 月 17 日，时任省长的巴音朝鲁到吉林西部考察时，专程到通榆云飞鹤舞公司听取通榆县农产品电子商务项目汇报。他指出农产品电子商务已经是吉林的全省战略，并表示："我会持续关注你们的发展"。虽然只有短短的半个小时，但省长巴音朝鲁的言语中，充满了对浙商、对三农、对通榆发展电子商务的特殊情感与殷切期望。陪同考察的副省长隋忠诚，省发改委、财政厅、工信厅等部门领导也纷纷表示，将在政策、资金、项目上给予通榆大力扶持。5 月 6 日，省委常委、副省长陈伟根到白城调研通榆农产品电子商务项目，并就今后发展提出了明确要求。此外，黑龙江省牡丹江市和吉林省通化、公主岭、延吉等多地政府领导和有关部门同志来到通榆考察电子商务项目，交流了很多有益的意见建议。在各级领导的重视支持下，通榆县电子商务发展的站位越来越高，方向越来越明，思路越来越新，得到的扶持越来越多，一道道难题迎刃而解，实现了难以想象的"通榆速度"。

各类媒体高度关注。引用莫问剑的话说："我是幸运的，遇到农产品电商发展的好时机；通榆是幸运的，这一年得到媒体毫无保留的支持。我相信，通榆从此与世界不再遥远，只有指尖间的距离"。2013 年 10 月，天猫三千禾旗舰店上线之初，通榆县县委书记、县长致淘宝网民的一封公开信即引人注目，随后 4 天的聚划算活动中三千禾农产品一炮打响，由此引发了业界对通榆农产品电子商务的广泛关注和深入探讨。10 月中旬，资深自媒体@互联网分析沙龙、@野地里的辛巴等开始提出"通榆模式"概念，并认为是继遂昌、成县后农产品电子商务的第三种模式。随后，各大互联网及电商专业网站及微信、微博平台纷纷进行了转载和评论。2013 年 12 月 6 日，通榆县在北京举办大型战略合作签约活动，县委书记孙洪君向与会朋友致辞，杨晓峰县长代表通榆县政府与 1 号店、白城市农科院签订了三方战略合作协议，通榆县向 1 号店赠送了一瓶具有地域代表性的通榆弱碱沃土，1 号店回赠通榆县一幅寓意丰收的国画。签约仪式后，举行了有 60 多家主流媒体参加并通过新浪网全程直播的"通榆县电子商务发展战略"新闻发布会，“通榆模式”再次出现在各类媒体的报道和转载中。进入2014年，人民日报、新华社内参、新浪网、吉林电视台、吉林日报等百余家主流媒体及网络媒体、自媒体纷纷对“通榆模式”进行专题报道。2月，在省商务厅主办的与阿里巴巴合作、推动电商发展、扩大吉林产品销售全省启动大会上，通榆县做了典型经验介绍。尤其是6月，央视二套《央视财经评论》栏目将通榆农产品电子商务模式作为县域农产品电子商务发展的典型案例，聘请专家进行了专门的解读和推广。7月3日，在杭州召开的首届县域经济与电子商务峰会上，县长杨晓峰作为座谈嘉宾向百位电子商务特色县县委书记、县长及研究学者、新闻媒体简要推介了通榆农产品电子商务，“通榆模式”再次升温。7月22日，《香港商报》记者在专访吉林省粮食安全问题时专程到通榆对孙洪君书记就“生态环境保护促进农产品电子商务发展与粮食安全问题”进行了访谈。9月29日，通榆县参加了聚划算聚土地二期活动新闻发布会，“通榆模式”又一次吸引了大家的目光。目前，农产品电子商务“通榆模式”已成为各界广泛共识，也标志着通榆农产品销售开始驶入电子商务“云高速”。

产业拉动持续增强。项目启动以来，线上线下推广了包括杂粮、杂豆、大米、瓜子、礼品等近10个品类的30余款商品，实现近20万个订单，产品销售几乎覆盖全国23个省份，销售额突破千万元大关。辐射带动与云飞鹤舞公司合作的通榆本土加工企业达到25家、合作社5个、种养殖大户8个；带动通化、延吉、白城、洮南、镇赉等地10多家企业与公司达成供货合作。同时还带动吉林省通化、延吉、公主岭、黑龙江省牡丹江等地政府与公司的意向性合作洽谈。目前，通化和延吉已经与公司展开深度合作。同时，项目还促进了通榆县内传统农产品加工企业向电子商务的转型，其中鹤乡米业公司已经自建电商团队并开设网上专卖店；恒瑞公司已经与云飞鹤舞公司签订合作协议，为其提供场地作为三千禾合作社联合社仓储及小包装生产基地；还有包括葵花、花生、小米等多个合作社向小微加工企业的转型。通过电商培训，生成了包括网店装修、产品摄影、小包装供货等5户小微电商服务业企业。2013年10月前，通榆县居民已经在淘宝上自行开设淘宝店铺 200 余家，销售产品的种类多种多样，但多数经营状况一般。农产品电子商务项目启动以来，在政府与公司的合力倡导支持下，通过两次大型电商知识培训，全县又新增个人网店 70 多家，真正实现了产业拉动，促进了产业转型与相关产业的生成，为完善产品供应链奠定了坚实基础。

潮平岸阔催人进，风正扬帆正当时。回顾过去，令我们心潮澎湃；展望未来，让我们信心满怀！通榆县农产品电子商务承载着建设生态经济城市、打造美丽富庶通榆的梦想，肩负着引领 36 万鹤乡人民脱贫致富的使命，寄托着浙商人潮头击水、创新创业、服务三农的情怀，将始终坚持立足通榆、带动白城、放眼全省、辐射全国的定位和目标，循着“通榆模式”这条具有首创意义的农产品电子商务发展之路，昂首阔步前行。

以下是网友评论：

五、新农人代表辛巴：还要为通榆“鼓与呼”

辛巴：新农商学院创始人　新农人联盟发起人

1．通榆模式之八千里路云和月

世上本没有路，走的人多了便形成了路。当“通榆”冠以“模式”被业界学习时，证明通榆已经走出了一条可供借鉴的发展之路。

通榆县是国内最早实践农业电商的县域之一，一年半前尚是东北偏隅一角的小县城，而就在这500多天的时间里，互联网给通榆县插上了腾飞的翅膀，“通榆模式”享誉大江南北，通榆县知名度得到了前所未有的提升，通榆县五谷杂粮也逐步打开市场，获得了更多消费者的厚爱。

曾经我一直在思考互联网究竟给传统农业带来什么？不仅仅是对称信息，也不仅仅是售卖渠道，互联网更重要的价值是改造我们传统落后的生产关系，以适应网络时代下的新经济生态，比如网络消费的品牌化特征促使原料产品升级为品牌商品，网络销售渠道的扁平化打破了销售空间的隔阂，拉近了原产地和消费者之间的距离，提升了彼此的沟通效率和流通效率。这些正是互联网相对于传统农业的魅力所在，而通榆县便是掌握了这些精髓。

“通榆”最初引起业界高度关注来自于“原产地直供模式”，得益于创始人莫问剑先生深耕通榆并做了大量基础工作。通榆模式有三点启示。

第一，产品商品化是基础。

产品商品化也可理解为产品品牌化的过程，品牌化是产品价值再造的主要手段，包括品牌文化、品牌包装、品牌营销等。而价值塑造尤其依托该产品产区的地域优势和文化优势，能不能挖掘出来，能不能包装起来，能不能卖得出去，靠的是背后操盘人的经验和决心。通榆之所以走出模式，商品化依然是关键，假若没有通榆品牌“三千禾”，其网络销售渠道便不太可能被打开。

第二，多方结缘，广开渠道。

每个地区都有自己的特色，都有独一无二的经纬度，那它在这个世界上便有不可被取代的位置。因此对于一个县域来说，我们都是热情好客的主人，随时欢迎外部的资源和客人，当然哪里能推广自家产品就去哪里，哪里能卖自家产品就奔哪里，只要有助于产品推广和销售，任何机会都不能放过。而这些优点在莫问剑身上发挥得淋漓尽致。三千禾从最初的淘宝店铺，到签约 1 号店战略合作，到借势央视宣传推广，再升级到和阿里巴巴集团合作，这是通榆多方结缘、广开渠道的结果。事实证明，这也让通榆深受裨益。

第三，保持心态、持久作战。

农业是一个特殊的产业，特殊在是一个民生产业，是一个靠天吃饭的产业，是一个投资回报周期长的产业，任何投身农业的朋友，无关资本强弱和能力，如果没有打持久战的良好心态，恐怕这路走不下去。

得益于通榆县政府各级领导的开明支持，通榆从发展电子商务之初便有了长期发展的准备，因此留出了足够的时间和空间让操盘团队去实践和完善，这种软环境对于农业这个特殊行业来说非常有必要。而正是因为政企上下有共同的目标和耐心，恰恰让通榆走在了前面。

本文算是一篇随笔，借莫问剑出书之际特别祝贺，“八万里路云和月”是一段精彩的人生，祝福通榆，祝福莫问剑。

2. 我看到的农村电子商务三种模式

作者：野地里的辛巴

时间：2013-10-17

通榆县位于吉林省西部，科尔沁草原东陲，恰在北纬 45°，处于世界仅存的三大黑土地“东北黑土区”之中，属于世界公认的杂粮杂豆黄金产区。

就在这样一个偏远的县域，很难想象该县县委书记孙洪君和县长杨晓峰联名写了一封信给全国消费者，信件名称叫“致淘宝网民的一封公开信”，并挂在淘宝聚划算的首页，信件内容比较长，我摘取三点主要内容以做说明。

第一，通榆县将借助电子商务全面实施“原产地直销”计划，通过网购将原产于通榆的优质杂粮杂豆，输送到全国消费者的餐桌上。

第二，组建“通榆农产品电子商务发展中心”，并委托“三千禾”天猫旗舰店作为指定网店，实行“统一品牌、统一包装、统一标准、统一质量”的标准化售卖操作。

第三，通榆县政府计划在明年，联合“三千禾”按照预售的模式规划建设 200 万亩电商直销基地，要让通榆成为全国消费者的黑土地。

农村电子商务的三种模式

阿里巴巴研究中心预测，今年在淘宝上的农产品交易市场将达到 500 亿，经营农产品的网店数量有望突破 100 万家，并预计明年交易额将突破千亿。如果说去年是生鲜电商（独立 B2C 企业）的元年，今年则是农村电子商务的元年，两者的区别在于前者偏重于企业独立的市场化运作，靠的是资本推动；后者偏重于县域政府的主导和支持，靠的是政府的公信力，但依然依赖第三方电子商务主体独立运营。

经过短短一年的发展，今天已经形成了三种农村电子商务的模式雏形。

第一种是遂昌模式，走平台化道路。

无可厚非，淘宝在推进农村“电子梦”上扮演了重要角色，尤其是重点项目“特色中国”有着不可替代的作用。

遂昌位于浙江丽水市，遂昌馆是国内第一家县级农产品馆，今年年初时上线，其核心在一个独特的麦特龙分销平台，借助政府的强大支持力和自身体系的巨大聚合力，“遂网”集合了当地千余家小卖家共谋发展。他们为千余家松散且不标准、不专业的小卖家提供专业的培训服务，对上游货源进行统一整理并拟定采购标准，由“遂网”专业团队进行统一运营管理，线下则按照统一包装、统一配送、统一售后等标准化操作执行。遂昌模式更像是一个区域化的ShoppingMall，他们是一个服务商而已，售卖的是“标准化”。

第二种是成县模式，走资源整合道路。

成县地处甘肃陇南市，该县电子商务的发展与县委书记李祥的推动有着密不可分的关系，李书记因在网上频频叫卖家乡的鲜核桃，而被网友尊称为“核桃书记”。

在政府的支持和推动下，成县同样成立了电子商务协会，主打产品有核桃、土蜂蜜等地方特产，依托淘宝网店进行销售。值得一提的是，他们尝到了微博、微信上推销产品的甜头，并招募了不少年轻销售人员，对他们进行专业化的微营销培训，至今他们 80%的销售额来自这些免费的社会化媒体，而“网店”对他们来说更大的价值在于交易。创业初期这未尝不是一种明智的选择。

“成网”工作人员跋山涉水四处寻找优质的农产品货源，找到一家便整合一家，即刻展开售卖，虽受规模限制，但小而灵活。虽然也注册了“山泉老树核桃”品牌，但还未进行深度开发。

第三种便是通榆模式，走品牌化道路。

通榆县和以上两县的最大不同是，开门见山进行品牌化运作，为当地的农产品取了个好名字叫“三千禾”，并直接进驻天猫旗舰店。和其他两县相同的是，均成立了县域电子商务协会，并有专业的第三方主体进行运营。

如果把“遂网”理解为一个平台，“通网”就是一家 B2C，“三千禾”呈现给你的是一个商品品牌，但其更重要的魅力在于在全程产业链上进行标准化运作，进行统一采购、统一包装、统一运营、统一配送、统一售后等诸多标准化尝试。

通榆有着得天独厚的地理位置，会大大地增加品牌附加值，目前主要售卖来自世界三大黑土地之一的杂粮杂豆、葵花籽、具有国家地理标识的草原红牛肉等。

有一点需要特别提醒，千万别简单地模仿品牌化这条路，农产品实行品牌化需要一定的基础条件，最基础的条件就是需要耕地有一定的规模化和集约化，没有集约就没有效率，没有规模就没有产量。通榆县地处大东北，无论是规模还是集约程度相比江浙地区有着天然优势，专业的品牌化运作将如虎添翼。

还有一点需要特别思考，农产品品牌化之后走的是多渠道战略，电子商务是重要战场之一，品牌化的战略价值是可以带动产业群，上游产业可以更加集约化、规范化和现代化，下游产业可以带动半成品、深加工产业及附属产业的发展，产业发展最终受益的还是老百姓，这才是通榆县政府独具慧眼的地方。

以上三种模式，并不代表其一成不变，毕竟行业刚刚开始，创新及变化一直在影响着行业发展。

农村电子商务的“三个必须”

农村电子商务和资本市场上的电子商务有着不同的基因，我浅薄地总结在农村发展电子商务需要具备以下“三个必须”。

第一，发展农村电商，必须借助县级以上政府的公信力。

以上三个县城，如果没有当地政府强有力的组织和支持，绝不会诞出所谓的三种模式。这种支持不仅仅是“叫卖”，更重要的是为农产品质量做初级的信用背书，为第三方企业提供公司注册、税收、资金等实际性支持。

我们多数的耕地小而分散，对于资源性的整合尤其需要借助政府的力量。而“三农”关系到老百姓的切身利益，县委书记勇于站出来推销家乡农产品便也亲民合理。

第二，农产品要卖得更好更远，必须实现专业的品牌化。

我们需要明白一个核心，在农村发展电子商务的根本是帮助农民增收。增收的关键是：其一，减少农产品的滞销，获得更大的销量；其二，让农产品卖出更高的价格，获得单量溢价。农产品进行品牌化运作，便为农产品实现溢价增收开创了先决条件。

联想集团战略投资高端水果品牌“佳沃”便是恰逢其时的正确选择，柳传志坦言“联想做农业并不着急赚钱”，因为打造品牌是一个长期战略，更大的价值在于未来市场，但现在需要先走出第一步。

第三，农产品品质体现，必须借助地域特色找出差异化。

农产品市场的劣币驱逐良币现象严重，我们耳熟能详的多半是“地域品牌”，而非产品品牌，地域品牌的最大问题是好人坏人都可以用，就像今天你很难辨识谁是正宗的阳澄湖大闸蟹，消费者便对市场失去了正确判断，对行业是毁灭性的打击。

每个地域都有其唯一性，经纬度、温度湿度、光照时长、土壤结构等不同，我们需要在此基础上挖掘产品的特色卖点，进行专业化的品牌化包装，通榆县便依托独一无二的地理位置，打造出了“三千禾”，这是一条突围之路。

农产品电子商务的趋势

最后再谈一个趋势，即“原产地直销”，正如通榆欲在明年打造“电商黑土地”。这种做法就是我们挂在嘴边的 C2B 模式，农产品不同于工业化产品，有着天然的生长周期，这一特性为 C2B 预留了巨大的想象空间。

如果你对这块黑土地的杂粮杂豆有了巨大的信任和喜好，你完全可以预约明年的口粮，今后那块黑土地就是你的了。随着物流配套设施的不断完善，冷链物流的不断发展，这种想象将会逐步便为现实。

3. 十问：农产品电商“原产地直销”新模式

何谓原产地直销?

2013 年 12 月 6 日，吉林省通榆县政府与 1 号店联合举办“原产地直销战略合作签约仪式”，签约要点如下：

（1）通榆县政府将优选 1 万亩优质弱碱土地作为 1 号店的农产品直销基地。

（2）白城市农科院精选 10 个优质品种作为 1 号店消费者杂粮杂豆的直供品种。

（3）通榆县政府与杭州常春藤实业有限公司联合推出优质农产品品牌：“三千禾”。

（4）1 号店凭借其强大的供应链优势，力保将“三千禾”卖到全国各地。

电子商务助推农业发展已成为行业的重要趋势，县级政府与大电商企业形成战略联盟在国内尚属首例，必将成为县域发展电商经济的标志性案例，我姑且命名为“原产地直销模式”，即“通榆模式”。

这里的“原产地”是指国内优质的农产品产区，通榆县位于北纬 45°，隶属遥远的大东北吉林省白城市，拥有得天独厚的天然弱碱沃土，是世界公认的杂粮杂豆黄金产区之一。而我国南北跨越 5500 公里，温度、湿度、土质、光照不同均可孕育出不同的优质产品，类似通榆县这样的“原产地”具有行业独特性和不可替代性。

这里的“直销”是指打破传统农产品的流通模式，不单是我们通常理解的减少流通环节，而是从源头上保障产品品质，并结合 C2B 消费者定制需求将产品直供餐桌，是原产地优质农产品实现大流通的最直接方式。区别行业里所谈到的 B2C 或 ABC 模式，也是多方深入协调合作的结果。

易邦动力网如是评价：“真正的农产品电商机会绝不是复制农贸市场或商超模式到线上，而是改变农业产销分离的悲催现状，原产地直销似乎正在让这一链条变得扁平化。”我深以为然。

自从该模式被关注后，无数人提出了无数问题，下面汇总大家的疑问并一一解答。

第一问：三千禾和 1 号店之间是什么关系？

“三千禾”是独立的市场化农产品品牌，1 号店是其重点销售渠道之一，其在天猫也有旗舰店，并创造了 4 天卖出 100 多万的优秀业绩。而“三千禾”对于 1 号店是重点农产品品牌之一，目前在 1 号店也有旗舰店，开业第一天就卖出了 2000 多单。

两者合作的终极目的就是为消费者提供价廉质优的原产地农产品，让消费者吃得明明白白、干干净净。

第二问：如何摆正政府这只手？

发展农业尤其离不开政府支持，离开政府发展农业更是不可想象。

商务部和农业部曾联合发文鼓励发展农产品电子商务，2013 年通榆县政府将原产地电子商务直销计划列为核心发展战略，并专门成立了电子商务发展中心，为当地发展电商产业提供了政策保障和基础条件。

白城市农科院是国家杂粮杂豆重点科研单位之一，政府推动多方合作的意义主要有两个：一是国家级科研单位强力支撑，用科学的手段力保农产品的品质和信誉；二是我国有太多优质的科研成果，将这些研发成果转化为优质产品并形成市场流通，这是多方共赢的大好事。

用“政、产、学、研、推”的典范合作来形容本次合作绝不是官话、套话。官方做政府该做的事，企业干市场该干的活，协同作战，各司其职，共赢市场。

第三问：农产品为什么要品牌化？

（1）品牌支撑标准体系。

我们经常谈到农产品电商最难突破的就是标准化，你看到的标准也许仅仅是精美的包装和精美的 logo，更重要的标准是产品品质标准和供应链整合标准。品牌化是实现这些标准的前提条件，通过品牌化运作通常会做到五个统一：统一品牌、统一品质、统一营销、统一配送、统一售后等标准服务。

从流通条件上看，有了标准才可能获得生产许可和流通许可，这些不多提了。

（2）品牌创造高附加值。

传统农业，我们销售的多是没有品牌、没有包装，甚至没有分级的原材料，往往是优质的、劣质的夹杂在一起卖，能跑出量但跑不出价，这也是我国现阶段农产品流通中最薄弱的环节。通榆所产的杂粮杂豆仅仅是原材料，但“三千禾”就是一个优质的农产品品牌，品牌拥有市场定价权，可以创造高附加值，这是发展品牌农业的关键所在。

第四问：为什么要和 1 号店合作?

1 号店副总裁吴海泉透露，1 号店将启动“百县县长推荐特产”的活动，作为 1 号店“特产中国”的重要组成部分，与通榆县的合作是 1 号店“特产中国”项目启动的第一站。1 号店在食品领域积累了丰富的运营经验和优质的顾客群，借助其强大的品牌感召力和巨大的流量多卖些产品，这应是通榆县政府最期望看到的。

第五问：县域发展电子商务，对政府有什么好处?

通榆县最核心的产业是风力发电，对当地财政税收贡献最大的也是风能产业，但又为何如此重视电子商务产业，我们应该看到事情背后的价值。

（1）通榆县政府借助电子商务产业打造了一张通向全国的名片，这张名片带动的不仅仅是电商产业，还有文化创意、休闲旅游、产业投资等相关产业。

（2）“电子商务”本身可以促进产业集群发展，带动的还有文化、包装、仓储、物流、快递等相关配套产业，将直接为当地民众提供更多的就业机会。

（3）农产品品牌化仅仅是第一步，产业形成集群和规模后，将直接推动农产品的深加工产业，将来卖的不仅仅是杂粮杂豆，还有各种工业化半成品和成品，这是可以预见的未来。

第六问：县域发展电子商务，农民的利益如何体现?

对农民最直接的利益就是增产或增收。

其一，做高价值。长期以来，农民习惯了卖原材料，他们根本做不到所谓的分级、分渠道销售，品牌是实现产品溢价的最佳手段，赋予优质产品以优质价格，让大家共同享用这块增值收益，这对传统农业的转型升级是一剂良药。

其二，做大产量。引进新的农业科技及研发成果，通过规模化运营提高耕作效率，提升单位产量，并借助多方渠道卖出更大的销量，这些正在发生。

再有，通过产业集群发展，提供更多的就业机会，同时也为农民提供更多的增收机会，是整个产业发展的利好体现。

第七问：优选 1 万亩土地做电商直销基地，是不是圈地运动?

优选 1 万亩土地做电商直销基地，并不是把土地给 1 号店，也不是给任何单位或个人，而是约定这块土地生产出来的粮食需要通过 1 号店卖给消费者。

1 万亩土地是土地流转的结果。所谓土地流转，通俗地理解就是将小块土地拼成大块。但需要明确的是，土地流转是指土地经营权的流转，农户将土地经营权（使用权）转让给其他农户或经济组织，但仍保留承包权，即那块土地还是农民的。

土地的规模化、集约化是发展现代产业的重要条件之一，不可避免。

第八问：农产品电商是否可以赚钱?

有篇文章称“中国 3000 家农产品电商几乎无一家盈利”，盈利不盈利不能简单地看当下数字，农产品的网购渗透率也仅有2%左右，整个行业才刚刚开始，在行业的投入期谈盈利还为时过早。

另外，农业本身的特殊性增加了盈利难度。比如生鲜农产品特别需要冷链物流，而国内的冷链配套服务是极其落后的，没有哪家公司可以顺利地解决最后一公里，通过供应链整合则相应地增加了成本。比如对通榆农产品的挑战也是配送成本问题，杂粮杂豆的客单价比较低，同样降低了盈利能力。

多数企业投资农产品电商都是很谨慎的，我们不能在一棵树上吊死，鸡蛋要放在多个篮子里，开拓多种销售渠道，东边不亮西边亮，熬到最后的曙光就是胜利。

第九问：农产品电商的误区是什么?

最主要的误区是：重“电”轻“商”。

千万不要以为开个淘宝店或有个微博账号就是电子商务，“好产品+淘宝店+微博叫卖”是多数人的做法。无可厚非，这是一种门槛比较低的运行思路，但仅仅是通过电子的手段在卖产品而已，距离产品化还有一段距离，同样缺少持续性。

“电子商务”的核心是线下“商务”，这套商务体系包含多方的合作机制，包含市场体系中的生产、品牌、营销、销售、配送、售后等环节。线上“电子”更多的是在营销和销售中发挥作用，而产品品质及供应链的整合和打造都是线下功夫。

“电子商务”另外的价值体现是大数据运用。“沱沱工社”是国内生鲜电商的典型代表，他们通过自建模型，已实现田间农作物生产数据和消费者消费数据的动态关联，由此预判来年的耕种计划。当你知道明年该种什么，该种多少时，你的风险将大大降低，盈利能力将大大加强，对行业很有借鉴意义。

第十问：“通榆模式”可不可以复制?

可以，但需要一定的前提条件。

（1）该地域产品有没有独特性。产品品质永远是市场最核心的竞争力，无论用什么方式做什么营销，产品要有独特性和品质做保障，其他都是浮云。

（2）该产品有没有形成品牌的条件。

其一，品牌化一定需要第三方企业来操盘。

其二，定位要清晰，不是品类越多越好，而是越聚焦越有冲击力。

其三，产品相对便于储存和运输，五谷杂粮显然比海鲜河鲜更容易操作。

最后，还需要规模来支撑，即该地区的产品需要有一定的体量做基础。

（3）该项目有没有多方协同支持。所谓的政府支持不一定全是给钱、给政策，起码有一点是企业难以办到的，即企业按照市场的办法和农民打交道是行不通的，在货源组织上政府具有先天优势。

4．农产品电商诞生新模式：原产地直销——通榆县与 1 号店联手打造万亩农产品直销基地

作者：野地里的辛巴

时间：2013-12-9

在北京“2013 中国新农业（食品）产业年会”上，吉林省通榆县政府与 1 号店联合举办了“原产地直销战略合作签约仪式”。

金艳果仅仅是一个品种，但“佳沃金艳果”救赎一个品牌。同理，通榆县位于北纬 45°，隶属遥远的大东北吉林省白城市，拥有得天独厚的天然弱碱沃土，是世界公认的杂粮杂豆黄金产区之一。

本次签约的重点是：

（1）通榆县政府将优选 1 万亩优质弱碱土地作为 1 号店的农产品直销

基地。

（2）白城市农科院将贡献科研成果，精选 10 余个优质杂粮杂豆品种作为 1 号店消费者的直供品种，并确保产品品质。

（3）通榆县政府实施原产地农产品电商直销计划，并与杭州常春藤实业有限公司联合推出优质品牌“三千禾”，实现农产品的品牌化。

（4）1 号店作为国内领先的 B2C 电商企业，凭借其强大的品牌感召力和供应链优势，力保将通榆县的杂粮杂豆卖到全国各地。

本次合作，我姑且命名为“原产地直销模式”，即“通榆模式”。他们的合作让我想起另外一个事件，即半年前联想控股战略投资成都蒲江县，投资要点是：

（1）蒲江县拥有“中国猕猴桃之都”的美誉，是猕猴桃核心产区之一，联想控股战略投资蒲江县，共同打造万亩猕猴桃生产基地。

（2）中科院武汉植物园与蒲江签订合作协议，将最新研发的猕猴桃品种“金艳果”放在蒲江县发展，确保产品的独特性。

（3）联想佳沃顺理成章推出“佳沃金艳果”猕猴桃品牌。

（4）一个月前，联想佳沃联合生鲜电商本来生活网共同在北京举办“佳沃金艳果上市仪式”，并同时启动在网络上的销售计划。

以上两个事件极其相似，用官方的语言描述则是“政、产、学、研、推”的典范结合，各方都有存在的价值和理由，缺一不可。

我国是世界上最主要的粮食生产国之一，我们身边从不缺少优质的农产品，缺少的是完善而顺畅的农产品流通体系。如何打破流通困境？我们应反过来看看农产品实现电商大流通需要具备哪些条件。

第一，将原材料变成可流通的商品。

金艳果仅仅是一个品种，但“佳沃金艳果”就是一个品牌。同理通榆的杂粮杂豆仅仅是农产品原材料，但“三千禾”就是一个优质的农产品品牌。

传统农业，我们销售的多是没有品牌、没有包装，甚至没有分级的原材料，往往是优质的、劣质的夹杂在一起卖，能跑出量但跑不出价，这也是我国现阶段农产品流通中最薄弱的环节。实现大流通务必要走品牌化道路，将原材料转化为可流通的标准化商品，从而实现品牌溢价，卖出高附加值。

价值最终体现在价格上，以带动整个产业链的升级发展，最终的生产者即农民才有可能享受到产业增值的收益。

第二，打造独一无二的质量保障和信誉体系。

农产品领域的各种认证无疑为产品质量做了最佳信誉背书，但市场的乱象告诉我们，证书并不能完全解决消费者的信任问题，如同学校给你颁发了三好学生证书，并不能保证你今后不违法乱纪。因此，我们需要清醒地认识到，证书仅仅是辅助手段，要想获得消费者的完全信赖，还需要多种方式配合。

发展农村电商，我们经常提到让政府来为产品质量做信誉背书，但长期来看这并不是最佳方式，其最大的风险是把政府的信誉也赌在商品质量上，一旦商品质量出问题，政府就会受到牵连。政府背书信誉是没有办法的办法，我认为是行业发展中的过渡形态。

政府联合科研机构共同从源头上监控产品质量，可以说是更进步了一层。农业科研机构往往拥有众多科研成果，却苦于不能进行生产转化，通过多方合作将科研成果变现为生产力，同时保证产品的独特性和唯一性，无疑会有力地推动农业的现代化建设。

第三，建立强大的网络销售体系。

政府和科研机构联合参与，解决了货源问题和信誉问题，但最重要的商品流通环节依然是一个很高的门槛。

无可厚非，多数生产者触电的最佳途径还是开淘宝 C 店，但这条路径显然困难重重，面对众多的电商平台及电商业态，根据产品属性选择合适的电商平台合作需要慎重对待。所谓战略合作就是把大家的利益绑在一起，一荣俱荣，一损俱损，这样才能最大程度地发挥协同优势，才有可能实现大流通。

1 号店在食品领域积累了丰富的运营经验和优质顾客群，借助其强大的品牌感召力和巨大的流量优势多卖些产品，这是通榆县政府选择 1 号店的原因和最期望得到的结果。

以上三点是农产品借助电商渠道实现大流通的基础条件，当然不仅仅局限于此，关键是根据自身条件找到合适的路径。

任何合作都讲究一个契机，我们看看通榆县和 1 号店合作的背后都有哪些积极因素。

第一，天时。

商务部和农业部曾联合发文鼓励发展农产品电子商务，农业部也一直在大力推广“一村一品、一县一业”计划。而随着互联网对农产品网购行为的不断渗透，会有越来越多的消费者依赖网络购买农产品，农产品借助电子商务流通已是大势。

第二，地利。

无论是通榆县拥有独一无二的杂粮杂豆产区，还是蒲江县拥有不可多得的猕猴桃产区，独特的地域条件都可以让产品占尽地域优势。我国南北距离约 5500 公里，纵跨纬度近 50º，这里的“地利”便是每个地域的独特性，需要充分挖掘地方特色并推出特色农产品，以期把握占领消费者的认知先机。

第三，人和。

1 号店副总裁吴海泉透露，1 号店将启动“百县县长推荐特产”的活动，作为 1 号店“特色中国”的重要组成部分，与通榆县的合作，是 1 号店“特色中国”项目启动的第一站。不难发现，1 号店与通榆县的合作便是情理之中的战略性选择。

结束语

纵观行业发展，特色农产品借助互联网整合流通已成为县域发展农业的趋势之一，县级政府与国内大电商企业形成战略联盟，在国内尚属首例，本次合作将成为县域发展电商经济的标志性案例。

最后通过县委书记孙洪君的一句话做结尾："只有我们的农畜产品卖得更好，卖得更远，我们的百姓才能体会到实实在在的价值，无论用什么方式，我们的宗旨都不会改变，即尽一切可能为百姓增收做好服务和保障，为中国的食品安全和社会诚信做出贡献"。

六、《天下网商》：三千禾，农产品电商的“加速度”

1. 三千禾：农产品电商的“加速度”

来源：天下网商

文：余玲艳

通榆县隶属吉林省，位于北纬45º，距离阿里巴巴总部所在地杭州2000多公里。在这片广袤的黑土地上开创的政府搭台、企业唱戏、统一品牌的“通榆模式”，为全国县域农产品电子商务走出一条新路。

作为政企共同培育的“新生儿”，“三千禾”的快速成长不仅为当地众多品牌、企业做出示范，也让其创始人——吉林云飞鹤舞农牧业科技有限公司董事长莫问剑有了更大的信心和目标。

从大米、杂粮杂豆扩张到畜禽、养生产品等东北农特产品，短短一年时间，莫问剑及其团队就完成了从品牌到平台的全产业链布局。

深耕原产地，围绕消费者需求，莫问剑将两端间的互通、互联作为创业支点，通过互联网、移动互联网等工具，开始撬动县域农特产品这块大蛋糕。

造品牌：“三千禾”的示范效应

2013年10月，“三千禾”天猫旗舰店上线。店铺首页上的一封“通榆县县委书记、县长致淘宝网民的公开信”正式开启政府背书、企业唱戏、统一品牌的县域电商新模式。通榆县政府和吉林云飞鹤舞农牧业科技有限公司联手以“三千禾”为品牌，将原产地农特产品集中推向市场。

通榆县地处北纬45º，位于吉林省西北部，拥有600万亩耕地，是世界杂粮杂豆黄金产区之一，盛产葵花、绿豆以及草原红牛肉、羊肉等农副产品。

但是，长期以来，当地农户完全依赖上门收购的传统销售方式。信息不对称、产销分离、渠道匮乏以及品牌、标准的缺失成为产品规模市场化、实现优质优价的掣肘。

缩小原产地和消费地之间的信息鸿沟，快速打造扁平化的供应体系成为互联网时代的新商机。和众多新农业领域的创业者一样，莫问剑也瞄准了这片蓝海，开始他的东北“垦荒”之旅。

莫问剑的“垦荒”并非是真的开疆辟土，而是从消费端需求出发，挖掘、整合通榆的优质农特产品，统一质量、包装、品牌，进行标准化、规模化输出。结合自身的农业情怀以及对“三农”的深入了解，莫问剑借助互联网、移动互联网等工具，对农产品产业链进行全新改造，包括技术、流通、市场、土地等。

这是从传统小农经济到现代化农业的一次跨步，建设品牌是重要的实现路径，而政府背书是一大特色。

莫问剑提倡农产品电子商务应该走“自上而下”的路径。因此，政企间的合作方式是：通榆县政府组建“通榆农产品电子商务发展中心”与云飞鹤舞公司合作，通过天猫、1 号店等渠道将“三千禾”产品销售到全国各地。政府在基地整合、产品背书等方面发挥最大作用，企业在品牌打造、产品销售、物流建设以及用户服务方面寻求突破。

据统计，“三千禾”天猫旗舰店上线第一天，成功交易 1.3 万单，交易金额达 40 多万元。经过一年多时间的发展，“三千禾”的销售渠道逐步从网店集群向线下社区、便利店下沉，用户数量不断增加。2014 年，其销售额突破 3000 万元。

可以说，无论是产品品牌还是通榆县的区域品牌，发展都达到了莫问剑的心理预期。

“原产地不缺好的产品、品牌以及深加工企业。打造‘三千禾’的出发点就是要给当地的农民、企业做一个示范。”莫问剑告诉《天下网商》记者。好的产品、品牌之所以难以走出来，一方面是销售渠道、品牌意识甚至是好的设计和包装的缺失；另一方面是单一产品、品牌或者单个企业独自走向大市场存在资源匮乏，对交易规则、机制不练悉以及成本等方面的顾虑。

“三千禾”是第一个尝试走出通榆县，面向全国市场的通榆县本土品牌。在它的示范作用下，通榆县企业、农户触网积极性高涨，形成了“千村万店”的网店集群效应。一大批“三千禾”正陆续从这片黑土地上成长起来。

然而，面对尾随者和竞争者，模范标兵“三千禾”的下一步该怎么走?

建平台：打造独有产业链

“面对竞争最好的方式不是建立门槛或者壁垒，而是比对手跑得更快”。下一步，莫问剑计划打造移动端 App“放心粮”，在该平台上复制、孵化覆盖多个品类的“三千禾”集群。除了“三千禾”，以畜禽产品为主的“大有年”以及以养生产品为主的“云飞鹤舞”等自有品牌已完成筹备。

预计到 2016 年年底，企业将完成大米、杂粮杂豆、养生产品和畜禽等 4 大细分品类体系的构建。另外，更多原产地优质品牌、企业将陆续入驻“放心粮”。

从品牌到平台，最初的模范生开始向领导者角色转变，尝试在产业链的两端夯实竞争力。

莫问剑为平台勾勒出清晰的发展规划：在原产地与消费地之间搭建一条“云高速”，一端是生产地的优质产品，一端是市场对优质产品的需求和反馈。形成两端间短、平、快的供需协同是“云高速”的内核。莫问剑要打造的是“基地整合+全渠道营销+流量+交易+供应链服务+口碑营销”的闭环。

在产业链前端，莫问剑表示，原产地要想与消费地互通、互联，有三个前提：第一，必须出产优质的农特产品；第二，是优质农产品的最好原产地；第三，具备直供的可能，有足够大的体量。“只有符合这些条件，原产地的农产品才具备走向大市场的价值。入驻‘放心粮’的品牌必须符合这三点要求。”

当调性一致的品牌汇聚在一起时，“放心粮”将成为优质原产地直供品牌集合地。

莫问剑透露，即将上线的“放心粮”由独立公司运营，“三千禾”、“大有年”等自有品牌只是进驻品牌的一小部分，同样承担示范作用。平台的终极目标是：为更多的品牌、企业提供互联网解决方案，帮其搭建与消费者连接的通道。

这种连接包括需求的对接以及销售渠道的打通。不同的品牌、企业对渠道的依赖方式不同，或许是网店集群的形式，或许是微店，也可能是战略合作的直供关系。而“三千禾”的成功试水给这些企业带来了经验和信心。

在过去一年多的时间里，“三千禾”不断完善、壮大其渠道体系：以“三千禾”天猫旗舰店为起点，迅速扩张到 1 号店等其他线上渠道，形成网店集群，并与绿城等地产商联手，推行社区 O2O 直供。同时，整合幸福 9 号、拉卡拉、嘿客媒体等终端，构建独特的原产地直供体系以及用户体验。

“在互联互通的环境下不能完全依赖单一渠道，而是要挖掘每个渠道的价值。比如说，要打响一个区域品牌，综合性的电商平台较有优势，但针对老年人群体，幸福 9 号的黏性最强。”“三千禾”的渠道攻势很猛，一边布局线上，一边强化线下资源的深度开发。未来，“放心粮”将成为移动端的主要阵地，实现品牌与用户的深度互动。

重服务：以消费需求为导向

渠道建设的本质是为了让产品快速流通，而产销分离一直是农特产品市场化遇到的一座大山。了解消费端的需求是莫问剑强调的重点。在他看来，纯粹以定向采购的方式与原产地合作是不够的，聚合用户需求对产业链进行反向整合、改造才是打造产业链闭环的关键。

“与其说我们在做原产地的产品销售，还不如说我们正在提供市场对优质产品的需求服务。其实，我们是服务商。”莫问剑自我定义。他对服务的解读是：第一，教会消费者学会正确判断；第二，提供新鲜的食材；第三，提供最优质的物流解决方案。

“消费者学会了判断后，我们只需要提供优质的农副产品以及快捷的物流解决方案。当这些都做得足够好之后，就坐等消费者选择我们。”莫问剑并不赞同划分消费者，他认为，在消费者选择时代，服务的价值大于单纯的售卖。

服务的背后既是用户体验的设计，也是消费需求的聚合。“消费者可以不买我的米，但要教会消费者如何判断什么是他们所需要的。聚合用户的行为、消费需求之后，就能以市场为导向来指导前端的资源整合与开发。”莫问剑说。

以需求为导向的 C2B 模式改变的不仅是产品与用户的供给关系，也改变了生产者在产业链中的地位以及生产方式。

在与“三千禾”合作的过程中，通榆县东木村的葵花种植大户邢波尝到了甜头。让原本只能将葵花盘上的瓜子剥下来散卖的他没想到的是，“三千禾”以高价收购整个葵花盘。当年，他卖出了 3000 多个葵花盘，收入增加了 1 万多元。

邢波只是一个缩影。

莫问剑告诉《天下网商》记者，“三千禾”的落地对当地产生了很大的影响：一方面是改变了农民的观念。过去通榆的百姓从未想过“通榆”二字能走向全国、走向世界；另一方面是重新定义了当地农民对农产品“优质、优价”的概念。“三千禾”对葵花盘以及大米、黄豆等有严格的品质要求，如确定了空壳率、含水量、缺角比例、发霉比例等考量参数。“当地农民意识到消费端对品质是有较高要求的，只有高品质的产品才能卖出高的价钱，他们意识到了科技的力量。”

传统小农思维下的耕种方式比较保守，很多农民种植的种子都是自留的，影响了产品的品质和产量。莫问剑选择和农科院合作，在当地建立“三千禾合作社联合社”。联合社由10余家合作社组成，莫问剑出任理事长。

由“三千禾”影响联合社，然后由联合社引导农民，从而更好地进行品质把控、规模销售以及统一服务。同时，通过“聚土地”等私人定制形式获取精准的用户需求。

将“三千禾”的服务理念延伸到“放心粮”就可以发现：未来，通过平台标准化的服务体系实现清晰的用户画像，从而引导原产地企业科学、合理地种植。

这是“通榆模式”的复制和延伸。

走出去：复制“通榆速度”

从品牌到平台搭建，从买进卖出到契约式的战略合作，“通榆模式”爆发出不一样的“通榆速度”。走出通榆，并将“通榆模式”进行复制和创新，这是莫问剑做大农业的野心。

“三千禾”之后，“大有年”、“云飞鹤舞”等品牌相继落地，这不仅是品类、品牌上的扩张，也是地域上的跨步。

莫问剑告诉《天下网商》记者，走出通榆，团队开始在镇赉、延边等周边县域布局。镇赉是通榆附近的一个县，是吉林省第一大水田地，面积超过110万亩，水稻产量丰富。而延边盛产人参、鹿茸等养生产品。

选择产品资源最丰富的三、四个县进行品类结构的完善是走出通榆的第一步。莫问剑说，具有差异化竞争优势的品类是首选。

“未来，我计划在广东或者海南选几个海产品资源丰富的县，到云贵高原选择当地物产丰富的县，再到西北选择干果、坚果产量丰富的县，由8~10个县的50~80款单品组建县域农产品电商模式，形成核心竞争力。”莫问剑对发展前景充满信心。

在行业大佬们几经折腾却迟迟未能得手的农业领域，莫问剑的勇气与自信来自于他对“三农”、商机的理解：

第一，不能简单地只看到商机。首先，对“三农”要寄予一定的情感，熟悉行业背景，有天然的DNA。如果对“三农”缺少了解和尊重，纯粹靠资金是很困难的。“农村电商，必须将农民的利益放在第一位。脱离这一点，这块沃土就不可能得到发展。”

第二，不是所有的原产地都适合直接对接消费地，关键在于品类的选择。现在很多农产品电商，尤其是生鲜电商难以盈利的原因在于，很多人都奔着商机而去，缺少长期的发展考虑，对原产地的理解不到位，错误地进行原产地和消费地的对接。“很多产品的体量不大，本地消化就够了，没必要走向大市场。”

第三，农产品电商是一个系统工程，要整合各方社会资源，包括当地政府。“单纯地依靠企业用商业思维方式运作是纯粹的市场化运作，很难将农产品电商做大。新型农民组织以及新流通方式的形成、新技术手段的出现，包括将移动互联网嫁接到传统的产业中去，需要集合各方力量。”

2. 第三只眼睛看“通榆模式”

来源：网商在线
作者：余玲艳

“通榆模式”是吉林云飞鹤舞农牧业科技有限公司通过电子商务，将通榆县优势农副产品以统一品牌面向全国销售的原产地直供模式。这一项目于2013年10月启动。

短短一年时间，通榆这个名不见经传的小县开始进入全国消费者的视线。最近，通榆作为全国第三个农村淘宝的试点县，被阿里巴巴纳入“千县万村”的发展战略。

“通榆模式”的创新点是什么？通榆经验对当下如火如荼的农村电商有何借鉴意义？通榆农村电商面临着哪些新问题、新矛盾？如何在互联互通的时代背景下看“通榆模式”？带着这些问题，《天下网商》记者采访了吉林云飞鹤舞农牧业科技有限公司创始人莫问剑，从多个方面剖析这些问题。

从通榆县县情看，通榆是典型的东北农业大县、国家级贫困县，地处偏远、交通不便，以批零渠道、卖原粮等传统流通方式经营农产品，农村电商发展基础落后。

“通榆模式”带动了当地农产品发展，其核心创新在于价值共享：地方政府、农户、电商企业、消费者及平台共同创造并分享价值，既满足了各方的价值需求，同时带动了县域经济的发展。

那么，通榆经验对当下农村电商的发展有何借鉴意义？

“通榆模式”的四大经验

（1）政府背书是关键。

通榆农村电商由第三方公司运营。第三方运营商要想快速地融入当地，政府做好背书工作是关键。

首先，当地县委书记、县长高度认同电子化的方向，并认真考虑了项目落地可能遇到的诸多困难。县政府将农村电商作为当地“一把手工程”，由县委书记、县长和运营公司负责人等组建“通榆县电子商务发展领导小组”，为电子商务发展提供政策支持。在项目运营的过程中，书记、县长全程参与设计、策划。

其次，组建强大的协作机构。抽调各部门的年轻干部成立“通榆县电子商务发展中心”，配合 TP 公司，协调组织各种资源，为项目落地“保驾护航”。

再次，成立专项基金，出台一系列扶持电商创业的政策，支持电商发展。

最后，用行政力量为电商发展建立“绿色通道”。

（2）以“基地支撑”为前提。

通榆位于北纬45°，地处世界公认的“黄金粮食产业带”，是有名的“杂粮杂豆之乡”、“绿豆之乡”、“葵花之乡”。通榆出产的杂粮杂豆中很多单品是全国“单打冠军”。基于此，通榆将自己定位为北纬45°上的弱碱粮仓，并将原产地的资源进行高度整合。

首先，“通榆模式”的合作伙伴包括村落、乡镇，以及一些有固定基地的深加工企业。通榆地域辽阔，各乡镇都有不同的特色，通过异质化产品整合能够增强供应链的竞争力。

其次，联合当地实力合作社，组建“三千禾合作社联合社”。运营商通过合作社联合社影响合作社，然后由合作社影响农民，从而进行生产方式的革新。

最后，与农科院建立合作。借助专家、研究机构的力量，进行品种、品类优化，在种子、种植以及深加工等领域注入科技力量。

（3）走“统一品牌”路径。

长期以来，通榆农民的销售渠道狭窄，缺少品牌意识，产品溢价能力低。因此，塑造品牌是产品走向市场化的重要路径。

首先，建立通榆农产品分包装中心，进行统一包装。

其次，建立多层质检体系。

最后，加强产品溯源体系构建。

（4）进行营销创新。

农产品本身的创新很难，如何利用营销手段进行创新是一大难题。

首先，通榆丰富的产品资源、环境资源是一大亮点。

其次，让书记、县长做代言人。代言的背后，是书记和县长要为本县农产品品质承担责任，这也是通过政府公信力提高产品信誉的一种方式。

再次，通过大量的营销活动，打响通榆品牌，包括“东北新鲜葵花淘宝开售”、“七农下江南”、“聚土地”等活动；高度重视“微传播”，通过微博、微信等社交网络传递品牌价值。

最后，重视用户体验。将“杂粮主食化”等养生理念通过微信公众号等渠道传播，并邀请用户作为“品质督导员”试吃产品，监督产品品质。

“模范生”的困扰

对一种新模式的尝试一定会遇到不同的问题，尤其是在实际操作过程中。

首先，当地电商服务业配套落后，阻碍电商发展的脚步。

其次，平台流量以及运营成本越来越高，农民触网门槛逐渐提高。

再次，与其他平台的对接尚在磨合中。

最后，农民缺乏产品认证以及模式标准化的意识，操作难度较大。

七、《电商参考》：从县域服务商角度分析通榆模式

1.《电商参考》：从通榆实践看县域服务商探路

来源：电商参考

文：张晶晶

地处偏僻的通榆县，本是吉林省西北部的一个国家级贫困县，但是曾经以 38 元“天价”售出一个向日葵头的奇迹营销，让原先脸朝黄土背朝天的通榆农民强烈地感受到了电子商务的震撼和冲击。从 2013 年年底开始，借助电子商务，通榆一举实现了名利双收，走出了一条自上而下的县域电商发展之路。通榆成为继浙江桐庐县、广东阳山县后阿里巴巴“千县万村”农村淘宝全国第三个示范试点县，“通榆模式”成为县域电商成功发展的典型样本，县域经济也得到了极大提升。

据悉，通榆县电商平台已推出包括杂粮、杂豆、大米、瓜子、礼品等近 10 个品类的 30 余款商品，实现近 20 万个订单，产品销售几乎覆盖全国 23 个省份，销售额突破千万元大关，辐射带动通榆本土加工企业达到 25 家、合作社 5 个、种养殖大户 8 个，带动通化、延吉、白城、洮南、镇赉等地 10 多家企业达成供货合作。同时，项目还促进了通榆县内传统农产品加工企业向电子商务的转型，当地生成了包括网店装修、产品摄影、小包装供货等 12 户小微电商服务业企业。目前，通榆县居民已经自行开设淘宝店铺 400 余家，销售产品的种类多种多样。

在这个红红火火的发展景象背后，实现通榆县域电商从零到一的架构搭建的设计师，是由杭州常春藤实业有限公司投资设立的服务商——吉林云飞鹤舞农牧业科技有限公司（以下简称云飞鹤舞）。说起通榆县域电商的成功，云飞鹤舞董事长莫问剑将这一切归结于和政府有效顺畅的沟通。“到目

前为止，县域服务商怎么做还是一个动态的发展过程，没有一个固定的标准去模仿，这是一个天时、地利、人和才能达成的事情。”

基础：地方政府领导思路是合作的前提

云飞鹤舞服务商和通榆县的合作，并不是一开始就规划好的，而是在电子商务发展的过程中慢慢达成的共识。

“我们刚开始进入是因为基于要打造‘三千禾’品牌，想找原产地直销的货品，把当地优质的农副产品通过电子商务的渠道卖出去。当时我们对自己的基本定位只是一个网商。”2013 年年底，云飞鹤舞是作为通榆县招商引资进来的一个网商，做了通榆的农副产品。当时的通榆不管是品牌化建设，还是当地农产品到商品到网货的整个规划设计都还没完成，电子商务服务业也基本空白。当地农民也习惯于卖大粮食、原粮，还没有按照精粮和商品品牌化的路子走。

在前三个月的销售过程中，云飞鹤舞遭受了许多挫折，成本高企不下，才意识到这个问题的严重性。他们的困难主要是：当时通榆本地的电子商务服务业没有，当地人才非常缺乏，基本的电商运营人才几乎没有，电子商务整个产业链相关的包括包装、设计、摄影、客服，以及企业的各种认证、品控的整个流程体系，也都不具备。

原产地的东西需要运到公司所在地杭州进行分包，就多了一道工序，生产线分包线成本、人工成本、仓储物流成本，南北方都差异极大，而且粮食在运输过程中多了一道环节，品质也会遭受不良影响。另一方面，原产地没有因此而受益，原产地经济发展不好也就是因为原产地大部分以原材料方式在销售，精加工、品牌溢价没有留在当地。当地要发展，也必须要本地化。“我们发现要卖好通榆、做好通榆题材非常困难。要卖好我们的三千禾，卖好我们的云飞鹤舞，首先要把整个通榆的电子商务服务业做起来，这样才能利己也利人。”

云飞鹤舞在做网商的时候，和通榆政府一直保持着密切沟通，当他们遇到困难时第一时间找到政府反映情况。政府也是通过他们前期的销售看到了电子商务的前景，觉得县域电商是一个有方向、有未来的前景趋势。

“我们之所以达成合作，首先同地方政府领导的意识有关，当时通榆领导有强烈的意识要做农产品电子商务，因为通榆地处偏僻，发展经济的手段不多，他们确实意识到电子商务是一个方向，双方在这个点上有一个良好的沟通，并在这个事情上达成了阶段性目标的一致。”

营运：政府、服务商各司其职是成功的基石

达成合作意向之后，政府和服务商就开始各司其职，通力合作。政府给予了极大的政策支持、人员配备和政府背书，服务商通过整合各方面资源来共同营造电子商务的氛围。

政府层面，做了三个工作。第一，给予云飞鹤舞独家官方授权的身份，代表当地的服务商和所有电商平台对接，实现与淘宝、1 号店、京东商城的成功合作。第二，政府也专门成立了一个班子，通榆县政府组建了“通榆农产品电子商务发展中心”并配备了 9 个编制人员，这个应该是全国县级政府首创。并且也抽调了县里最优秀的年轻干部到电商服务中心和服务商一起推进电商发展。第三，县委书记、县长亲自为当地的农副产品做代言人做背书。通榆电商旗舰店上线天猫当天，县委书记孙洪君、县长杨晓峰联名写了“致淘宝网民的一封公开信”，开创了全国第一个县委书记、县长在电商平台推介本地农产品的先河。一时间，引发了广大互联网消费者对通榆优质农产品的关注和各类媒体的密集报道。此举不仅增强了互联网消费者对品牌的信任度，也增强了企业与农户之间的信任度，更为营造通榆电商发展大环境奠定了基础。

而服务商层面，也立马做了三件事儿。第一，云飞鹤舞迈出从网商向县域服务商角色转变的第一步，把优秀的电子商务培训业务拉到通榆。2013 年年末，经过云飞鹤舞的努力和争取，阿里巴巴农村电商讲习所第 6 期走进了吉林省通榆县，当时阿里研究院调集了最好的师资力量来做这个培训，通榆全县两万余名农民和农业基层干部在会场和通过电视直接接受了这次培训。这次培训完之后，当地开网店的人越来越多了。

第二，在阿里上市推出三大战略之后，云飞鹤舞又以最快的速度把阿里农村淘宝全国第三个试点县引到了通榆。因为当时阿里农村淘宝在全国已经选了浙江的桐庐、广东的阳山作为试点县，但是前面两个选点选的都不是大农业区域，对全国的示范效应还是有限的。接下来就要到北方选点了。通榆虽然贫困，但是贫困有贫困的效应，大农业区域对华北、东北、西北有更多的示范效应。通榆如果都能做好，全国更多地方也能做好。这个对服务商自己卖货没有直接利益关系，但是云飞鹤舞在努力推动促成这件事，因为这对通榆的电子商务有帮助，也是他们作为县域服务商背后做的事情。

第三，2015 年 1 月 27 日，通榆作为示范试点县参与了阿里巴巴组织的第一场“农村淘宝 2015 网上年货大促”活动。当时，阿里已在通榆启动运营了 33 个“农村淘宝服务站”，帮助不会上网或对网上购物还不甚熟悉的农民完成交易。据悉，活动期间全县村级服务站共成交 23919 单，总金额 86.98 万元，为村民节省了 14 万元花销，销售单数和购买金额在全国农村淘宝购物点均名列第一。莫问剑补充说：“现在村淘发展了 16 个县，在平时的正常产出，通榆仍然保持了中上水平，而通榆的实际经济是所有这些地区中发展最差的，这说明在通榆的试点，从某种程度上来说是对的。”

共享：平衡利益与公益是发展的支点

总地说来，县域电商还是一个公益性平台，而服务商做电子商务追求的多是经济回报，这两者之间看似有不可调和的矛盾，如何平衡好利益和公益的天平？借鉴云飞鹤舞和通榆政府的融洽合作经验，不难看出合作双方都需要“有舍有得”的默契，对于服务商来说更要立足长远来考虑。

据悉，到目前为止，云飞鹤舞还是处于投入阶段和产出阶段，并没有获得太多的金钱回报，甚至公司目前还是经营性亏损。“我们目前还远远没到回报期。这也是做县域电商农村电商所要面临的一个挑战，也是我们必须要面对的。”莫问剑表示，做县域电商的服务商，回报期相对较长，服务商本身要有很强的资金实力，需要超越普通经营者原有的经营思路，要立足长远来考虑问题。

而在和通榆政府的合作中，云飞鹤舞作为官方唯一授权服务商，也收获颇丰。政府把他们作为当地的龙头企业在支持，在通榆他们获得了许多政策性的回报，在符合法定政策的前提下，当地政府给他们提供了土地以及部分财政补贴这些支持。更重要的是，帮助他们对通榆县域电商所涉及的资源，比如企业的资源、产品的资源、科技支撑的资源，政府都做了很好的整合。政府用了行政的力量，号召所有企业联合起来一起研究电商，为发展电子商务做了大量的工作。这是政府力量才能做到的，企业很难做到。

也恰恰是因为云飞鹤舞做了通榆，把条件这么差、经济这么困难的县域做好了，才打响了他们的知名度和美誉度，让更多县域主动上门找到他们求合作。莫问剑由衷表示："通榆很开放，希望我们立足通榆，整合更优质的资源。通过通榆的背书，我们也获得了更多地方对我们的认同，为下一步发展创造了更好的条件。"

方法：有效的沟通是成功的锐器

作为县域电商的前驱者，前期也都是一路探索，云飞鹤舞在与政府合作中也遇到过挑战和问题。

关于"先做什么，后做什么"的意识有很大不同。现在开始做电子商务的政府都明白做电子商务要先培育当地的电商氛围，但是作为最早一批探索电子商务的政府和服务商，其实开始做的时候都不大懂，探索的过程也比较曲折。在政府早期对电子商务的探索中，往往认为电子商务就是到网上去卖货，追求的是销量和销售额，看重的是能给地方和农民带来多少经济收益。而作为云飞鹤舞服务商来说，则认为在服务业不具备的地方，县域电商要做的第一件事情不是要卖多少货，而是要培育当地电子商务的氛围，培训先行，改变观念，让本地不具备的服务业做起来。

但是，观念的改变非常困难。通榆原来是落后贫困地区，很多人用的手机也不是智能机，也不开微信，当地企业都是搞批发的，习惯于等人上门收货，搞网商搞电商大多数人都不接受。云飞鹤舞就是身传言教，慢慢地一步步通过实际的努力，通过一个人一个人做出阶段性的成果来影响其他人，并不断地培训，不断地沟通，一步步地来达成大家观念上的改变和做电商的共识。“县域电商是一把手工程，只有一把手支持，在他的帮助之下我们才能推进这些事情；否则的话非常困难。”

另外，关于单平台电商和全网电商的意识有很大不同。通榆政府刚开始也不太了解电商，以为做电商就是开淘宝店跟着阿里巴巴走，但是云飞鹤舞介入之后，就致力于推广全网营销的概念。这个过程也非常困难，经历了很长时间的沟通和磨合。“现在做电商大家的思维是一致的，总理也讲话了，中央一号文件也发了，在淘宝大学的推动下，县域电商的模式也成熟了，但是当时探索时真的很困难，我们完全是摸着石头过河。”

对于处理服务商和政府之间的关系，莫问剑认为“这里没有一个固定的标准可以去模仿，大家还是处于摸索时期。但是这里面肯定有一些东西是明确的。”首先，要让服务商能活下来。这里分为两部分。服务商一定要最大程度地依靠市场的力量，毕竟是企业，要用企业经营行为来做。政府也一定要给予最大程度的支持。财政补贴是一部分，更重要的是当地形成一股电子商务发展的氛围和意识，这样企业之间互帮也能渡过难关。在整合当地资源的地方，政府有很多可作为的地方。其次，让政府能够分享到阶段性成果。这些成果包括阶段性的电商销量、县域影响力，以及当地电子商务发展对本地生活发展的变化等，都是考量的维度。

2．通榆：借力服务商打造品牌

来源：电商参考 2015 年 01 月 25 日第二期

文：本刊记者刘婧

扶贫背景

在农业领域，北纬 45º 线是一条公认的农产品黄金生产线。被这条“黄金纬线”贯穿的地区大多是种植业和畜牧业的重镇，法国普罗旺斯大区、美国奥勒冈州，都是其中的佼佼者。由于地势平坦、日照充足、耕地充裕，粮食、谷物和牧草等作物都非常适宜在这些地区生长。吉林省通榆县同样坐落在这条“黄金纬线”上，拥有 450 万耕地和 400 万亩草原资源，自然条件优越。当地盛产杂粮杂豆、打瓜、牛羊肉等特色农产品，具有“葵花之乡”、“绿豆之乡”的美誉，农业基础扎实。

但由于位置偏僻，交通困难，这些优质的农产品甚少流通到全国各地，大部分消费者对通榆的产品仍然非常陌生。这种局部地域限制也是当地农产品的收购价格一直无法提升的原因之一，使得通榆县成为了国家级贫困县。

农村信息滞后，产销无法有效结合，导致农业生产不能以市场需求为导向，盲目生产。农民辛辛苦苦耕种的农产品无法找到买家，造成大量农业资源和人力资源的浪费。电子商务的出现给了通榆县一次迎头赶上的机会。通过电商渠道，通榆县正在大力挖掘农产品潜能，积极对接市场，发展边际产业，带领农民逐渐摆脱贫困。

扶贫路径

（1）政府背书，第三方公司运营。组建强大的协作机构。抽调各部门的年轻干部成立“通榆县电子商务发展中心”，配合 TP 公司，协调组织各种资源，为项目落地“保驾护航”。

（2）通过异质化产品整合能够增强供应链的竞争力，联合当地企业、合作社和农户，组建三千禾合作社联合社。通过三千禾合作社联合社影响合作社，改变农产品输出渠道，进而影响农民，从而进行生产方式的革新。

（3）塑造品牌是产品走向市场化的重要路径，建立通榆农产品分包装中心，进行统一包装，建立多层质检体系。并通过各种县长代言活动，整合各种媒体资源，参加聚土地等活动这些营销手段提高品牌知名度。

政府搭台，服务商唱戏

随着互联网热潮的持续推进，电子商务手段不断渗透，通榆县也赶上了“融电”、“触网”的风潮。2013 年，在一次与杭州常春藤实业有限公司的合作中，通榆县政府接触到了电子商务，觉得电商也许是一次振兴农业、振兴通榆的机会。通过电商渠道，优质农产品可以从“养在深闺人未识”到迅速与全国乃至世界市场面对面。一方面，依靠网上订单，线下资源可以被充分利用，形成强大的供货能力；另一方面，产量的增加可以拉动物流、加工、仓储等边际产业的发展。于是，通榆县开始着手干起了电商。

虽然电商渠道的出现让通榆迎来了更广阔的市场，但是，如何在短时间内利用好电商，为农业带来新的生机，为农民创造增收红利，是确确实实摆在眼前的难题。反观全国一些知名的县域电商先行者，无论是产业驱动还是服务商驱动，走的都是自下而上的发展路径。然而，对于基础设施薄弱的通榆来说，由政府主导，走自上而下的发展道路显得更加快速和有效。

于是，为做好电商工作，通榆县首先成立了电子商务发展中心，通过单一部门运作电商。据通榆县电子商务发展中心主任张启发透露，当时，吉林省全省正在进行人事深度改革，减少机构。但是，对于电商这个新兴行业来说，想要迅速在全县推开，并且及时解决可能发生的各种问题，必须有专门的机构来统一负责。

因此，经过多次的沟通，县政府从政府办、文广新局、招商局等部门抽调了分管领导，正式成立了通榆县电子商务发展中心。专门机构的成立，一方面，整合了全县资源，形成合力，从培训、物流、招商、加工到产业发展等领域全面服务电商发展；另一方面，在工作快速推进过程中遇到的问题，可以通过发展中心得到迅速、有效的解决。

此外，通榆县县委、县政府出台了《关于促进农产品电子商务发展的若干意见》，制定了通榆县电子商务手册，出台了农产品电商奖励资金和奖励办法，从政策上扶持电商迅速发展。

电子商务发展除了需要政府的大力支持外，也需要引入第三方服务团队，通榆县政府选择把专业的事交给专业的人来做。在这个过程中，通榆县政府通过为服务商背书，落实生产基地等各项支持，帮助服务商快速融入当地环境中，发挥专业能效。

作为通榆县电子商务的官方代表，杭州常春藤实业有限公司在通榆当地成立了吉林云飞鹤舞农牧业科技有限公司，专门负责通榆县整个电商生产链的运营，参与包括选品、内部培训、策划、包装、制作、供应商对接、店铺运营和销售几乎所有环节。依托过去在电子商务方面的丰富经验，云飞鹤舞团队对农产品进行了深入的研究和挖掘，突出杂粮主食化和弱碱健康概念，形成主打杂粮杂豆等农产品的“三千禾”品牌和主打畜禽类产品的“大有年”品牌，在天猫、1 号店等电商平台上开设店铺进行销售。企业还与合作社、农户组成了三千禾合作社联合社，帮助农产品在 1688 等贸易平台上寻找订单，批量输出，实现农产品上行。

通过传统销售渠道，农民通常会把农产品批量卖给合作社、收购商，造成收购价格低，农民利润少的局面。而电商渠道的介入打出了原产地直供、团购等概念，使得农产品有了一条新的出路。“三千禾旗舰店”作为通榆农产品的直销窗口同当地的农村合作社签订采购或包销协议，实行“统一品牌、统一包装、统一标准、统一质量”，将通榆农产品进行品牌化网络销售。在发货方面，由于通榆县交通不便，为了保证全国消费者的收货时间，通榆采取了集中发货到杭州仓库，再从杭州发往全国的方法。在网店运营过程中，通榆县政府在提供相关优惠政策的同时，还在“电商”和农户间当起了销售担保。电商和农户商定好价格，直接收购农产品，等资金收回后，再向农户付款。据统计，“三千禾旗舰店”上线后，借助淘宝网聚划算活动以及与 1 号店战略合作，大力推介通榆优质杂粮杂豆，从 2013 年 10 月初至 2014 年 9 月末，一年的时间“三千禾旗舰店”实现了农产品网上销售 1300 吨，销售额达 1600 余万元，双 11 前后的销售额还突破了 100 万元。

产品身价，附加值来提

数字的背后，是农户增收的喜悦。什花镇青海村种粮大户陈万国家种植 5 公顷谷子，年产 3 万斤，以前一斤最高只能卖 2.8 元，还不好卖。如今，陈万国家的谷子能以每斤 3 元多价格卖给电商。卖粮轻松了，钱袋子也鼓了起来。“网店销售真牛，农产品经过深加工，在网上就能打出品牌。这是以前不敢想的。”陈万国说。后来，陈万国和县里的多家种植户通过县委、县政府与电商签订了 2015 年包销协议。

电商渠道中从不缺乏原生态的农产品，市场竞争激烈，同质化现象严重。农业技术的更新让农民增加了产能，但产值的增加不能仅仅依靠技术的力量，还需要品牌塑造，营销带动，才能提升农产品的溢价空间。提高产品附加值，让产品变身为更有价值的商品，是帮助农产品从同类市场中杀出重围的关键，也是让农民通过电商得到红利的利器。

首先，深入挖掘产品特色。除了葵花、大豆等原本较为知名的农产品，继续挖掘优质农产品特色。比如通榆草原红牛就是一种具有自主知识产权和国家地理标识的特色产品，它的肉质可以跟韩国的韩牛媲美。这种具有独特性的生态产品在电商市场中就拥有着广阔的市场，也让利润空间大大提升了。同时，随着食品安全形势的趋紧，生态农产品已经迎来市场蓝海。在通榆，土壤的 PH 值为 7.8，水的 PH 值为 8.7，呈天然弱碱性，对人体健康非常有利。因此对通榆来说，生态、健康正赋予了产品特色与价值，也是与市场需求相契合的。

其次，统一品牌。长期以来，通榆农民的销售渠道狭窄，缺少品牌意识，产品溢价能力低。因此，塑造品牌是产品走向市场化的重要路径，建立通榆农产品分包装中心，进行统一包装，建立多层质检体系，加强产品溯源体系构建。

此外，通榆县政府与云飞鹤舞团队积极配合，利用企业的媒体资源和营销手段，进行营销创新。一来，与地方报业集团、19 楼等媒体进行合作，通过全网络、全媒体营销和媒体的宣传报道，在全国范围打响品牌；二来，在三千禾旗舰店上线当日，通榆县县委书记、县长还联合发出了一封“致淘宝网民的公开信”，信中写到，“代表我县优质杂粮杂豆的三千禾品牌网店，将给您送去更加纯粹的原产地特色农产品。同时，通榆有富有特色的旅游资源，希望各界朋友前来观光。”县领导为农产品代言，很好地起到了吸引眼球的作用。

产业链集聚，带动的是脱贫

电子商务的作用不仅在于实现网上销售，更重要的是带动当地加工企业和整个生产链的发展。

在通榆电商开展的起步阶段，由于当地交通不便，基础设施尚未完善，大量的原材料都被运输到杭州进行加工和分包，再分销到全国。经过一段时间的建设，通榆县当地已经建立起了相应的供应链管理公司和一个中转仓库，同时创造了大量的就业机会。另外，产业链的完善需要更多加工企业的加入。目前，通榆县现有的 25 户加工企业已经全部与电商平台达成合作，还有 70 多家小微电商和 6 户农产品加工企业在这波电子商务的浪潮中生成。

可以说，目前不少通榆农民已经具有一定的电商意识，但是除了拓展他们的眼界外，还要让农民真正尝到电子商务带来的甜头。在这个方面，阿里巴巴村淘项目的入驻给予了消费品一个下沉的通道。目前，农村淘宝代购点已经入驻了全县 172 个村中的 34 个村庄。这些代购点不仅给农村带来了优质的生产、生活资料，也带来了网络、物流设施和信息化意识。同时，通过“阿里农村电商讲习所”第六期和一系列培训，农民从意识层面和实操层面开始逐步认识电商，了解电商，进而从事电商，并且实行千名电商培养计划，积极开展培训，让更多的农民加入到电商阵营中来。

另外，电商企业和边际企业的发展还为当地带来了大量的就业机会。对于草根农民来说，通过电商除了可以实现经济价值之外，更有自身价值。一部分农民，包括一些因病因残致贫的残疾人，通过从事客服等非体力劳动的工作，重新找到了实现自我价值的渠道。

2014 年 12 月，通榆县与中国扶贫开发协会签署战略合作协议，双方将通过电商等手段继续把扶贫工作落到实处。目前，具体实施方案正在起草中，计划中的项目涵盖资金支持、知识培训、产业扶持等各个方面。其中，通榆县将会设立土地收益保障贷款，帮助贫困农民缓解资金困难。通过贷款，通榆县还将对所有电商平台和小微电商进行担保，对农民从事电子商务提供资金支持。

八、各大媒体七嘴八舌话通榆

1．财经网：吉林签约阿里推广通榆经验 打造农村电商吉林模式

转自：淘宝论坛

2014 年 12 月 30 日，吉林省政府与阿里巴巴集团在长春签署战略合作框架协议，双方将共同打造“数字互联网吉林”，助推吉林省全面提升产业竞争力，增强产业可持续发展能力，推动吉林振兴取得新突破。

阿里巴巴集团董事局主席马云表示，未来五至十年，阿里巴巴将布局全球化，发展跨境电子商务；发展农村电子商务，利用好互联网让农村信息化有跨越式的发展；继续加大云计算和大数据的投入。希望能够通过互联网和电子商务，带动激发吉林年轻人的创业激情，帮助吉林实现跨越式发展。

根据合作协议，双方将在云计算和大数据、跨境电子商务、企业电子商务、农村电子商务、电商培训、智慧旅游、智慧医疗、智能物流骨干网及线上线下（O2O）体验式购物中心等领域开展深入合作，探索新的合作方式，将阿里巴巴核心技术打造的平台作为吉林省战略性新兴产业发展的重要支撑。

协议还提出，双方将探索拓展面向俄罗斯、日本、韩国的跨境电子商务发展，合作开展电商人才培训，培养实用型、创新型的内外贸企业及农村电商人才，并共同推进吉林建设支撑全省电子商务发展的智能骨干网节点项目等。

阿里巴巴集团总裁金建杭在发言中表示，在工业经济时代，人才、资金、政策等资源都向沿海地区集中，使得区域发展差异越来越大，而在信

息经济时代，影响区域发展的因素正在发生变化，信息成为区域发展最重要的因素，互联网和云计算技术，给了欠发达地区一个“变道超车”的机会。作为 DT 时代的一个代表性技术，云计算可以让个人的梦想走得更远，也可以让产业的梦想走得更远。

协议的核心内容之一，是在云计算战略新兴产业领域的布局。吉林省将依托阿里巴巴集团全球领先的“飞天”云计算自主核心技术，共推吉林省云计算大数据产业发展，为吉林省提供政务、民生、企业、公共服务领域的统一数字化服务平台，并在此平台上重点发展电子商务、电子政务、智慧产业、位置信息导航等大数据应用示范，共同打造“数字互联网吉林”。

协议还明确，双方将通过云计算、大数据和阿里巴巴平台，科学规划吉林省各地区产业优化升级，推进吉林省中小企业电子商务，打造并提升吉林省 B2B 企业间电子商务全产业链、产业带和电子商务生态系统。

数据显示，吉林省 2014 年双十一的销售额同比增长了 71.6%，高于全国 58.8%的增长率。同时，吉林省的县域电子商务在全国独树一帜，“通榆模式”就体现了落后地区追赶先进地区的智慧。

通榆县本是吉林省西北部的一个国家级贫困县，而借助电子商务，通榆如今已经成为与浙江遂昌齐名的“淘宝县”，走出了一条自上而下的独特发展之路。2013 年 10 月，通榆县政府组建了“通榆县电子商务发展中心”，并在天猫上建立了“三千禾旗舰店”。三千禾旗舰店同当地的农村合作社签订了采购或包销协议，实行“统一品牌、统一包装、统一标准、统一质量”，将通榆农产品进行品牌化网络销售。三千禾旗舰店上线不到两个月，通榆共实现网上销售 21.4 万斤，销售额达到 190 多万元。目前，通榆正在大力推进从“单兵作战”转变为“集团作战”，扩大农民受惠面。

据了解，协议中包括推进农村电子商务的内容，提出打造农村电子商务与农村信息化高度融合发展的吉林模式，将电子商务的产、购、销服务渗透到农村。

金建杭表示，发展县域电子商务，也要坚持“变道超车”的思路，坚持 DT 的思想，只有这样，才能和那些经济百强县 PK，才有可能后来居上，弱鸟先飞。

以下是网友评论：

2.《吉林日报》：吉林品牌驶上“云高速”
——写在吉林省与阿里巴巴合作战略深入推进之际

创造了一个又一个奇迹的阿里巴巴，再次发力，下一个战略目标是大举挺进农村。谁是“下一站天后”？一系列动作表明了吉林省上上下下坚定的决心——决不放过这轮机遇期。

2014 年 2 月 27 日，“与阿里巴巴合作，推动电商发展，扩大吉林产品销售”全省启动大会召开，吉林省正式开展与阿里巴巴的战略合作，借此踏上吉林名品网购“云高速”。

4 月 8 日，吉林大米馆在淘宝网挑食频道率先上线，作为吉林省农产品“触网”的开路先锋。吉林大米一炮走红。

9 月 22 日，“淘宝特色中国·吉林馆”开门纳客，“吉字牌”再次赢得开门红。

吉林农产品逆袭淘宝网，出现后来者居上、闪电超越的可喜态势……

战略选择：吉林电商牵手转型“阿里”

阿里巴巴在互联网上缔造了一个巨大的商业交易市场，过去五年，网络零售总额飙涨了 19 倍。

可是，让全省上下难以平静的是，吉林省并没有分得相应的一杯羹。网络买进和卖出呈现巨大“逆差”。“点击淘宝网，一页一页地找吉林大米，直到第 400 页才找到。”一位外地电商告诉记者。

发展电子商务已成为市场倒逼的力量和选择。

省委、省政府高度重视，一再强调，充分发挥电子商务在稳增长、调结构、促转型中的重要作用，立足吉林实际，把发展电子商务摆上重要位置。

那么，从哪里突破切入呢？

1 月 6 日，阿里巴巴集团董事局主席马云踏上吉林黑土地。吉林省物华天宝，让马云颇受震撼。

吉林省区位优势独特，特色产品众多，是国家重点建设的生态示范省，素有“长白林海”、“动植物立体资源宝库”之称，更有“黄金玉米带”和“大豆之乡”的美誉。

此时“阿里”正酝酿着转型。下一个战略制高点是农业，未来淘宝要深耕农村沃土。

吉林省与“阿里”即刻达成战略合作大计。

吉林省电商发展目标确定为：以与阿里巴巴合作为契机，大力发展电商，迅速扩大吉林省网上卖家数量和省内产品网上销售规模，通过二至三年的不懈努力，力争全省网上卖家总量实现跨越式增长。逐步改变传统生产经营方式，以市场为导向，以需定产，倒逼我省产业、产品提档升级。

“把更多的吉林产品卖出去，卖个好价钱，卖出品牌效应来”。作为农业大省，农特产品率先触网是当务之急。

和淘宝网上难以胜数的卖家同台亮相和竞争，直接面对消费者的审视和筛选。孰优孰劣，立见分晓。

吉林省上下同心，走向考场。

吉林大米：打响吉字牌“触网”第一枪

吉林省地处世界公认的“黄金水稻带”，是全国三个优势水稻产业带之一。

原本应该成为吉林省金字招牌的水稻却没有带来相应的效益。全省持有生产许可证的大米加工企业有1227户，大米品牌高达900多个。混战无赢家，吉林大米一直没有卖出好价钱。

以大米为突破口，将吉林大米馆作为“淘宝特色中国·吉林馆”先行试点项目。吉林大米是我省与阿里巴巴开展战略合作的第一单。这第一单能否一炮打响，不仅直接关系着吉林好大米能否卖出好价钱、卖出品牌效应来，而且还将对吉林省大米产业乃至整个农产品加工业在电商时代的生存和发展产生深远影响。

扛起探路者的旗帜，吉林省首先打响了大米资源整合的“攻坚战”。

为了整合吉林大米品牌，让大米企业抱团发展，形成“拳头效应”，省大米协会注册成立了吉林省大米有限公司，在打造“吉林大米”区域共用品牌上迈出第一步。在具体运作上，通过组建优质大米种植专业合作社，统一品种、统一技术、统一管理、统一使用“吉林好大米”品牌，树立“吉林好大米”的全新形象。

精选出吉林市东福米业、吉林梅河大米、柳河国信社稷尚品三家大米企业，在淘宝网挑食频道率先上线。淘宝网投入1000万元的流量广告费，为入选的三家吉林大米企业进行为期一周的首页宣传。

提及线上销售带给企业的变化，吉林市东福米业有限责任公司副总经理杨靖激动不已：“我们的大米入驻淘宝后，迅速销往北京、上海、广东等17个省市，最远的卖到了新疆和西藏，既突破了运输成本的瓶颈，又大大拓宽了流通渠道。目前，我们推出的绿色稻花香、有机稻花香等产品都跃居活动销量第一，品牌知名度和美誉度大大提高。”

曾经在网上难见踪影的吉林大米，如今一跃成为搜索热门，“吉林大米”的搜索指数较去年同期增长近30倍，品牌影响力急速飙升。

“‘淘宝·特色中国’为吉林大米开辟了一个广阔的营销平台，使吉林省大米产业乃至整个农业产业的发展，上升到一个全新的高度。”省大米协会秘书长陈志新兴奋地说。

“吉林大米”一手抓触网，一手抓整合，为吉林省人参、木耳、鹿茸等众多农特产品“触网”，开辟了一条可资借鉴的“快速路”。

9月22日，“淘宝特色中国·吉林馆”正式上线运营，吉林馆的首页先声夺人，以长白山、松花江为背景，串联起通化、白山、延边等地，极具地域特征的各类土特产和盘托出。突出“绿色、安全、健康”理念，打造“吉字牌”品牌，上线商品1.5万余款，截至目前，总成交额达7500余万元。

通榆模式：照亮县域“触网”之路

2014年10月13日，阿里巴巴集团在首届浙江县域电子商务峰会上宣布，启动千县万村计划，在三至五年内投资100亿元，建立1000个县级运营中心和10万个村级服务站。通榆县成为继浙江桐庐、广东阳山之后确定的第三个试点县。

通榆县凭什么跃居全国第三?

通榆拥有优质天然弱碱沃土，是世界公认的杂粮杂豆黄金产区之一。除了有“葵花之乡”、“绿豆之乡”的美誉外，通榆还出产杂粮杂豆、打瓜、牛羊肉等特色优质农产品。可是，地处偏远、默默无闻的通榆县一直无法解决市场前端的销售难题。

让网络改变时空。通榆县提出了农产品电子商务发展战略，实施农产品“原产地直销”计划。2013 年 10 月 11 日，通榆以“三千禾”为名片，在淘宝网建立了通榆农产品旗舰店，上线当天，县委书记孙洪君、县长杨晓峰联名写了“致淘宝网民的一封公开信”，将通榆的几个“之乡”亮在亿万网民眼前，并郑重盖上了官印。

随即，通榆县政府又与 1 号店签约，建设 1 号店农产品直销基地，并开通了“禾协会”微信公众平台，随时发布通榆农产品信息。

直接挺进 1 号店，并将通榆的“里里外外”公之于众，通榆县的胆气来自环环相扣的组合拳：联合拥有国家燕麦荞麦首席科学家的白城市农科院提供农技支持，依托电子商务公司吉林云飞鹤舞农牧业科技有限公司将农副产品打包上线。每名副县级领导包保一个粮豆品种的产业发展，建立农畜产品检测体系，制定农产品质量检测流程。启动并规划 1 万亩土地，选择 10 个优势品种，每个品种种植 1000 亩，作为各个合作电商平台的直销基地。

几股力量拧在一起，通榆县迅速创造出“电子商务+基地化种植+科技支撑+深加工”的全产业链一体化运作。在不久前开展的淘宝聚土地活动中，通榆县以全程销量第一的骄人战绩，再次成为全国农产品电子商务领域的焦点与话题。

被纳入“原产地直销”的一位种粮大户乐呵呵地说：“过去粮食不好卖，卖个高价就更难，现在不光卖了高价，还拿到了电商明年的订单。”

如今，“通榆模式”已被誉为全国继“遂昌模式”、“成县模式”之后农产品电商的第三种有效发展模式。通榆县作为阿里巴巴“千县万村”工程试点县，“村淘”项目已正式启动，第一批选定5个试点村，分别建立“村淘项目村级服务站”，实实在在地实现了农产品电子商务的“弯道超车”。

“通榆模式”的星火可以形成燎原之势吗

采访中，省商务厅厅长丛红霞表示，借助国家商务部推动电子商务进农村试点的政策机遇和我省与阿里巴巴签署战略框架协议的有利契机，紧紧抓住阿里集团大举挺进涉农电子商务的历史机遇，我省将采取强有力的配套措施，大力发展县域模式，推动电子商务发展向农村延伸。在年底之前，白城、长白山管委会池北区、柳河、蛟河、双辽等多家地方特产馆将选择淘宝、京东及1号店等不同电商平台开馆上线运营，为我省电子商务县域模式发展再添新亮点。

倒逼效应：各方携手换挡提速

把工作的着力点放在登录淘宝后面临的种种挑战和薄弱环节上，这是我们叩开阿里巴巴之门的初衷与目的。

当电商发展节节推进时，一个个问题浮出水面。物流能畅通到村民家门口吗？交通会伴随物流延伸吗？网络给力吗？

问题就是着力点，也是增长点。吉林物流看长春，长春物流看二道。

长春快递产业园正在二道区拔地而起，圆通、申通、中通、顺丰等物流巨头集中入驻。二道区还与珲春市签订了长吉图腹地与窗口联动发展框架协议，通过企业协作，打通长吉图腹地与窗口之间的物流通道。长春市相关负责人说，必须主动出击，全力推进项目建设，为电商产业发展提供专业化的高效服务，打造全市乃至全省物流业快速发展的强大引擎。同时，通过快递产业园平台，进一步推动相关企业集聚发展。

2014年1月至10月，全省快递企业收寄快件同比增长46.45%，实现快递业务收入同比增长45.97%。进入我省的快件约1.3亿件，其中70%左右是电子商务包裹，快递许可企业大幅增长。

积极推进、加速吉林省通信网络资源建设和升级，落实光纤入户国家标准，鼓励 4G 发展，统筹提高城乡宽带网络普及水平和接入能力，为电子商务发展提供网络保障。截至 11 月底，吉林省互联网固定宽带用户达到 420 万户，移动互联用户达到 1642.3 万户，全省行政村全部具备宽带接入能力。

吉林农民淳朴，习惯提篮叫卖，玩电商能行吗？省商务厅委托淘宝大学与吉林电视台合作，制作了专门面向广大农村的“吉林省电子商务大讲堂”系列电视培训节目，农民在自家炕头上就能学习。省商务厅还请来一批全国著名网上致富能手，向吉林农民兄弟面对面言传身教，越来越多的农民摸起了鼠标。万和电子商务培训学校常务副校长张晶说，她在培训过程中发现，越来越多的电商人才正从江浙沪和北京等地来吉林发展——吉林省又一轮创业浪潮风生水起。

3. 通榆开万人“淘宝大课”，让鼠标成创富新模式

来源：中国吉林网（记者谭志斌/报道）

“我有个开网店的想法，就是不知道卖点啥，这回明白了，本乡本土、原汁原味的农产品就是最好的货源。”日前，通榆县举办的一场万人“淘宝大课”让下岗职工李秀红发现了摆在家门口的巨大商机。跟李秀红一样，数以十万计的当地贫困人口被锁定为这次电商课堂的目标人群，通榆要开创电商扶贫，让“鼠标+电脑，指尖+手机”成为新的创富模式。

两年前，通榆县首创的第一场“万人淘宝课”借助当地农副产品登陆天猫旗舰店和县委书记、县长致信全国网友的热度，催生出本地 600 多家网店和 1000 多家微店，销售额达 4000 多万元。2014 年 11 月，通榆县人民政府与阿里巴巴集团签署农村淘宝战略合作协议，成为其“千县万村计划”农村淘宝全国第三个试点县。当年，阿里巴巴旗下农村淘宝通榆服务中心正式运营，目前，通榆县已有 50 个行政村设立农村淘宝村级服务站。

如果说两年前的“万人淘宝课”是全民创业的一次成功倡导，这次开课的目标更加精准，直接面向通榆县 10 万贫困人口。“通榆是国家扶困重

点县，划定在国家规定的贫困线以下的人员比例较高，尤其是农业人口中所占的比例更大。”通榆县副县长黄秀芬说。通榆刚好是农畜产品资源富集的地方，特色产品种类齐全，谷子、高粱、葵花、绿豆等种植产品和羊肉、牛肉、马肉、大雁等冷鲜产品品质优良，通榆鼓励有上网条件的一部分贫困人群学会并利用“鼠标+电脑”、“指尖+手机”，通过电子商务把当地特产销售出去，从而增加收入，逐步走出贫困的圈子。

当天，受邀开课的淘宝大学特聘教授周盟、吉林省云飞鹤舞农牧业科技有限公司董事长莫问剑分别就《电子商务的发展与思维模式》、《通榆粮广天下》进行专题主讲。课程通过现场听讲、乡镇视频会议系统、电视台全县直播的形式让万余人受益。

4.《白城日报》：通榆两万农民上淘宝大课

日期：2014-01-09 10:07

作者：邹义勇 张殿文

“一个葵花盘打上真空包装售价达到 38 元，上网之前，这是大伙想都不敢想的事。”继 2013 年 10 月推出农副产品线上营销模式之后，吉林省通榆县在农业电子商务领域再出新招，2013 年 12 月 30 日，将阿里巴巴讲师团和电商创业精英请到县城，为两万多农民讲授了一堂淘宝大课。

一个葵花盘的华丽转身

“炒瓜子的小摊遍布街头巷尾，我们卖的瓜子还在葵花盘上，带着向日葵的美丽和芬芳寄给远方的客户，这是不是一个创举？”农户王德胜的手上握着一张开店申请单，琢磨自家的葵花怎样才能卖得更火。在通榆，他是受益于农业电子商务模式农民中的一个代表。

早在 2013 年 10 月初，通榆县依托外省电子商务公司，将本县农副产品打包上线，在天猫商城和 1 号店开设网络卖场，地产绿豆、花生、牛肉迅速分销到全国各地。据统计数据显示，店铺上线首日即成交万余单，交易金额直接过亿。

王德胜的感慨和自信就来自那个华丽转身的葵花盘。“如果没有网店，葵花盘的结局通常是枯萎干瘪后被当作柴禾，现在却能变成钱，这就是差别。”

榜样的力量很强大

2013 年 12 月 30 日，通榆县的农民很忙，忙着听一堂课。县委、县政府出面请来了阿里巴巴讲师团的高级咨询师和一批活跃在电商领域的创业精英，既要传授网店怎么开，又能分享成功者的经验。一位现场工作人员告诉记者，县里为这堂淘宝课专门开通了电视直播和视频会议系统，各乡镇的农民在自家炕头就能听讲，听众总数保守估算也有两万多人。

“山西农民王小帮曾经在北京打工，回乡创业开起了专营农产品的网店，现在已经发展为 5 皇冠网商，年销售额达 600 多万元，让我们听了很震撼。”家住通榆县苏公坨乡的车文军是一名谷子种植大户。这次，他带领的农民合作社完成了与运营商的签约，对方将包销 150 亩、约 10 万斤谷子，这是合作社一年的总产量。在车文军看来，成功的王小帮为通榆农民带来了榜样的力量，他们要努力成为下一个“王小帮”。

“通榆模式”下的平台共享

课堂之外，通榆县县委常委、副县长刘振兴接受了记者的采访。两个月来，通榆县集中农业资源优势开网店，发展电子商务，曾被很多媒体称为“通榆模式”，刘振兴对这个提法作出了低调的解读。“我们觉得还有差距，现在迈出了第一步，但还有很多需要成熟和完善的地方。”刘振兴说，通榆原产地直销模式下的电子商务战略能帮助很多人实现创业梦想，需要花大力气逐步推进。

“我们要推动品牌族群的建设，要拉动农产品产业链的形成，打造农产品的区域集散地。”刘振兴表示。网店开通第一天，县委书记和县长联合署名在天猫聚划算商城的首页发布了“致淘宝网民的一封公开信”，这个举措表达了通榆愿与全国网友成为朋友的心愿，也充分彰显了通榆对自己的产品有信心，对发展电子商务有决心。未来，通榆县也愿意把搭建好的平台与域内外合作者共享，实现多赢。

5.《白城日报》：打“通榆模式”牌走“电商扶贫”路

日期：2015-04-14 09:32

本报讯（记者翟向东） 500余人的主会场、800余人的分会场、万余名收看电视直播的群众……4月9日，通榆县首届电商扶贫培训班暨第7期电子商务培训班拉开帷幕，一场针对10万贫困人口的电商知识普及大课在通榆开讲。

此次电商扶贫培训是通榆县全面实施电子商务扶贫计划的一项重要内容，旨在引导更多的贫困人口积极参与电商创业实践。通榆县全年计划通过10期面向3000名贫困人口的免费电商知识培训，帮助贫困户尤其是“两后生”、残疾人等直接在网上开店，实现增收，并将通过当地从事电子商务经营的龙头企业、专业协会、地方电商交易平台等，构建起面向电子商务的产业链，帮助和吸引贫困户参与进来，实现完全或不完全就业，从而达到减贫脱贫效果。培训期间，淘宝大学特聘教授周盟、吉林省云飞鹤舞农牧业科技有限公司董事长莫问剑分别以《电子商务的发展与思维模式》、《通榆粮广天下》为题进行了主讲。

据了解，早在2013年，通榆县就全面启动实施了“农产品原产地直供计划”，借助互联网、移动互联网等载体，推出了代表通榆优质农产品的“三千禾”品牌系列产品。截至今年3月末，“三千禾”10个品类30多款产品已销往全国23个省，销售额达到4000多万元。

2014年11月，通榆县与阿里巴巴集团签订了农村淘宝战略合作协议，成为其“千县万村计划”农村淘宝全国第三个试点县。目前，全县共开办网店约420家，其中淘宝活跃卖家达200多家，微商约500多人，电商服务人员达到1200人。

电子商务唤醒了沉睡已久的黑土地，“电商扶贫”颠覆了传统扶贫模式。经过一年多的实践，通榆逐步形成了备受业界关注的“政府背书+基地建设

+科技支撑+营销创新”及“地方政府+农户+电商企业+消费者+平台共同创造并分享价值”的原产地直供通榆模式。

2015 年，通榆全面实施电子商务扶贫工作。按照“区域发展带动扶贫开发、扶贫开发促进区域发展”的基本思路和“生态经济景观”三位一体发展理念，瞄准贫困人口，引入互联网思维和电子商务模式，统筹政策和资金，创新载体和路径，通过创新扶贫资金管理机制，培育打造电商集群，建设淘宝镇、淘宝村，培育优势产业基地，发展龙头加工企业，组建电商扶贫合作社等多种方式，探索实施以电子商务促进扶贫开发的新模式，加快形成“电商平台+龙头企业+合作社+贫困户+网店+脱贫服务”的电商扶贫生态链条，带动贫困人口创收增收。计划到 2020 年，完成 90 个贫困村的电商扶贫全覆盖，60%以上的贫困人口直接或间接从事与电商有关的工作，解决贫困人口基本生产生活中面临的问题，实现贫困人口人均纯收入增幅超过国家平均水平。

6.《香港商报》：“通榆模式”照亮县域电商之路

日期：2014 年 12 月 17 日 00:00

【香港商报讯】记者冀文娴报道：今年 10 月 13 日，阿里巴巴集团在首届浙江县域电子商务峰会上宣布，启动千县万村计划，在三至五年内投资 100 亿元，建立 1000 个县级运营中心和 10 万个村级服务站。吉林省通榆县成为继浙江桐庐、广东阳山之后的第三个试点县。

如今，“通榆模式”已被誉为全国继“遂昌模式”、“成县模式”之后农产品电商的第三种有效发展模式。县委书记孙洪君对本报记者说，通过发展农产品电子商务，通榆将打造一个在东北乃至全国有影响的覆盖全网的网店集群，形成通榆新的产业和新的经济增长点。

开辟农产品电商全产业链运营模式

通榆县“触电”之初，便将电子商务上升为战略性产业。

孙洪君对本报记者说，“我们有这样的设想：加快全面形成通榆在电商平台上的网店集群。将以‘三千禾’为主，在天猫、淘宝、京东、1 号店等电商平台全面布局，努力将‘三千禾’打造成全网杂粮杂豆第一品牌；发动和培养更多本土电商，打造通榆电商集群，力争到 2015 年开设网店 1000 家；打好供应链基础，实现生产数据与农产品销售的双向物流；建设通榆县电子商务发展中心，实现设计、培训、软件开发、视觉指导、创意、物流等电商服务业的整体配套。”

在完成与三大电商合作的基础上，通榆又启动了全媒体营销，已经实施了与第三方支付平台拉卡拉的合作，达成了与 19 楼、南方优品、好易购、上海电视台等区域化媒体电商的合作意向。设立了通榆县电子商务发展中心，负责全县电子商务及相关产业发展的组织协调和综合指导工作，有力地促进了工作的开展。

制定了《通榆县关于促进电子商务发展的若干政策》、《通榆县农产品电子商务发展专项资金暂行管理办法》、《通榆县 2014 年农畜产品电子商务重点工作实施方案》，启动了《通榆县电子商务手册》的编写工作。

孙洪君说，随着电商平台农产品销量的不断增加，将会有更多农民、合作社与涉电商企业进行合作，这种合作将进一步带动农业集约化种植，促进农业种植结构的调整，加快通榆县农业现代化的步伐。

7. “又是一个丰收年”，通榆电子商务大爆发

来源：吉林经合之窗 2014-10-09 23:22

挑食是淘宝农业今年新推出的一项中高端生鲜食品服务，专门面向对生活有高品质诉求的特定消费人群。今年以来，淘宝挑食已经深挖了大米、土鸡、樱桃、荔枝等品类，广受网民欢迎。

聚划算（www.juhuasuan.com）是中国最大的以消费者为驱动的品质购物网站。每天有 1200 万消费者发起品质团购，涵盖在线商品到地域性生活服务，帮助千万网友节省超过 110 亿元，聚划算已经成为互联网消费者首选的团购平台。2011 年 6 月 11 日新疆哈密市哈密瓜开团，从此拉开了原产

地农副产品团购的序幕。成功案例不断涌现，2014 年 3 月成功举办了“聚土地一期”，创新了农产品销售模式。

两年来，通榆县县委、县政府结合本地经济社会发展实际，深挖本地资源优势，抢占先机，采取一切有效措施，大力发展农畜产品电子商务，2013 年授权吉林云飞鹤舞农牧业科技有限公司投资发展通榆电子商务项目，成功打造了通榆原产地品牌“三千禾”。为了加大外界对通榆和通榆农产品的了解，去年 10 月，公司在电子商务平台上发布了“通榆县县委书记、县长致淘宝网民的一封公开信”，开展了一系列产品宣介和优惠活动；去年 12 月 6 日，在北京和 1 号店举行了大型签约活动，并在签约后举行了有 60 多家主流媒体参加，并通过新浪网全程直播的“通榆县电子商务发展战略”新闻发布会；去年 12 月 30 日，通榆和阿里巴巴研究院、淘宝大学在通榆县联合举办了为期一天的有大约 2 万人参训的“通榆县首期电子商务培训班”，新华社、吉林日报、吉林电视台、城市晚报、新浪网等多家媒体进行了现场报道和专访。通过一系列活动，特别是互联网上的大力宣传，增强了通榆和通榆农产品在全国的知名度和影响力。

期间得到了现任省委书记，时任省长的巴音朝鲁来到通榆进行项目考察，并被列为吉林农村电子商务重点示范县，同时被业内誉为“通榆模式”，阿里研究院专门撰文进行了深度报道，央视财经评论特地前往通榆采访制作专题报道。

2014 年通榆电子商务再接再厉，更具互联网革新意义的挑食专场活动和聚土地活动即将登场。2014 年 9 月 22 日至 10 月 8 日，由淘宝汇吃挑食主办、吉林云飞鹤舞农牧业科技有限公司及其他农业电子商务的服务企业联合承办的“我帮家乡上头条”争霸赛；9 月 29 日至 30 日，由阿里聚划算主办、吉林云飞鹤舞农牧业科技有限公司及其他农业电子商务的服务企业联合承办的“阿里聚土地二期“活动，进一步推动了通榆县农产品电子商务项目的爆发性发展。同时也证明了通榆在农业电商领域的领先地位，成为新农业新农人的典型代表。

此次挑食活动，优选通榆特色产品美葵，创新销售形势，以新鲜葵花整盘销售，并同时销售五谷粗粮；聚土地活动，销售通榆当地农田土地的一年使用权，销售费可以得到土地产出的相应农作物，包括2015年新粮以及特色畜禽类产品，并能同时得到附赠当地向海自然保护区旅游产品。

近一年，通榆县发挥舆论引导宣传的作用，扩大通榆农产品域外知名度和美誉度，并和各电商平台紧密合作，不断创新，期待通榆在这条大道上阔步前行，相信“又是一个丰收年”。

8.《南方农村报》：网销杂粮超20万斤，“通榆模式”引关注

时间：2014年1月11日

《南方农村报》见习记者 郑展能

截至2013年年底，通榆县共实现优质杂粮杂豆网上销售21.4万斤，销售额达190多万元。借助淘宝网聚划算活动以及与1号店战略合作，通榆县优质的杂粮杂豆通过淘宝、1号店等电商渠道销售到全国各地。这一农产品电子商务的“通榆模式”正引起广泛关注。2013年12月30日，阿里巴巴淘宝大学农村电商讲习所第六期在吉林省通榆县开班。通过现场授课和会议直播，通榆全县共有两万农户参与其中，接受农村电子商务培训。

据悉，这次培训对象以全县种植和养殖大户、农副产品加工企业负责人及党员干部为主，授课教师为阿里巴巴淘宝大学农村电商讲习所和杭州常春藤实业有限公司具有丰富电子商务经验的专家和网商。培训目的是建设一支业务素质强的电子商务团队，推进通榆农业产业化和农畜产品加工业的快速发展。

据介绍，吉林省通榆县位于科尔沁草原东陲，地处北纬45°，拥有优质天然弱碱沃土，是公认的杂粮杂豆黄金产区之一。除了具有“葵花之乡”、“绿豆之乡”的美誉外，通榆出产的杂粮杂豆、打瓜、花生、香瓜、草原红牛肉、羊肉、向海鱼等特色农产品更是扬名国内外。

但受区域位置不佳、销售方式落后等因素制约，通榆的优质农产品无

法与市场需求有效对接，在销售上多年来一直未能形成规模化和品牌效应。

为了解决农业“小农户与大市场”的矛盾，改善农产品流通、贸易状况，通榆县提出了农产品电子商务发展战略，实施原产地农产品直销计划，成立了通榆县电子商务发展中心。据通榆县相关人士介绍，通榆县电子商务发展中心成立后，马上动作频频。2013 年 10 月初，在天猫商城“三千禾”旗舰店正式上线。

同时，通榆还与 1 号店联手，打造农产品电商新模式——原产地直销。据悉，通过联合吉林省白城市农科院，优选 1 万亩优质弱碱土地和 10 余个优质杂粮杂豆品种，通榆县建成了 1 号店农产品直销基地。通过直销方式，通榆杂粮出产后将直接在 1 号店上进行销售，节省了大量物流成本。

由县级政府牵头与国内领先的电子商务企业直接形成战略联盟，在国内的县域电商经济发展中尚属首次。本次培训结束后，县内部分杂粮种植大户还与吉林云飞鹤舞农牧业科技有限公司签订了 2014 年包销协议，成功引进了云飞鹤舞农副产品电子商务项目。

另据通榆县相关人士进一步透露，下一步通榆县将通过出台扶持政策，以壮大电商企业、加强基地建设、培养电商人才、开设网店、树立品牌、发展配套加工业为重点，全方位发展农产品电子商务。

下篇

县域电商热潮下的“冷思考”

县域电商热潮下的“冷思考”

对于县域电商而言，通榆是一个先行一步的“探路者”。对于县域电商整体氛围的营造而言，我们需要更多的诸如遂昌、武功、通榆等电商实践者分享其“独门秘籍”。虽说每个县的县情是不一样的，不存在所谓的普适规律。但是，避免前人曾经走过的弯路，站在前人的肩膀上再“跃起”，必定是事半功倍的好事。

不过，面对如今正烧得如火如荼的“县域电商”这把火，我还是想给有意进入者提个“醒”，“股市有风险，入市需谨慎”。县域电商是一盘很大的“棋”，对于下棋者的定力、智慧、耐力都是极大的考验。因此，建议后来者在信心满满、热血沸腾的同时，能够冷静思考，三思而后行，审视自身的优势与不足，做自己可以做好的，放弃那盘不属于自己的“菜”，唯有这样，方能“落棋无悔”！

之所以有这一部分的思考，说起来，要真诚地感谢淘宝大学的小二们。没有他们的“围、逼、堵”，就不可能有这些思考与总结。我记得是在2014年年末时，寅达、秋煌还有几个美女小二到访公司，就县域电商县长班开班做前期课程设计调研。我介绍了通榆的基本做法，他们一致认为我的“忽悠”很有价值。于是，我“意外地”被邀请去第一期淘宝大学县域电商县长培训班做了分享。估计讲得还过得去，获得了学员们的“掌声”。于是，有了第二次、第三次……的分享，直至高大上的淘宝大学的年会，我也成了专题发言人之一。作为肯定的形式之一，在淘宝大学的年会上，我也被荣幸地聘为淘宝大学县域电商专家之一——创业之余，兼职成了一个面对“官场”的小讲师。

我有一个让自己很“辛苦”的习惯，就是不太愿意就一个话题讲第二遍。为了给淘宝大学的学员们做分享，我在忙碌之余，就自身的实践，的确认真地做了全方位的总结与思考。这些年，一直顾着“低头走路”，因为要“满足”学员们，我借机也“抬头看路”了——这就是本书最后一部分的来源，大多是我从通榆项目实践中，总结出的一些经验和教训，另外还会提出一些新的“困惑”，作为大家一起交流的话题。

一、从“网商”到“服务商”的战略转型

“网商”这个名词，是阿里在 2004 年首度提出的。百度百科现在对这一词的完整的解释是：网商——是指利用互联网作为企业或个人商业经营平台，进行采购、销售、企业产品展示信息发布等企业日常经营活动，并以此作为企业主要经营手段的企业家或商人。网商的一个显著特征是：利用网络现有的各种商业平台（如阿里巴巴、淘宝、京东等）的诚信规则，通过提高交易次数和交易额，逐步建立起自己的网上商业信誉，并以此作为企业在网络贸易中提升和发展的基石。读着似乎比较拗口、复杂，但再多读几遍，研究文字的含义，其实浓缩起来，它讲的意思是，网商就是在互联网各平台上做生意的商人。再简单一点，我们现在大众所理解的“网商”，更多的是指在网上开店卖货的人或企业，从小到个人网店，到大至年销售额过亿元的，都可以被称为“网商”。

我们承接通榆项目，虽然拿到了政府的官方授权，加入了政府角色的影响因素，但本质上还是一名网商，只是经政府背书来销售当地农产品的网商而已。在与通榆签署了战略合作协议之后，我们在天猫上开设了“三千禾旗舰店”，通过几次大规模的聚划算活动，短短几天把“三千禾”这个品牌的销量拉升过百万。但在一切准备并不充分的情况下仓促上阵，这网店就好比是被人工催熟的果子，表面好看，实质青涩苦口。活动一结束，我们其实已经全方位亮起了红灯，店铺评分一路下滑，我们忙于各种“扑火补救”，从经济上也付出了惨重代价。

一个月后，我就开始反思，为什么会这样？通榆项目看似天时、地利、人和兼备，但操作过程中磕磕碰碰，没有预想中的“顺理成章”，究竟问题出在哪里？我们自身的原因归结起来，还是整个团队没有做过农业，经验

不足，事先很多情况都没有考虑到。但是除此之外，还有其他的原因吗？假设我们不存在团队经验不足的问题，同样的事情再来一遍，结果会怎样？

冷静下来再去回看，通榆项目其实具有诸多的“先天不足”——

一是产品问题。原产地虽好，杂粮杂豆品质也确实杠杠的，但是，当地一直处于卖原粮层面，产品的深加工能力差，没有完成从非标农业品到商品再到网货的过程。我们做得很累的原因是，原本作为一家网商，我们专注于做“卖货”的事就行了，而现在，“货”本身还不是成品。从通榆的原粮到能直接上货架的产品，其实中间还有相当一段距离。而我们这个卖货的“网商”，这次硬生生地把从原粮到网货的这硬骨头给啃下来了。

二是通榆的农业文创水平非常低，有商标无品牌，加工企业多数证照资质不全，我们的供应商选择范围很局限。所谓“货比三家”，在没得比的情况下，我们在议价能力、合作条件、备选保障等各方面，都很被动。供应商有不配合的地方，我们往往只能迁就，供应商一旦出什么问题，我们就面临缺货，甚至断货的危险，因为一时半会找不到符合资质要求的替代者。

三是当地的服务业滞后，几乎没有任何配套服务。我们的运营团队在杭州，我不可能让杭州团队转移去通榆工作，而在当地又找不到配套的服务，摄影、摄像、美工、客服，几乎都不具备，一一培养起来（且当能够培养起来吧），时间成本也耗不起。因此，两地运作，还是有不少脱节的地方。

通榆项目上线的第一轮运作之后，我已经意识到，如果单纯以一个“网商”的角色来做通榆，我迟早变成“先烈”。通榆当时的电商大环境还在非常初级的阶段，当地做电商的个人和企业非常少，网店也很少，虽然从数据上看，找到两百多个网店，但是大多网店处于“休眠”状态，整个通榆，没有电商的氛围。云飞鹤舞好比是想要在沙漠上长成一棵大树，这几乎是不可能的，我们必须先在这沙漠上培育出绿洲，再造出林，最终才能成就自己这棵大树。

于是，从 2013 年 12 月起，我们与地方政府达成了默契，从自己尽量做好销售开始，要更好地去扮演一个综合性服务商的角色。2014 年一整年，我们都是围绕“如何做好服务商”开展各项工作的。

数一数，我们还是做了不少实事。一是大力引进培训机构，帮助通榆做培训，要让更多的人开网店，要让合作社、农民、企业走上电商发展之路。2013 年 12 月 30 日，在我和刘振兴副县长的真诚邀请下，阿里研究院陈亮牵头，将阿里农村讲习所第六期放在了通榆举行（以此命名的活动似乎成了绝唱？）。现场，广播、电视等各路媒体同步报道，通榆同时有两万农民上了这堂淘宝大课。我记得当时的讲师阵容很强大，有阿里研究中心高级专家陈亮、张瑞东，有淘宝生态农业资深运营闻远，有新农人圈里的名人毕慧芳、辛巴，有知名农民网商王小帮，还有我自己以及我们杭州公司农产品运营总监，电商老兵欢欢。不同的讲师从不同的角度给通榆农民讲述电子商务，尤其是王小帮，从一个农民工到一家五皇冠网店的店主，这样一个现身说法的电商励志人物，让当地农民深受触动。这次事件人民日报都做了报道，影响深远。

二是光靠个体农民，一个个独立开自己的网店，因为缺乏团队、缺乏人才、缺乏配套服务，很难有网店能开得下去，所以，我们利用淘宝分销平台，在当地发展分销商。由三千禾输出品牌、包装，大家一起抱团借力来打造通榆整体电商氛围。

三是云飞鹤舞在当地组建合作社和合作联社。这里又一人物出场了。何以兴农，2007 年我在《赢在中国》比赛时认识的朋友，农民，一生与农业结缘，但他是农民里的“奇葩”。办过公司创过业，经营过农场，得到过农业部的嘉奖，还出版过图书《全息自然农法实践》，一直坚持笔耕不辍，微博微信达人。跟农民打交道，在我的团队里找不出合适的人，于是，我把何以兴农请出山，让他在通榆驻扎了整整一个月，挨家挨户走访农民，让他们加入我们合作联社，告诉他们什么是电子商务，如何做好产品和服务。

今年以来，“互联网+” 成为国家战略，李克强总理几次为电子商务“背书”。在县域电子商务上，我们当一名“网商”或许并没有占据天时、地利、人和，但转型做一名“服务商”，却是踩准了点。就在我们自我意识到，要从网商向服务商转型，并已经着手这么行动的时候，淘宝大学开始推出了“县域电商县长培训班”。而我们因为实践得早、转型得早，很幸运地成为了县域电商服务商领域的探路者。而我本人，也成为淘宝大学“县域电商县长培训班”的特聘专家。在淘宝大学各期“县长培训班”及“服务商培训班”讲课的过程中，我也有机会沉下心来把我们这一两年来实践的内容，获取的经验教训，结合县域电商的发展趋势做了一次系统的梳理。于是，有了《第三只眼睛看通榆》、《服务商的八大机会点》、《政企关系》、《县域农品的品牌突围》、《县域农品的供应链管理》、《县域电商的顶层设计》等课件。而我自己从这些一手用心总结整理的课件里，反观到了在从“通榆模式”一步步转型到今天的“县域电商服务商”的过程中，值得自我肯定的成果。

中国人的一大特色是“一窝蜂”，县域电商一热，“服务商”马上成了有利可图的香饽饽。如果说，我们从网商向服务商转变，是在通榆项目运作过程中，被客观条件推着走，从实践中摸索出来的，那么现在很多突然转身披上“服务商”外衣的，恐怕更多的是利益驱使。最近跟我们对接的黑龙江省某县书记，就曾在电话里跟我说，他们最多一天接待了近十拨希望承接他们县的县域电商业务的“服务商”。对此现象，我就不多加评论了。

但县域电商服务商究竟该扮演怎样一个角色？希望所有已经担当“服务商”的，和正在往“服务商”方向努力的所有人和企业，能好好思考这三个字肩负的责任。我是这么来看待县域电商服务商的角色的，新形势下的县域电商服务商必须具备超强的业务综合能力、公共关系能力和资源整合能力。对于县域而言，不是简单地鼓励当地多开多少家网店，或者与多少个大平台电商做了对接，就是发展了县域电商，而是首先要把本地发展电商的基础夯实。从系统完整的规划开始，再通过文创和培训来打造基础，而渠道，更不仅仅局限于电商平台，除了众所周知的淘宝、京东，不可忽略的是眼下各大资本都在抢占的O2O渠道，以及量大稳定的原产地直供的B端客户，比如直供大型的餐饮连锁机构。要帮助县域实现全方位的突破。

二、黄金十年的“八大机会”——谈谈县域电商服务商的历史性商机

2014 年 7 月，阿里巴巴举行了一次规模空前的“县长大会”；在美国上市成功后，又宣布了包括“农村电商”在内的三大战略，揭开了县域电商发展的序幕。进入 2015 年，淘宝大学电子商务“县长班”的开班排期，从年初直接排到了年尾，更多的省市县长定制班也在见缝插针地举行。李克强总理连续几个场合，都在宣讲“互联网+”。阿里巴巴第二届县域电商大会主办地通过竞争方式产生，参与竞争的多达 69 个县市。一切迹象表明，“县域电商”快速成了今年电子商务领域一个重要的“风口”，而县域电商服务商无疑将迎来发展的“黄金十年”，一个前所未有的发展时机正在呈现。

凭什么这么说?

从大环境上看，新一届政府施政两年来，挽回了执政党的威望，巩固了群众对未来的信心，而着眼三农“中国要富，农民必须富；中国要强，农业必须强；中国要美，农村必须美”，正在成为新政的基本出发点。从今年一号文件的精神来看，现代农业的发展，新型城镇化建设，农产品流通渠道的创新，都证明“农村题材”在政商界都是一个热点与重点。财政部最近宣布拿出 20 亿元支持中西部地区 200 个县的农村电子商务，商务部紧接着实施“互联网+流通”，意图激活包括农村电子商务在内的新产业。包括国家发改委、共青团中央、供销总社等，都出台了涉及县域电商的相关政策。

从基层施政小环境来看，去年的国发 62 号文，进一步规范了财政与税收政策，使得传统的招商引资道路已经难以走通。而同时，更多的地区开始弱化 GDP 考核，而社会民生、脱贫致富、生态环保等领域，正在成为包括县一级政府部门的考核重点。县域电商，正是一个非常巧妙的“切入口”，

成为基层政府施政的现实有效的抓手——既符合中央政府的决策意图,又能成为富民强县的有效手段。做得到位，上下都叫好。

从平台电商的发展来看，基于互联网基础设施的完善，包括阿里巴巴、京东、苏宁等都先后发布了自己的“农村战略”，“农村电商”均成为了争抢市场份额的战略高地。因为，当“互联网”成为社会发展的基础设施时，最偏远的地区，“与世界只有指尖间的距离”，县域与沿海一线城市第一次站在同一个平台上，“后发赶超”成为一个可能，资源优势开始发挥，而这，也一定为平台电商的持续发展提供了一个坚定基础。

但是，县域电商的发展，仍然面临着重重困难——

干部群众与县域企业观念的滞后，不是一天两天能够改变的。比如很多干部张口就是“你能投资多少钱进来？”“你能交多少税收？”传统观念束缚着县域发展思路的突破，尤其是对于县域电商来说，“老酒装新瓶”，并没有从根本上改变基层干部。而对于更多的传统企业，“触网”有冲动，但不知道怎么做。一旦启动，观念与习惯还是按传统的办法。

电商服务业发展的滞后,使得县域电商缺少发展所必需的“土壤”、“水”与“空气”。对于县域来说，电商服务业如广告策划、美术及网页设计、市场调查、软件及硬件服务、包装、物流快递与仓储、专业培训等，条件参差不齐，使县域电商的发展缺少基本的产业配套支持。

县域电商人才奇缺。与都市相比起来，县域更多的是人才流出的区域，少有流入，返乡大学生少之又少。而事实上，县域电商对人才的要求更高，包括与地方政府关系的沟通与处理，资源整合能力，与各大电商平台的对接，等等。

县域电商的物流快递成本高企，直接导致网销产品缺乏直接的竞争力。现在县域普遍面临这么一个困境：越偏远的县域，越拥有优质的资源；但物流快递成本的高企，却使资源的“优质”在竞争力上打了折扣。更致命的是，这不是短期内所能改变的。所以，农产品进城，消费品下乡，在更多的县域只成了一句口号。

县域产品到商品，再到网货，面临“品控”的大难题。从“生产许可证”到“质检证书”，再到有机、绿色认证，再到蓝帽子等，县域的许多企业过去意识不到，对此常常漠不关心，获得的意愿也不强烈。市场十分混乱。要成为一款适销的网货，还有很长的一段路要走。

但是，不管困难有多少，解决问题就有希望，突破难关就是商机。来自全国各地的“淘宝村”、“淘宝镇”，已经创造了无数成功的案例。在一线大城市的大学生们学成回来了；村官们开始更新知识，成为互联网致富带头人；城市里的TP也开始瞄准县域，到农村寻找新的互联网商机。我的一个基本判断是，我们将继改革开放、小平南巡之后，迎来第三次创新创业的浪潮，而这一次，就发生在县域。所以，我姑且给其一个新的名字——新上山下乡时代来临了，大批县域电商将崛起，并且成为县域发展的一股“互联网动力”。

考虑到政策的延续效应，从政府和政策更替与承接的惯例，从2015年开始，我们断定县域电商将有“黄金十年”。具体来说，新十年对于县域电商服务商而言，大家可以把握以下八个机会点——

（1）县域电商培训业。培训是一个系统工程，对于县域来说，首先，是干部观念、思维与互联网的接轨；其次，是涉网（包括移动互联网）运营技巧培训，说到底，就是要培训一大批农村网商；第三，是企业触网内训。还有一大块，是涉农产品的营销培训。对于农村来说，如何“上行”，就是农产品进城，是地方政府更为看重的，但从农产品到商品，再到互联网产品，有一段长路要走。

（2）农产品“品牌管家”。投资农业，是一条长线，不是短平快生意。所以，短期投资是很难有高回报的。但农产品领域一直以来，基本上是粗放型的，所以，各地的描述，都是我们有什么什么资源，在国内占什么什么位置，但一讲到品牌，没有，卖原料为主。所以，如何打造农产品品牌，不管是做简单的咨询业，还是投身其中，做出一两个既有地域特色，又有情怀的农产品品牌来，是一件可以“传家”的宝贝。

（3）支线生鲜冷链服务。这几年，国家对生鲜冷链行业的扶持力度很大，基本建立了全国的干线网络，但县域的支线，即乡村到县城，再到中心城市的支线仍然很薄弱，这直接影响到县域优质农产品到一线城市的竞争力。一线城市的最后一公里的配送，现在是各大快递及社区电商都在着力解决的。但对于县域来说，支线生鲜冷链顺畅与否是“进城”的关键。现在的问题是，出去的资源好组织，回程要空放，面临严重的经营性亏损。如何争取到县域更多的政策，同时将双向生鲜物流做起来，这里面有大机会。

（4）符合资质要求的县域农产品质检平台与溯源技术。农产品要大规模进城，“品控”是一个难题。现在的做法，若是每一批次都按国家所谓的质检送检并收费，运营商苦不堪言，成本非常高。在食品安全形势趋紧，同时销售又需要品控的前提下，打破体制框架，建立高品质的县域涉农产品的质检平台，既是一个公益事业，又是一个商机。同时，从2015年开始，溯源技术将加快在农产品领域里普及。阿里已经推出一个“满天星”计划，并在辽宁大洼县率先做了试点，估计在试点的基础上会加快普及。

（5）县域农产品网络销售代运营。县域电商人才奇缺，但不缺资源性产品。县域农业企业希望触网的热情也很高，但不知道怎么做。所以，TP在各大电商平台打造地方馆的同时，可以为更多的农业企业、合作社做农产品网络销售的代运营。现在，与其在服装、化妆品行业里苦撑，不如投身农产品这一个新蓝海。

（6）农村信息化运营商。我们国家十分重视农村的信息化建设，也砸了不少钱。但坦率地说，目前的水平还是很低的。尤其是原来都是基于PC端做的解决方案，而移动端在农村可能来得更猛烈。到达县一级的农村信息化，是支撑农村信息化的基础，但也是目前比较薄弱的。

（7）农资电商的崛起。包括种子、化肥、农药以及农机这些农资领域，目前互联网化的水平还很低。谁先进入，谁先找到突破口，实力又够，就有机会。

（8）农村消费品“代购”。农村目前的网购，主要是进城的农民工以及大学生为家人代购。随着阿里农村淘宝的推进，也随着互联网意识在农村的普及，代购业务会如“海淘”一样迅速发展。

对于县域电商来说，电子商务产业园（孵化器）也是重大的一个机会点。从这次在洛阳举办的全国首届电子商务产业园的高峰论坛上透露的数据来看，全国现有电子商务产业园就有五百多个。对于县一级来说，互联网创业同样需要一个“众创空间”。但这里面，难免会有“老酒装新瓶”的做法，明明是工业地产，套上一个“电子商务”的新帽子罢了。毕竟，电子商务产业园更重要的是产业配套，而非是物理空间的一味扩张。所以，眼下的所谓电子商务产业园，有不少只是一个概念。另外，在县域电商领域，农村金融十分重要。也唯有农村金融，才能最后成就整个农村电商的“闭合”。但县域电商毕竟刚刚起步，现在谈这个还为时尚早。

农村电商有着广阔的发展空间，县域是成就事业的又一片天空。但是，做县域电商，尤其是服务商，必须具备“县长思维”——要做好，不得不同政府打交道，但大多数服务商没有与政府打交道的经验。政与企，有不同的决策程序，不同的时效要求，不同的评价体系。马云有一句话，要与政府恋爱，但不要结婚。如何谈一场让彼此都身心愉快的恋爱呢？关键是要有“县长思维”——

（1）全局意识。要站在全县父老乡亲的层面，站在全县资源整合与开发上，不能单纯为了某一个点，要有“面”。

（2）集体决策机制。在我们的政治体制里，县长有时是一个很尴尬的角色，是政府的一把手，但不是县域的一把手，上面还有书记。所以，项目一定要书记点头，否则就有后遗症。同时，政府班子里一定不是“铁桶”一个，会有不同声音。所以，县长水平也同其“和稀泥”水平相关。多开协调会，白纸黑字，集体发力。

（3）面子重于里子。县域电商就是一个民生工程，所以，更是一项政绩工程。考虑到政府官员的任职期限，一定要有短、中、长期的规划，要有阶段性成果。

（4）少花钱、多办事。对于政府来说，直接的资金开支，越少越好。不是要政府给你多少钱，可以用一些区域内的其他资源来弥补损失。

（5）跳出电商做电商。县太爷确实不好做，要发挥好互联网的优势，提升区域影响力，嫁接各种资源，都是县域所需要的。

三、构建“互联网+”背景下的新型政企关系

在反腐往纵深领域推进的同时，围绕着“县域电商”的发展，一种新型的政企关系正在全国各地加速构建。我有一个观点，自改革开放以来，政企关系尤其是县域一级，可能从来没有如今天这般和谐、阳光而富有活力。这一切的变化，虽然是新政带来的新气象，但“互联网+”作为时代的新趋势，正是构建新型政企关系最为重要的催化剂。

这期间，阿里巴巴提出并实施“千县万村”计划，使“县域电商”迅速成为热词，客观上带来了前所未有的政企关系的“蜜月期”——

首先，阿里巴巴一年一度的“县长大会”持续升温，将于今年 7 月 8 日在桐庐举办的是第二届，据说来出席的县长将达几百位，与会代表高达 1500 人。与此同时，淘宝大学开设的电子商务“县长班”，开班排期从年初到了年尾，中间要踏入，还得“找关系”、“开后门”；各地还纷纷要求淘宝大学开设“县长定制班”。政府领导，尤其是县长们，对“互联网+”表现出如此的热情，前所未有。

“政府背书”成为县域电商发展中的普遍现象。一方面，包括淘宝特色中国、京东地方馆、1 号店的特产中国等平台电商，需要运营商出具政府授权书；另一方面，政府领导纷纷主动与企业一起前往包括淘宝在内的平台电商进行业务沟通，为企业站台。我不知道数据是否确切，但据说现在每天到阿里访问的各地政府代表团平均多达三十批次，大多都是为了本地企业的电子商务业务来站台、撑腰来的。

各地纷纷出台优惠政策支持县域电商企业发展。今年以来，上到中央各部委和省政府，下到各市县，在电子商务领域都出台了扶持政策，具体到产业规划、人才培训、产业园运营、创业贷款以及工商注册等方面，政

府在扶植企业发展电子商务领域出现了难得的“异口同声”。

这些现象的背后，其实是新常态下的基层“施政”新发展——

（1）2014 年 11 月 27 日，国务院下发了《关于清理规范税收等优惠政策的通知》，即国发 62 号文，对在地方政府招商引资过程中“税收返还”、“财政投入”等进行了规范。从表面上看，这是打击了县市级在传统招商引资中的积极性，事实上也是砍断了权力“寻租”的多发领域。

（2）各省市纷纷适应政治“新常态”，有不少地方明确将施政考核“去 GDP 化”，而民生工程、脱贫致富以及生态环保等成为基层政府的工作重心。

（3）随着阿里巴巴在美国的上市，中国电商巨头先后崛起，成为全球焦点。而阿里巴巴与京东的“农村战略”推进，使基层“施政”有了新的机会与亮点。

其实，从本质上讲，“县域电商”的发展，出现“政企恋”是基于以下几个原因：

（1）在中央的大力倡导下，基层政府及基层官员对互联网以及移动互联网领域产生了浓厚的“兴趣”，但由于对这一领域的“不熟悉”，而对县域电商的服务商产生了“依赖”。

（2）由于县域电商服务业的发展滞后，使县域电商发展所需的公共服务平台欠缺，包括培训、质检、孵化器以及区域公共品牌打造与推广等。单纯由企业来建设，因其“公益性”，短期内难以赢利，企业缺少“动力”。

（3）对于平台电商来说，自己不能当“运动员”，需要第三方服务商的参与。

经过前段时间的发展，在“互联网+”的大背景下，目前政企关系已经出现几个发展典型：一是以浙江省丽水市为典型的“混合所有制”，即政府不仅仅出政策，还直接出资与民营资本一道，组建混合所有制型的公共服务平台，致力于当地电商的发展。到目前为止，丽水的县域电商以“遂昌模式”为典型，在全国取得了轰动性效应。同时，政府还着力打造“丽水山耕”公共品牌，作为下一步推进 O2O 的重要部署。二是打造龙头企业，典型示范。在符合政策法规的前提下，地方政府倾力于打造龙头企业，政府所起的作用，是引导而不是主导。这一方面，可能是以我们公司打造的“通榆模式”为突出典型，云飞鹤舞公司已经成为引领吉林西部电子商务发展的龙头企业，“三千禾”品牌也在互联网上成为“杂粮杂豆”领域的领导者。三是普惠政策，百花齐放。在部分电商基础较好的区域，政府只出政策，通过招投标，完全市场化运作。浙江、江苏以及广东等地经济基础较好，电子商务发展已经高度市场化，政府更多的是出台引导性的普惠政策。

马云有一句名言，要和政府谈恋爱，但不要结婚！我个人觉得，马云这句话，还是很适合用于引领县域电商发展中的政企关系的。因为，只要有利益存在，不管是权力，还是企业驱动，最终便会有冲突。在这一轮的政企关系中，著名财经作家吴晓波的几句话很中肯：“规律是旧的，特征是新的，格局还在生成中”——政府不管对企业怎么支持，手段还是一样的，不外乎财政补贴、土地或者物业优惠、银行贴息等，面对这个新经济，政府还是老方法；特征是新的：前所未有的热情，参与度很高，很多地方已经成为“一把手工程”；新格局还没有形成，但值得期待——迅速推进当地消费结构的升级，“与世界同步”，是农村、农民的渴望；涌现一大批农产品品牌，为当地经济发展注入“互联网动力”；包括 IT 技术、运营服务、营销推广、市场研究、仓储物流、专业培训及品控等电商服务业的崛起；带动包括电商园区、物流中心以及信息化基础设施（网络、硬件以及宽带增值服务）投资。

政府追求“政绩”，企业追逐利益。官员总是要升迁，企业家却是一生锁定，除非是企业经营倒闭。所以，我们必须看到，政企在本质上一定是“同床异梦”。只是，在“互联网+”的大背景下，双方如何达成阶段性共识，最后实现“同达彼岸”——

战略目标要尽量“趋同”。讨论出一个战略目标后，要征得党政一把手意见的一致，并以此来统一当地各职能部门的认识。对于企业而言，一定要“谋定而动”，如果当地政府官员对于电子商务没有达成共识，我们宁可不做，也不可贸然而上。

战术方法要充分尊重“体制内的规则”。政府部门实行集体决策，一把手不轻易表态，职能部门官僚作风盛行。所以，尽可能多开协调会，形成纪要，有章可循，统一行动，避免摩擦。

要有长、中、短期的业绩规划。政与企，不同的决策程序，不同的时效要求，不同的评价体系，都决定了政与企在合作过程中，存在的“落差”与“不谐”。但对“县域电商”发展的共同需求，仍然促成了这一场“恋爱”。为了让“恋爱”更长久些，一定要制定长、中、短期的业绩规划并努力实现，让双方在合作道路上能时时分享美好与甜蜜。

浙江省省长李强在世界互联网上有一个发言很精彩，很形象地描绘了“互联网+”背景下的政企关系。他是这样说的：互联网经济的发力，仅有优质的“土壤”与“种子”是不够的，还需要阳光雨露和精心呵护，最终要形成一个有利于创业创新的完整的“生态系统”，浙江正在打造更有效率的“政务生态系统”、更有活力的“产业生态系统”、更有激情的“创业生态系统”、更有魅力的“自然生态系统”。对于政府来说，就是要当好“园丁”，营造更加适宜的“气候”，提供更加肥沃的“土壤”，集聚更多更优的“种子”，让创新创业的激情竞相迸发，让一棵棵小树苗茁壮成长，最终形成“互联网经济丛林”。

我离开新华社之后，曾经刻意避免同所有政府官员打交道。但在做“县域电商”的这两年，却与无数的县市长有密切的沟通。尤其是在通榆，如果不是地方政府官员的努力，单纯依赖企业运营，恐怕我们连一个网店都开不好。虽然现在更多的政府官员对“互联网+”本身的理解，对本地电子商务的熟悉程度，都还停留在很表面的程度，但他们对致力于“互联网+”与本地的结合，大都敞开了胸怀，来拥抱这一新的发展趋势。

至少当下，我看好这一新型政企关系的发展，坚信它会给我们社会经济的发展带来一股“正能量”！

四、县域电商的“供应链之痛”

县域电商服务商之所以难做，不在于农民们不会玩电脑，不懂网店运营技巧，不懂可以教可以学，也不在于平台电商的流量日益成为稀缺资源，抢得不易，平台总是需要竞争的，也总会有优质的有能力的服务商脱颖而出。难，就难在底层，难在基础。县域电商的供应链管理，实属不易。

在正式论述之前，先来明确三个有关供应链管理的概念。

- 供应链管理，是指使供应链运作达到最优化，以最少的成本，令供应链从采购开始，到满足最终客户的所有过程，是将供应商、制造商、分销商、零售商，直到最终用户连成一个整体的功能网链模式。同一企业可能构成这个网络的不同组成节点，但在更多的情况下是由不同的企业构成这个网络中的不同节点。
- 电子商务的供应链是典型的零售或分销的供应链模式。由电子商务自身的行业属性决定，围绕提升客户体验，实现客户价值的目标，必须形成快速、灵活的供应反应机制。
- 县域农品的供应链管理主要是指农产品从田间到餐桌的全程优化，以实现最低成本、最佳体验的管理流程。其难点主要在于“供”的环节。

目前中国大多数农村在供应链问题上都存在系统性缺失，这不仅仅制约了传统零售业的纵深发展与自我革命转型升级，对于县域电商这一新兴产业而言，也是其未来能否可持续发展的关键一环。在通常情况下，县域农品的供应链环节，存在以下几个问题：

第一，大部分农产品是“非标”产品，在生产、流通等环节，目前没有标准化；

第二，农户以及深加工企业的成本意识很强，在利益驱使下，容易“偷工减料”，或者损害品质追求产出，品质十分不稳定；

第三，国家虽然设有不同层级的检测机构，但基层质检形同虚设，起不到实际作用；

第四，农产品深加工企业证照不齐全，有些连 QS 都没有，有些企业存在“借用”情况，保健品深加工少有“蓝帽子”，套用省市食字号的较多；

第五，太多的“潜规则”，防不胜防；

第六，政出多门，质检、工商、农口各有一套，比如“有机认证”。

那么，如何才能练就县域农品供应链管理的“葵花宝典”？

欲练神功，必先“自宫”——县域农品供应链调查必不可少。

关于调查，可以提出以下八个问题：

- 有什么货？
- 有多少量？
- 在国内或者行业内的地位是什么？
- 卖到哪里去？
- 怎么运出去？
- 有多少家合作社或者深加工企业在做？
- 原来都是谁在买？
- 有什么证照与资质？怎么保证品质？

具体来讲，我们可以以金庸笔下的各类武功秘籍一一类比。

（1）“辟邪剑法”（林平之）：林平之，金庸小说《笑傲江湖》中的人物。生在富庶的商人家庭，武功不高却任侠好义。因为祖传《辟邪剑谱》遭武林中人觊觎而被灭门，血海深仇加身，被迫踏入江湖，在无止境的厄运洪流中，逆流而上的林平之也逐渐为险恶残酷的江湖所沾染，走向另一毁灭性的极端，杀伐残酷，狠辣绝决。造成他一生的悲剧，就是选错了路，练了辟邪剑。

首先要选对产品。不是所有的县域农品都是适合互联网销售的，一定要找到“原产地”，还得是“优质”的。比如新疆的阿客苏苹果，比如烟台的樱桃等的热销。在选对产品的同时，还要选对产品所对应的市场，如果把北方冬捕鱼要卖到广东去，就是死路一条。

（2）“铁掌功”（裘千仞）：裘千仞应算是《射雕英雄传》中第三大用毒高手，第一是“西毒”欧阳锋，第二是灵智上人，裘千仞虽然在修炼掌功时使用毒物，但只作增进内力之用，掌上并没有毒性，但其心毒尤胜灵智上人，可惜无外毒相辅，只能位列第三。

强化资质。千万记得一定要证照资质齐全，否则宁可不做。除了正常的企业证照外，要反复查实 QS、有机及绿色证书、蓝帽子等。如果没有，要求对方一定要有，这是针对非标产品走向市场后自我保护的一个重要手段。

（3）“吸星大法”（任我行）：可以吸引他人内功而为自己所使用，正邪两派谈及吸星大法无不色变。吸星大法吸人内力后，将内力散入经脉。

货找三家。如果当地的合作社基础好，就多找几家合作社合作。如果是深加工企业，任何一个单品都要有两家以上的供应商，实行良性竞争，互有压力。切忌“吊死在一棵树上”。

（4）“独孤九剑”（令狐冲）：独孤九剑，以无招胜有招，种种变化，用以体演总诀。共有三百六十种变化。独孤九剑的武学境界应是剑法求变的极致。其武功特性是只攻不守，要旨在于"悟性"，不受内力束缚。

双品牌运营。做县域农品，纯粹平台化运作，为他人作了嫁衣，最后可能随时烧了你的后院。保持自身品牌，借助当地企业及农户的资质，供应与渠道优势互补。这也是现下绝大多数 TP 公司的生存之道，自有品牌和代运营其他品牌兼顾。

（5）“乾坤大挪移”（张无忌）：功法源自波斯明教，乃镇教之宝。其心法实则是运劲用力的一项极巧妙的法门，根本的道理，在于发挥每个人本身所蓄有的潜力。主要有九大功能，包括激发最大潜力，集武功道理大成，制造对手破绽，积蓄劲力，黏住掌力，牵引挪移敌劲，转换阴阳二气，借力打力等。

慎重备仓。能否同政府谈“集体备仓”，或者借助供应商现有仓储条件进行合作，切忌重仓压进。充分利用互联网可以进行预售的特性，分析销售数据后，制定科学有效的备货计划。

（6）“飞龙在天”（乔峰）：降龙十八掌的第五招。招式为退步分掌，一前一后，一上一下，跃身而起，飞龙在天，降而击之。其心法是飞龙在天，伸也、升也，如英雄得志，而飞腾宇宙；降而击之，屈也、下也，挟雷霆之威，有河决之势。用法为，若敌方自中、下路来犯，击我身、尾之人位、地位。侧身压掌而化之，此阴也；抬掌提膝而击之，此阳也。

全程品控。不管资质如何，全程品质控制，是笑到最后的必需条件。如果可以做溯源，马上做。不具备条件，也要建立一整套方式进行品质的内控。县域电商的核心竞争力的根本还是在于产品，而产品的根本在于品质。

目前农村的很多农产品企业，并不直接面对终端消费者，因而在品控的把握上不够严格。所以，更需要服务商在品控方面严格监督。通过市场来倒逼农产品企业严把质量关。

五、突破人才瓶颈的必由之路

如果说县域电商的供应链管理是难点、重点、痛点，是影响项目最终能否可持续发展的核心竞争力，那么县域电商的人才问题则有可能成为制约县域电商能否走得远、走得久的瓶颈。从某种程度上来说，一切问题归根结底都是人的问题。

为什么这么说呢？还是以通榆的实践为例。一方面，通榆县电子商务之所以能够迅速开局，其中一个很重要的原因就是成立了一个名叫“通榆县电子商务发展中心”的机构，抽调了县里最精干的中坚力量组成这个中心。这些干部其实是有双重身份的，除继续完成各项政务外，在一定时期内，更像是我的员工，每天都在接受“电商”洗脑。应该说，他们是在实践中逐渐成长起来的通榆的首批电商人才。另一方面，随着通榆电商的深入推进，全国大多数县域对于电商的热情高涨，积极跟进，行业的竞争必将步入白热化阶段。通榆的干部们如果不能够继续加强自我学习能力，故步自封，仅仅满足于先前取得的成绩，那么不久的将来，也就有可能成为制约通榆的“瓶颈”。所谓“成亦萧何，败也萧何”。好在，依目前的情势来看，通榆电商中心的成员正在为“通榆模式”的升级而努力。并且，2014年年中，又吸纳了很多更年轻的新人进来，推进一线工作。其实，也是一种人才的培养与迭代。

另外，通榆的情况还是比较特殊的。在我们进入之前，电商业态几乎为零。所以，也就不存在除“政府力量”以外的电商力量。

2014 年下半年，考察过更多的县域之后，发现大多数县域的电商人才基础还是要优于通榆的。但是，仍然存在以下问题：

首先是电商专业人才匮乏。主要表现在，第一，开网店的人多，真正懂网店运营的少。第二，即使有懂网店运营的，业绩达到一两百万元也就触到天花板了，缺乏钻研精神，容易安于现状，更谈不上去影响县里的其他人，共同营造电商氛围了。即使偶尔冒出来这么一两个能解放思想的、有社会责任感的，但是也苦于“独木难成林”。第三，以上两点还仅仅停留在懂淘宝的人才上。至于，电子商务所需的各类技术性人才，比如底层架构设计、云计算、大数据等，储备基本为零。

其次是真正懂农产品的人少。主要表现在，第一，几乎没人能讲出县域农品好在哪里。一般都是只会说，我们种的土豆比别人家的好，我们养的鱼比别人的好吃。第二，除了个别乡镇，有少数几个懂农业的书记乡长外，很多有能力、懂农业的人才，都不愿意留在农村，更不愿意从事农业，一般都去城市改行了。在他们看来，除了农业之外的其他行当，才是能够赚大钱的！

面对这些问题，我们该如何应对？总结下来，有这么几条：先借外脑，再本土化；以运营端指引产品端；最后才是在产品端精耕细作。

首先，建立双中心的运作机制。比如，在通榆，除了电商中心以外，我们还在杭州公司组建了通榆农产品项目的运营中心，由专人对接项目的各个端口，如产品、策划、文案、淘宝资源等。由专业的人做专业的事儿。早期先是以杭州团队的电商策划优势，弥补原产地产品基础素材不足，无突出卖点的弱项。而电商中心在早期充当了原产地供应链整合的角色。项目运作步入正轨后，我们在通榆成立了吉林云飞鹤舞农牧业科技有限公司，在当地招聘人才，进行供应链管理工作，这也算是本土化，扎根通榆的关键一步。

其次，在双中心的主次分工上，项目启动前期，杭州团队的运营中心起到了中枢神经的作用，作为供应链公司的云飞鹤舞，基本上是在杭州团队的指挥下作战。这样安排还有一个很重要的原因就是，任何创业项目启动期，销售永远处于第一重要地位。

最后，项目成长期及成熟期，供应链团队通过在实践中不断自我学习与提升，逐步摆脱在项目中的从属地位，与运营团队并驾齐驱。开始能够独立地进行新产品调研开发等工作，并开始根据电商业务的需求，提炼产品卖点，逐步完善供应链的系统化整合，包括物流系统建设及通过对销售情况的准确预估，以提高采购计划的科学性等。

我个人是不主张直接把电商运营中心建在原产地的。一来是原产地不具备这样的人才基础；二来是即使从江浙一带，电商产业发达的地区招聘人才，派往原产地，也不是长久之计，不能从根本上解决问题。因为电商这个行业，迭代速度是超前的，每天甚至是每时每刻，都会有新的变化产生，连阿里巴巴内部，都经常讲“唯一不变的是变化”。而如何感知变化，并参与到制造变化的过程中呢？就要有一定的环境与氛围。具有互联网意识的这部分人群，是非常喜欢“集群生活”的，经常会凑到一起头脑风暴。如果把他们从信息爆炸的江浙一带“扔到”了信息相对闭塞的县域，就像是鱼离开了水，没有了他们可以汲取“养料”的大环境，不出几天，他们身体里原有的互联网意识，就过时了。

同样的，如果只是在电商运营中心里成立一个产品部来整合原产地资源，也只能是停留在“纸上谈兵”的程度。原因很简单，根本不了解农产品，更不了解县情。纯粹从营销角度来组织货源，不考虑县域的具体情况，也是行不通的。

当然，双中心运作的最终目的，还是要实现高效率的本土化。只有本土化，才能最终形成县域电商的总体氛围。本土化也没有别的捷径可走，除了长期的积累以外，就是要从一开始的时候就狠抓培训。

培训主要分为两个部分，一个部分是干部轮训。首先要先帮助当地干部解放思想，接受电商，要先把“老瓶装新酒”的老瓶子“回炉再造”，然后才是电商基础知识普及。另一个部分是给当地企业家、农民进行培训。从如何开网店开始，到如何打造爆款的运营技巧，最后再到提升品牌意识与策划能力等能力型培训。

当然，在突破人才瓶颈的问题上，政府还是可以有所作为的。首先，可以制定相关的配套政策，拿出一部分财政补贴，鼓励大学生返乡创业。其次，树立“标杆”，重视榜样的力量。若是县域内已经存在一两个有一定基础的电商实体，更要加大扶持力度，“扶上马，再送一程”，尽可能地帮其对接更多的资源，快速成长。

总之，政府在县域电商的人才问题上，要重视不断提升“自我造血”能力，避免陷入“外来和尚好念经”的误区。巧用外脑的同时，切不可盲目迷信外脑。

另外，在有关“人才问题”的处理上，还有一些县域存在“严重排外”的情况，盲目相信本土企业的运作能力，由于惧怕竞争等原因，而不敢引入外来企业。这也是不可取的。

目前，县域电商正处于起步期，具备实操经验的相应的专业人才自然是相对匮乏的，随着更多的有识之士投身进来，不断实践与修正，随着县域电商逐步走入快速成长期，人才的问题会得到相应的缓解。

六、农业文创：提升品牌与价值的捷径

我做通榆，既然被冠以了“模式”，多少在外人看来算是成功的了。我在很多场合、很多地方被邀请去解读“通榆模式”，传授经验，分析缘何成功。其实，凡看过了本书上篇的人，现在应该知道我们是如此盲目地摸索着一步步走到今天，经验不多，教训不少。但对于媒体出身，一直靠着所谓的“文化创意”吃饭的我来说，通榆项目，确实有从一开始就刻意规划设计的地方，那就是名字，包括品牌名和公司名。假如非得要我选出一条成功经验的话，这就是我可以毫不谦虚地认为最有底气去宣扬的:

我们的品牌“三千禾”，仅从字面来看，就是一个无比贴合农产品的名字，简单、易记、叫得响，同时还很“大气”，“文气”兼备。加之典故来源“禾三千，麦六十，谓之大有年，凡一檖当有此数”，预示着丰收的美好愿景。用来做农产品，确实是上佳之选。我还同时把“大有年”也注册了，“三千禾”与“大有年”，源自同一句诗词，一个作为粮食品牌，一个作为畜禽产品品牌，两相呼应。事实也证明了这个品牌名不错，现在提起三千禾，还是有一定的知名度与美誉度的。

公司取名“云飞鹤舞”，也有典故可循。1772 年，乾隆皇帝途经通榆的向海湿地时，曾亲笔题下“云飞鹤舞，绿野仙踪。福兴圣地，瑞鼓祥钟。”的碑文。我借乾隆爷“云飞鹤舞”四字来给我们这个落户丹顶鹤之乡通榆的公司取名，原因之一是这四个字真的非常优美，原因之二是希望能得到乾隆爷吉祥碑文的庇佑，让公司快速顺利地发展壮大，尤其是我个人很向往“云飞鹤舞”的那种意境和状态，创业若也能潇潇洒洒，那该是多美好的一桩事。

所以，无论是品牌，还是公司，我给它们取名的时候，都讲究一个出

处。出处意味着故事，而在互联网时代，最容易传播的就是传播一个故事，传播一个情怀。所有所谓模式的“风”终究很快会刮过去，而“三千禾”、“大有年”、“云飞鹤舞”若能做成“百年老字号”，就会永远留下来。

但农业文创涵盖的方面很广，上述提到的取名字，只是农业文创领域最初级的一个入口，我们只是在农业文创上迈出了第一步，刚刚开始尝试而已。要真正说起农业文创的发展，最值得研究学习的是已经远远走在前头的我国台湾地区。

最典型的案例当数大名鼎鼎的“掌生谷粒”。打开掌生谷粒的官网，看到的不是产品，而是一张张摄影大片，外加一段段优美的文字。在掌生谷粒的品牌 logo 侧面，是这样一行字：“跟着影像文字去旅行”。他们对品牌的介绍如下：

我们穿上了农业的灵魂，领悟文化创意的生命。

一个看起来是、摸起来是、吃起来是农产品的掌生谷粒，偏偏卖的就不是农产品而已！始自 2006 年来我们用尽一切气力，透过平凡平时平常的白米，想传达想呈现的真正价值，其实是台湾人的生活风格。这包括了历史的文化风霜、地理的风土条件、人文的感官飞扬，以及最重要的是——台湾人对待土地的友善态度。

原来，掌生谷粒是一个贩卖“台湾生活风格”的品牌，媒介是来自土地上的——也许无常、也许不完美、也许有遗憾……而所以真实的农业作品。

这些年，这个由一名广告人和一名摄影师夫妇创立的农业品牌，获得了掌声无数，接连拿下 2010 台湾文创精品金奖、2011 德国红点设计大奖、2011 亚洲最具影响力设计大奖、2012 德国红点设计大奖、2012 亚洲最具影响力设计大奖以及 2012 日本 Good Design 设计奖等，更有数不清的媒体报道。一个本质上就是卖大米、卖茶叶、卖蜂蜜，卖这些人们都几乎已经熟视无睹的普通农产品的品牌，因为被赋予了文化创意，赋予了鲜活的故事，占领了品牌的高地，于是，大米不仅仅是大米，而是代表了台湾生活，是能支撑得起 1.5 公斤 380 元新台币的价格的文化产品。

从台湾回看大陆，同样经典的案例我首推一个销售新疆干果的新崛起的电商品牌“维吉达尼”。新疆农产品的优质，是众所周知的，新疆虽然同样面临路途偏远的障碍，但是由于起步较早，加之市场对新疆水果、干果类的产品需求量又大，其实在电子商务领域，已经先行一步的成功案例不少了。但维吉达尼通过给每一个产品赋予人的故事，让品牌温暖起来。维吉达尼的创始人也是媒体人出身，对品牌、对市场是有天然的敏感度的。打开维吉达尼的网店和官网，跟掌生谷粒一样，首先你看到的不是产品，而是人，满满一整页的新疆农户的脸。点开进去，是每一个农户的档案，以及与产品相维系的、鲜活的、 带有情感的故事。

我认为未来绝大部分创新型公司都会变成一个垂直媒体，基于产品的社会化营销，必然形成一种类似垂直媒体的状态，而农产品的社会化营销，特别容易变成一个垂直的媒体，因为它的背后是人，是文化。

例如我们的抱枝杏干，为什么会在南疆这个地方有，在晾晒的过程中，我们的农民马木提说了一句：只有好脾气才能晒出好杏干。这个代表着农民与食物的一种关系。这些都超出产品本身，是讲述一种生活哲学了。

维吉达尼，“一个有故事的产品，也是一个有产品的故事”。这个农业品牌，就是通过这样的一条文创之路，成为了电商领域的一匹黑马。

在我看来，农业文创对于发展县域电商的重要性，就好比是人之灵魂。每个县域都有自己的特色物产，这个县大米好，那个县大豆好，这个县茶叶好，那个县水果好，很难说孰优孰劣。各自举着喇叭“王婆卖瓜”般地吆喝自己地盘上产的东西好，消费者不一定买账。那怎么办？文化先行！把每个县的故事和特色深挖出来，围绕这个县的特色和文化沉淀，去挖掘出一个能代表地域的公共品牌来。

一个好的品牌，不仅是企业的财富，也是一个地域的财富。在县域电商的实际操作中，地域品牌甚至应该优先于企业品牌来考虑，当然，能把两者结合起来，那是最好的。

关于地域公共品牌，不得不提到“丽水山耕”，这是当前很多缺乏代表品牌的县域可借鉴的，由政府来搭台，企业来唱戏，最终实现小而散的本县农产品“抱团发展”的代表案例。

丽水因其地理生态特点，农产品存在“规模小、标准化低、创品牌成本高”等问题，形成了“星星多月亮少”的局面，迫切需要一个品牌代言者来支撑特色农产品在市场中占据一席之地。针对全市农业产品普遍存在的“打品牌”难题，2014 年，丽水推出了全国首个地级市区域公共品牌“丽水山耕”。“丽水山耕”市级区域公共品牌将与丽水下属的各县级区域品牌，如庆元香菇等实施母子品牌运作，同时也将与丽水农产品企业品牌实施母子品牌运作。这个品牌虽由丽水市生态农业协会所有，但创建和推广的职能全由市政府全资的农业投资发展有限公司担当，协会的会员均可使用。农发公司还提供形象包装、溯源检测、电商运营、运输加工等一揽子服务，帮助农企走品牌化、电商化的路子。

类似的具有公共品牌属性的，最有代表性的产品类目是茶叶。比如大名鼎鼎的西湖龙井、开化龙顶、丽水香茶等，都是通过推广公共品牌而实现了整个区域的该行业的提升。当然还有大家熟知的五常大米、阳澄湖大闸蟹等。

其实，若去查看国家商标局的数据，我们会发现农产品领域的商标注册还真不少，但有商标没品牌。随着农业从业人员素质的提高，农产品行业的品牌意识的觉醒，农业文创水平的发展，一定会有一批品牌脱颖而出。但这些品牌，一定不是一个简单的商标，而是具有地域背景和民族文化底蕴的。很多品牌，在创立之时，从命名开始，就已经带有了这样的意识，具有了良好的基础，比如“沂蒙妹子”、“寒地黑土”。我们国家有 5000 多个地理标志产品，这些在行业内有地位的、当地真正的优质品类，都是未来可以很好地推广品牌的一个基础。

总之，无论是要做一个像“掌生谷粒”、“维吉达尼”这样的企业品牌也好，还是站在地方政府的高度去做一个像“丽水山耕”这样的区域公共品牌来推动全县域的农业发展也罢，品牌背后都有一个文化故事，把这个故事说好、说透，价值方才体现。

七、一把手工程——县域电商顶层设计的关键

很多人参观考察通榆电子商务后，都很感慨。原因很简单，通榆的硬件基础很差，底子很薄，能够在大东北率先走出电子商务这条路子来，不容易。也正因如此，有很多领导私底下对我说："来我们这里发展吧，我们的资源优势比通榆强很多，通榆支持你的政策，我们加倍落实。"我笑笑。其实，我自己用一年时间走遍了吉林省全境的县域，也接触了全国很多县域的领导，很多人对所谓的"通榆模式"的关键一条——一把手工程，并没有深刻意识到。从另一层面来讲，即使资源禀赋再好，若没有解决好县域电商顶层设计环节的"一把手工程"，县域电商很难做起来，更不要说超越通榆。

通榆电子商务，从 2013 年 7、8 月项目谈判阶段开始，我们政企双方在"一把手工程"的设计上，就达成了广泛的共识。有以下几个事实可以作佐证：一是通榆县成立电子商务发展领导小组时，县委书记、县长以及我本人，联合出任了组长，时任县委常委、副县长为副组长；二是在三千禾旗舰店参与聚划算活动时，县委书记、县长联合署名发了一封给淘宝网民的公开信；三是所有涉及电子商务项目推进的方案策划时，书记与县长基本上全程参与了谋划与设计；四是与各大平台对接，尤其是与阿里巴巴对接，县长总是出面为企业站台，据说，通榆县县长杨晓峰一年六次到访阿里总部，成为来阿里次数最多的一把手县长；五是通榆县电子商务发展中心主任，不是如外地更多的是挂在商务部门，通榆是直接由县政府办主任兼任，为县长与电子商务项目之间架设了一条更便捷的沟通渠道。

为什么非得是"一把手工程"？所有县域，都有主管商务的副县长，为什么非得书记、县长要亲自挂帅？一个最直接的原因是，在更多的县域，

电子商务还是一个新鲜事物，电子商务服务业发展都不健全，当地的干部群众包括企业主的观念并没有跟上来，与沿海及一线城市有很大的差距。更重要的是，由于涉及到政府购买一部分的公共服务，政府“有钱要花”，竟然还要花到这个看起来“很虚”的电子商务领域，干部之间的说法就会很多。对于一些“吃财政转移支付”或者“吃项目经费”的落后县域来说，要么大家都不动，要么大家都盯在这些似乎有“肥缺”的项目上。所以，在这些县域的“官场”，种种“陋习”会严重阻碍电子商务的发展。与此同时，县域电子商务，涉及到农业、商业、工信、交通、质检、宣传等诸多政府部门，主管商务的副县长有时根本协调不过来。

回过头来想想，我们做通榆项目，若没有县委书记、县长重视并亲自参与，项目十有八九是要“夭折”的。一个普遍现象，就是一把手不发话，下面人根本不“动”。我们听到政府官员们最多的回应就是，“这事你得找主任，主任没有告诉我们这样处理啊”、“你得找县长发话才行”。有些是小事，道理也很浅显，但要是没有一把手发话，下面经办的人，根本不会主动替你办理。但回过头替他们想想，也有道理，在官场，多做多错，少做少错，不做不错。所以，除非迫不得已，谁愿意主动挑事做?

中央八项规定之后，基层政府普遍出现了“懒政”现象，“为官不作为”，在工作中不积极、不主动，不作为，不肯发挥作用甚至起反作用。如果要让我拿出形容基层官员的状态的词，那真是有一大堆：执行不力、监管缺位，不负责任、不敢担当、推诿扯皮、庸懒散拖、效率低下、纪律松弛……唉，这些都是亲身经历后的真切感受。所以，自通榆之后，凡是公司洽谈的县域电商项目，我都要见过“一把手”之后做出最后决定，是否承接当地的电商项目。因为在我的概念里，如果得不到“一把手”重视的县域电商，基本上可以说是判了“死刑”，做不起来的。

那么，如何针对“一把手工程”做电商项目的顶层设计?

一是要成立县委书记、县长亲自挂帅的县域电商领导小组。是的，最好将书记也拉上，因为在县域，真正的“老大”还是书记，唯有书记也重视了，才能成为事实上的“一把手工程”。最怕的是当地书记与县长不团结。在这种情况下，即使县长支持了，最后很多事还是会“胎死腹中”。争取他们两个人的理解与支持，基本上打通了县域官场与互联网气场的“任督二脉”。

二是要建立一个具有较强号召力、执行力的电商办（中心）。这也是通榆的成功经验，通榆成立了一个电子商务发展中心，是由县政府办主任兼任中心的主任，同时从招商、文广、商务等部门抽调了几个年轻而富有干劲的副局级干部一起组成的。这从组织层面保证了当地电子商务项目的整体推进，更重要的是，这个中心能够保持与县里主要领导第一时间的沟通机会。

三是建立一个“一把手”重视电商的系统。我们不仅仅是争取到了书记与县长的支持，同时也将县政府各部门的一把手、各乡镇一把手都发动起来，让他们也成为了“一把手工程”的重要组成部分。光书记、县长的支持是不够的，活总得有人干，事总得有人一件件落实下去。

为落实好“一把手工程”，我还是留了几个“小心眼”：一是一定得有“白纸黑字”，凡是有书记、县长参与设计协调的事项，要留有纪要，或者直接下发文件；二是一定要将“一把手”的决定通过媒体宣传出去，“生米得煮成熟饭”；三是创造条件，尽可能多地让“一把手”参与一些具体事项，并以此影响他身边的干部。

今年以来，李克强总理多次为“互联网+”背书，做代言，客观上燃烧起了“一把手”对县域电商的热情。这个时候，我们反过来要更冷静，不要为电商而电商，不能光为顾政绩而忘记电商“富民强县”之根本。

八、价值共享：多方利益的博弈之道

从 2014 年开始，因为阿里的村淘项目，因为京东的农村战略，以及更多平台和垂直电商对农村市场的关注，县域电商进入了一个前所未有的高关注度阶段。尤其是浙江遂昌、陕西武功以及吉林通榆等地的县域电商风生水起后，触动了更多县市领导的神经，可以预见 2015 年县域电商将进入一个火热发展阶段。

然而超常规的“热度”，就无法避免泡沫的出现。就现阶段而言，县域电商的发展，正在出现以下几个误区：

第一，县域电商就是“消费品下乡、农产品进城”，或者就是在淘宝等平台上买和卖，因此，就是企业拥抱互联网，与政府没有太直接的关系。

第二，TP 就是当地农产品销售的互联网运营，政府找到一个优秀的 TP 就能发展当地的县域电商。

第三，找县域里一些合适的企业开上网店，就是发展县域电商。

第四，政府让主管领导牵头，责成商务部门出台一些扶持政策，就是发展县域电商。

纵观几个目前发展势头良好的县域，有一个共同特点，就是各方都以“互联互通”的理念发展电商，同时实现了价值的“共创共享”——

我们先来看看两个例子。

这是遂昌的一组数据。在地方政府的扶持与推动下，在遂网公司的努力下，全县共涌现了 1500 多家网店，创造工作岗位超过 6000 个，去年电子商务整体销售额达 5.3 亿元，当地农民人均纯收入增速连续 7 年高于全省平均水平，当地丰富的农特产笋制品、竹碳制品、山茶油、土猪、土鸡等卖到了全中国。

分析遂昌，可以看到，“遂昌模式”成了全国学习的典型，遂网公司也成为县域电商的领军企业，当地农民的确也增收了，平台也号召更多人来开了网店。有评论说，“浙江遂昌是电商生态重构和农村电商的急先锋。遂昌将多产品协同上线，以协会打通产业环节，政府政策扶持到位，借助与阿里巴巴的战略合作，依靠服务商与平台、网商、传统产业、政府的有效互动，构建了新型的电子商务生态，可以助力县域电商腾飞。”

第二个比较有代表性的案例是甘肃成县。有人形容成县电商，是“一个核桃的逆袭”。成县县委书记李祥，在当地核桃上市前，通过个人微博大力宣传成县核桃，“今年核桃长势很好，欢迎大家来成县吃核桃，我也用微博卖核桃，上海等大城市的人都已开始预订，买点我们成县的核桃吧。”该条微博被网友转评2000余次。从建立农村电子商务，到微博联系核桃卖家，甚至展开成县核桃的多种吃法，在之后的日子里，李祥的微博内容没有一天不提到核桃，被网友戏称为“核桃书记”。在李祥的带动下，全县干部全部开微博，还是卖核桃。成立电商协会，还是卖核桃。夏季卖鲜核桃，冬季卖的是干核桃。还正在上线核桃加工品，以核桃为单品突破，打通整条电商产业链，再逐次推动其他农产品电商。成县电商与通榆相似，也是一把手工程。另外他集中全县之力打造一个单品，再由点到面，全力突破。

之所以，遂昌、成县，包括本书一直在讲的通榆可以取得相当不错的阶段性成果，很重要的就是，多方利益博弈后，达到了一个暂时的平衡点，实现了价值共享。

我们再深度剖析一下“价值共享”的各方利益点——

首先，是关于政府的层面，主要分为以下几点：

第一，电商几乎是当下县域，尤其是偏远地区的县域，打响品牌，走向全国的最佳“抓手”。遂昌是浙西偏僻的一个小县城，没有电商，在国内要冒个尖，几乎不可能。甘肃成县，如果不是核桃在网络上的传递，知道者甚少。通榆呢，也是如此。

第二，电商让当地的农特产品走上品牌化发展道路，使“优质优价”有了可能。而唯有溢价，才能让农民增收有了市场手段。而这本身，会推动当地现代农业的发展。所以说，电商是“富民强县”的有效途径。

第三，电商会拉动电商服务业发展，从而成为“大众创业，万众创新”的一个最好方式，从而也在一定程度上解决了当地的就业问题。

第四，电商能够使互联网、移动互联网在当地加速普及应用，这样使当地的干部观念迅速同步一线城市，从而对社会经济的发展起到更好的组织保障。

第五，农产品的现代流通，会推动农村、农民基层组织的变化，这是一种积极的正能量。

其次，对于当地农业企业而言，县域电商是可以给他们带来利润和商机的，一些思想相对开放且具备相当实力的农业企业往往会率先抓住这个机会转型升级。

一方面表现在品牌化提速上。以通榆为例，2013 年，我第一次去通榆实地考察的时候，有品牌的农产品企业寥寥无几。到了 2014 年年底的时候，很多本地中小型企业已经注册了商标，并且专门花重金在长春请了专业的广告策划公司，进行整套的 VI 设计。虽然，仅仅是停留在商标的阶段，离真正的品牌化还有很长一段路要走。但随着县域电商的深入推进，竞争会持续白热化，一定会倒逼本地农产品企业的品牌化建设提速。

另一方面，各大平台电商、社区电商以及微电商，对于农产品企业而言，本身就是全新的渠道。经过一定时间的发展，新渠道与原有传统渠道之间一定会出现“斗争”之后的优胜劣汰，县域电商可以有效实现农产品企业的渠道再造。

同时，新渠道的新特性又会要求农产品企业改变原有生产经营方式。主要分为这么几种：第一，从原先粗放型的转向深加工型；第二，通过电商预售等形式，使得“以销定产”成为可能；第三，品控质量提升，有实力的企业会率先进行溯源系统建设。

再次，对于农民而言，电商对其利益点在于：

第一，这是一个全新的销售渠道。

第二，这是一个科学的信息通路，可能会从此摆脱多年以来的“随行就市”。

第三，这是一个现代的观念革命。

第四，这是一个快速的增收方式。

最后，是有关于 TP 公司的利益点：

第一，这是一个拥有中长期发展空间的领域。

第二，这是一个能够全方位得到政府关心、政策支持的产业。

第三，这是一份名利双收的事业。

政府、农产品企业、农民，还有 TP 公司，如何才能做到各方“价值共享”，政府起着很关键的作用，要充分扮演好“园丁”的角色。

首先，政府要提供一个优越的环境，包括合适的土壤、水、空气，能够让种子得以成长。具体来说，大的政策环境的打造，包括切实可行的扶持政策、对口的服务引导团队以及强大的公共关系。这一点通榆政府是完全做到了的，我总结为四个一：

- 一个机构：组建了一套班子，专门从事通榆电商落地的相关工作；
- 一套扶持政策：以红头文件形式落实有关通榆电商的一切专项支持政策；
- 一个基金：设立一个基金，以确保项目推进中的资金需求；
- 一个园区：组建电子商务孵化器（电子商务产业园），或相当于电商产业园功能的孵化器，便于整体电商氛围的集中培育。

同时，县域电商服务商，即TP公司的选择至关重要，倘若选得不合适，项目往往很难做起来。选择的标准有很多，每个县域各不相同。我个人认为最重要的是，县域一把手与TP公司的最高决策人在价值观上要保持高度一致，这样后续合作才会顺畅，不会形成“两张皮”，政府一张，企业一张。

相应的，TP 公司本身也要把握好自己的定位，既不能“做过了”，也不能“做少了”。

首先，要立足长远，不是光图眼前，有中长期的企业发展规划，充分做好打持久战的准备，过分“唯利是图”的TP并不适合这一领域。

其次，要想办法，让当地的供应商，尤其是农民，尝到甜头，使其愿意配合。最直接有效的方式，就是帮助农民和企业实现产品溢价。

第三，企业的最高决策人要有“县长思维”，只有懂得政策才能拿到政策。

第四，把握好合作的时机，在一把手书记、县长没有统一思想、坚定决心的时候，不要盲目进入，县域电商虽是一个很好的机会，但也同时存在较大风险。单靠TP公司一家使力，很容易深陷泥潭，除非是一些经济基础较好的沿海地区的县市。

第五，要有一个能够与平台方强力对接的运营团队。

最后，处于产业链上游的农产品企业和农民，要尽可能地向新兴业态靠近，与TP公司配合。不排除，在这一过程中，会有一些具备很强实力的、优秀的农产品企业，最后把TP的活自己“揽”过来，成功实现传统企业的转型升级。

总之，在县域电商的生态链条中，政府最看重政绩，农产品企业和农民最看重利益，TP公司往往同时看重名誉与利益，各方的权益常常会此消彼长，若要使这个链条形成良性循环，最重要的就是各方在每一个特定阶段，要能够达成一致的阶段性目标，协同作战，谋求县域电商的可持续发展。

九、七剑制胜：县域电商的品牌崛起

在很长一段时间里，县域农特产品都处于品牌缺失的状态，更别提品牌的营销策划了。如果说 2013 年是互联网金融的元年，那么 2014 年就是县域电商的元年。在阿里巴巴等平台电商的强力推动下，将会涌现出一批具有互联网属性的农产品品牌。而这些品牌最突出的特质是“小而美”。在平台电商的大浪淘沙之下，最终存活下来的，必定是具备相当营销策划能力的农特产品品牌。微电商也将是这些品牌成长的沃土。

在正式论述农产品品牌崛起之我见前，让我们先来审视一下目前中国大多数县域农产品的现状：

- 优质农产品大都藏在“穷乡僻壤”。换言之，县域，尤其是交通不便的偏远地方，恰好盛产好农产品。
- 长期依赖走“批零”渠道，很多地方的好农产品，都在“卖原料”，没有品牌意识，也不享受品牌溢价。对于很多农民而言，品牌很遥远。
- 以为“商标”是品牌。

再来看看现有的互联网农产品品牌的现状：

- 中粮、北大荒、联想、正大以及新希望等央企及农业大鳄，是农产品品牌化的引领者，也是在互联网通路领域的领军者，但对中国绝大部分的县域而言毫无关系，产生不了“连接”。
- 本来生活、维吉达尼等生鲜电商崛起，通过“制造内容”、“传播情感”的方式，打造了一批带有鲜明互联网属性的农产品品牌。
- 更多的“微电商”在各地崛起，往往以单品种突破，围绕社群、粉丝方式扩张。品牌更多的是情感的表达、传递与维系的一种符号。

通过将近两年的县域电商实践，对于农产品品牌的打造，我个人有以下几个观点：

第一，互联网的虚拟连接，依靠实物传播速度慢、效率低，必须靠符号、故事、价值进行传递，也就是要形成具有强传播点的品牌。

第二，县域农产品品牌要能够实现“共创共赢”，即，让农民富，让渠道赚，让产业兴。

第三，县域两个字，决定了县域农产品的品牌化之路，要有县域特色。脱离了县域的农产品品牌是不完整的。从某种程度上讲，区域品牌要大于产品品牌。

那么，如何才能帮助县域实现农产品品牌的崛起，让县域获得“名声”，让农民、企业获得“品牌溢价”，我想以梁羽生老先生的武侠名著《七剑下天山》做个类比。

晦明大师：铸剑高人，天山派宗师。弃尘世而深居天山巅峰，数十年成铸剑宗师，铸成七把宝剑。此七把剑也代表了晦明大师在天山上经历过的七个不同剑的境界。

以晦明大师的七把宝剑来类比农产品品牌的制胜七剑：

1. 莫问剑：智慧之剑，剑主傅青主。剑身是乌黑的，长兼富弹性，变化无穷，招式变幻难测。心法重剑略，有剑气，轻易不杀，使用者需智能与内涵。莫问前程有愧，但求今生无悔。是“七剑”精神领袖。

项目及品牌定位策略：先政后商，就是要将地域品牌打造优先于产品品牌，先公后私，大公后私，充分满足县域在政绩方面的需求，再考虑企业利益。

由于大部分县域农品的品牌打造都离不开政府扶持，在很长一段时间内，政府和服务商将是“同一条船上的蚂蚱”，一荣俱荣，一损俱损。作为服务商的 TP 公司，一定要充分考虑到政府的政绩需求。协助政府打造一张通往全国的地域名片，然后再在区域品牌的基础上，推广产品品牌，产生 1+1>2 的叠加效应。

举个例子。三千禾是我 2013 年才注册的品牌，是个全新的品牌，在 2014 年年底之前，几乎无人知晓。但是，通榆这个地方，即使地处偏远，在全国没有名气，但是毕竟有历史沿革，是有历史、有故事的，只是没有人去挖掘而已。因此，在通榆地域品牌的基础上，再去打造三千禾这一产品品牌，也更容易让消费者产生好感与信任。

2. 游龙剑：大师兄楚昭南，有锋芒毕露的领袖作风，是“七剑”中代表“进攻”的人物。此剑无坚不摧，一剑既出，众剑称臣，是最高攻击的武器。两剑相击，剑声即能够震断另一把剑。

行业定位策略：寻找县域最具特色的行业或者产业，聚焦再聚焦，不可整体推进，要求以点带面，一定记住：寻找点的突破口胜过面的整体推进。

换句话说，就是切入点的选择非常重要，也可以理解为“引爆点”。有些县域确实物产丰富，自认为样样都好，但是样样都做得不精，无法形成核心竞争力。而互联网上讲求的是“做到极致”，唯有做到极致，才容易传播。比如上一篇文章所提到的甘肃成县，就是选对了切入点，且做到极致的典型案例。

同时，经营县域品牌，要避免走进一个误区——“做品牌的目的就是要做行业老大”，上规模，上销量，压倒所有竞争对手，走出省外，走出全国，不做到家喻户晓，总觉着矮人一等。而事实上，一方面因为竞争策略和市场定位的不同，做品牌不一定非要做到老大不可。中国农产品的消费市场很大，机会很多，即便是做一个细分市场，也有做到上亿规模的可能性。有关这个品牌定位可不存在“瘦死的骆驼比马大”的问题，是宁愿做一匹疾病缠身的“骆驼”，还是变身一匹驰骋在草原上的骏马？可得想清楚了，再行动。如果做马可以活得很滋润，何必去玩骆驼的游戏？另一方面，市场早就进入买方市场，供大于求，并且农产品又属于同质化较为严重的一类，若想从千县千品中脱颖而出，做小而美、美而精的品牌，更有机会。

3. 青干剑：二师兄杨云骢，跟楚昭南恰恰是两个极端，实际上是维系“七剑”的隐性核心。奇钝无比，但可抵挡天下最锋利的武器，是最高防守兵器。只要有一点光，“青干”会发光，光线四散中，看不清剑锋在哪儿时，剑锋已到，令人避无可避。

媒体推广策略：天下风起云涌，县域各领风骚，持续造势，不图一时之快。因此，要着手建立县域电商品牌发展战略，用中长期规划推进。

品牌只能逐步塑造，不能快速打造，虽说品牌竞争确实需要出奇制胜，但寄希望于某一两个营销事件让品牌“一夜成名”，往往结果只会是昙花一现，不能持久。之所以要将产品品牌“嫁接”在区域品牌之上，就是要让品牌更有历史、更有年代感。吃“激素”长大的品牌是没有魅力的。

4. 竞星剑：辛龙子手持，象征“牵制”，短身，藏于衣服之内，在电光火石之间，出剑神速，迅雷不可目睹。是一把死亡拼命牺牲的剑。是晦明专门打给辛龙子的，设置流星是因为他没有防守，必须有东西牵制住他。

复合渠道均衡发展战略：以淘宝、天猫为中心，实现全网覆盖的全渠道策略，同时推进支持所有移动端的“微营销”，东方不亮西方亮。

一方面，淘宝、天猫这类平台电商，商家众多，竞争激烈却流量总额有限，再加上，这类平台电商的客户人群，年纪偏轻，并不是现下农产品消费的主流人群。但不可否认的是，平台电商的流量稳定，平台发展多年积累的知名度与美誉度，非常适合县域农产品利用其“造势”。也就是给县域“造名”。另一方面，随着各类微电商、社区电商，以及专注于某一两个领域的垂直电商的兴起，给了县域农特产品更多的“走出去”的机会。充分利用好这些机会，对品牌打造很重要。尤其是，对一些特色鲜明的县域而言，这类新兴渠道会更适合其品牌塑造。

5. 日月剑：穆郎手持剑，七剑里最小最天真的一个，象征“变化”，其子母剑一长一短，擅长进攻，变化奇快。两把相连的子母剑，时而双剑时而成一体，攻击范围可大可细。剑代表调协共存。是七剑中最亮的一把剑，并且会越打越明亮耀眼。

品牌包装及设计策略：追求外洋内土，产品要土，原产地、原生态、原汁原味，但包装要潮，要互联网化，要与85后、90后的审美对接。

当然，好的包装设计，不是越漂亮越好。包装也是农产品与消费者沟通交流的最重要的媒介之一，通过包装，可以充分表现出品牌的调性与品牌的优势。因此，包装不仅仅是包装本身， 也不是美观好看那么简单，而是要从品牌定位和营销传播的高度，制定设计策略，指导设计方案。同时，除了包装材质、包装形式的创新外，可以同文化创意行业做个结合，用农业文创的思维设计包装，为品牌增值。

6. 舍神剑：韩志邦手持的是一把开山辟石的大剑。使者攻势力大无穷，钝重有力。剑身却含强烈生命力，无处不利，无处不坚。

典型代表塑造策略：在县域品牌的发展过程中，一定要千方百计推出几个典型来，能够更好地起到示范效应，从而实现“以一带十”的效果。

除了选对TP公司，由TP直接培育品牌（比如通榆模式），或者由TP指导县域里的农产品企业塑造终端品牌外，建议政府也出台相关的政策，扶持并打造县域农品的龙头企业。因为，这些本地的龙头企业，才是未来县域品牌可持续发展的中坚力量。

7. 天瀑剑：武元英持着的一把双头剑，忽攻忽守，用剑者必须很专一，是一把表现“纪律”的剑。式随意变，始端随意，阴阳互易，转易颠倒，柄芒不分，忽攻忽守，前后左右，意到随成。无招无式，水云流澈，无为而为，形无虚实，势无刚柔。来也去也，方便自如。非始非终，何必执著。

团队建设策略：要组建品牌发展的专才团队，从文案、设计到推广，要有专人，水平不够时，可以偷师，但必须协同作战。

在团队建设上，一方面，要遵循专业的人做专业的事儿的原则；另一方面，要重视建设学习型组织。互联网+实际上也是多领域、多行业互联互通的产物，多方协作，跨界营销，都是非常必要的。

总之，县域品牌的塑造，区域品牌重于产品品牌。要选准了点，从细处入手，从小处入手，以市场为导向，以文化创意为手段，重视用户体验，循序渐进，才有可能创造出真正意义上的长在村里的“百年老店”。

十、千县千面：关于县域电商的模式设计与创新

最近有一些县请我去做分享的时候，曾提出希望我也帮他们设计出一套模式来。我想说，模式不是设计出来的，也绝不可能被设计出来。它一定是经过反复实践，试错之后，方才提炼出的经验。并且，这些经验只能用作参考，不能照搬。县域电商在某种程度上是不存在普适经验的，包括我们自己打造的"通榆模式"。我始终认为，只是刚刚走完了万里长征的第一步，在实践中摸索出了一些能与大家分享的经验而已。我常常对员工说，我们是摸得石头过河，磕磕绊绊在所难免。

所有的模式，都是"传播"的一种手段，并非是可复制的一种解读。所以，千县有千面，可以学习别人做法，但不可照搬他县经验。其实，做县域电商，最大的挑战就在这里，如何结合县域特色，闯出县域新路子，是所有决策者与实践者需要深思的。所谓的千县千面，就是每个县都有其独特的县情、特色的农产品，各自不同的产业基础，农民触网的程度也是各不相同的。想走捷径，照抄照搬别人的模式，是行不通的。比如，有人觉着自己的县情与遂昌类似，就想照搬遂昌，可真正做起来，就会发现没那么简单，县域电商是一个系统工程，也需要天时、地利、人和。之所以不能照搬，还有一个很重要的原因，就是互联网行业变化非常快，今天是这个样儿，明天可能就全变了。因此，县域电商是非常需要创新的，单纯走前辈们走过的老路恐怕行不通。当然，创新也要有度，切不可为了创新而创新。

县域电商是个综合性的系统工程，各个县域既不可盲目自负，也不可妄自菲薄，即使贫困如通榆，都可以闯出一条属于它的新路子。心动不如行动！互联网时代，请记住一句话，没有想不到，只有做不到。大江东去，

浪淘尽，千古风流人数。千县大战谁主沉浮，还看今朝！

这里，我想通过四个例子（为了避免不必要的麻烦，我这里隐去了相关地方的名字。当然，认真推敲，肯定是能“找”出这个地方来的。因为种种原因，我们的方案并没有得到落实，或者还没有开始落实。所以，我更愿意视其为一个创意而已），从多个角度去说明，各个不同的区域、县市，可以从哪些方面去考虑，如何去谋划电商这件事。当然，仅仅是我个人和团队的一些浅薄意见，仅供大家参考。

案例一：寒地黑土腹地电商经纪
星星之火可以燎原
——A 县域电商项目筹建草案

A 县，深处黑土地腹地。“成也区位，败也区位”。其区位是优，还是劣，关键是看以谁为参照。若以黑土地整体区域为参照，那么 A 县的优势得天独厚，素有“天鹅腹下的碧毯”之称；若以全国为参照，A 便是北方偏僻小县城，人迹罕至。如何扬长避短，将 A 县的优势发挥至极致，就是 A 县域电商项目急需解决的关键点所在。

（一）星星之火
从原生态的“碧毯”到智能化的“芯片”

一、我们有什么

不仅仅要找到 A 的优势，更要从优势中挖掘出足以一“明”惊人的引爆点。

1. 站在中国电子商务行业看 A

- 聚美优品、京东、阿里巴巴陆续上市，电子商务行业已经被资本推到了峰顶浪尖，竞争日益白热化。业界盛行“不做电子商务等死，做了电子商务找死”的说法。
- 阿里集团投资过亿元，启动“千县万村”计划；桐庐、”秀山丽水”、通榆，三个村淘试点的经验教训就在眼前。

- 不用做第一个吃螃蟹的人，也可以享用“第一”的桂冠。黑土地作为电子商务的盲点，有着浓郁的神秘色彩，因而魅力非凡。成为“黑土地的第一”，其影响力堪比东三省、华北、华中等整个北方大区的第一。
- 电子商务流量红利时代已经过去，消费者也越来越精明，对于各种营销手段的滥用愈发抗拒。而对真正的“货真价实”充满渴望，愿意并且有能力支付相应的价格。
- PC 端大势已去，无线端（即手机互联网）风头日盛。互联网行业处于群雄逐鹿的混战阶段，一切颠覆成为可能。这为 A 弯道超车提供了契机。

2. 站在大区域看 A

- 黑土地电商盲点就是 A 最大的机遇。黑土地幅员辽阔，地大物博，很多电商人都看着“眼馋”，但也因为太大太博，开拓整合的难度太大，“望而却步”。A 县作为黑土地的腹地，未来发展成为黑土地的电商中心县想象空间无限广阔。其辐射效应的发挥将得天独厚，区位优势更是具有不可复制性。
- 本地电商人才，才是 A 最持久的“燃料”。避免陷入“外来和尚好念经”。A 已有的运营成熟的网店、A 县政府年轻化的领导班子，都是在县域电商领域里 A 所具备的独特优势。引进人才只是前期发展的手段之一，打造我们 A 人自己的“黄埔军校”才是根本。因为电子商务行业发展至今，已经进入成熟阶段，前端的运营技术性手段都具有高度的可复制性，不足以成为项目的核心竞争力，后端的产品、营销、物流等服务环节才是重中之重。而夯实后端基础，关键是要大批熟悉县情、熟悉东北地区的风土人情的本地人才。
- 品牌是打造 A 县域名片最强劲的“子弹”。品牌化严重缺失的东北农业领域，A 快人一步，已经拥有了相对成熟的品牌，具备了可以“走出去"的对外形象。随着更多的老百姓吃到了 A 县品牌的粮食，也就意味着有更多的老百姓知道了中国东北，黑土地的腹地有一座塞外小县城——A。

- 将寒地黑土优势落户 A。整个黑土地都称得上是寒地黑土，区位、生态、土地等自然资源禀赋极高。如何让广大网民，一提起寒地黑土首先想到的是 A 县，应当是 A 寒地黑土县域电商项目首要解决的难题。
- 市场成熟度高，无须培育市场。中国沿海及内陆的广阔市场，对于东北粮食的认知度、认同度很高。都知道，东北来的就是好的。黑土地作为东三省最北面，产品的亲和力、神秘感等传统观念带来的好感本身就会高于其他地区。

二、我们缺什么

1. 引爆点

即 A 缺少精准优势。A 有的，黑土地都有，甚至整个东三省都有。小米、大豆、高纬度、原汁原味原生态，这些都是"泛优势"。必须找到一个足以叫响 A 电子商务的引爆点，且具有强传播性。唯 A 独有，舍 A，无其他。

2. 缺少几个系统

A 的既有优势，看得见，摸得着，就像是散落大海里的一个个小水滴，但掀不起大浪。若想让 A 电商来势汹汹，充分发挥后发优势，必须把每一个小水滴串起来，连成线，形成系统，以点带面，才具有杀伤力。

- 缺现代化营销体系。以品牌建设为例。A 的品牌至今仍然停留在一个名字、一个 logo、一句"A 的绿色食品是您的健康生活之源"的注解上。而对于无论是品牌内涵，还是品牌外延，都是空白，更谈不上如何"营"和"销"的系统化思路和解决方案。传统营销关键是做好产品，"酒香不怕巷子深"；而现代化营销，在做好产品的同时，讲究“大数据”、“曝光率”，先要让更多的人知道，对 A 这个地方产生好感、信任感，然后才是产生购买欲望与购买行为。

- 缺电商人才体系。虽说 A 已经有了年销量突破百万的淘宝店，已经有了具备互联网思维的年轻领导干部，但都还不够。还没有家家户户做电商的氛围，缺失自己培养电商人才的自我“造血”能力，或者说现有人员所钻研的深度和广度都还不够。由于地域的局限性，依然存在观念的局限性。在竞争白热化的农产品电商领域分得一杯羹，难度很大。
- 缺电商运营配套体系。从售前，到售中，再到售后；从选品，到包装，再到物流；从电商培训，到人才输送，缺少一整条规范化的、可复制的，足以推动 A 爆发性发展的电商生态链条。

总之，若要将“寒地黑土”落户 A，关键是要找到“全国无，我有；黑土地有，我优”的资源点。而如何优，唯一的出路，是在附加值上做到“优”！理念优、品牌优、服务优等。

三、从“碧毯”到“芯片”，从“明珠”到“夜明珠”，成为星星之火

1. 我们要做什么

寒地黑土腹地电商经纪。一件足以震动区域的事儿！因照亮了区域电商路，而点亮 A。从以下三个维度来解释我们要做的事儿：

- 寒地黑土。即具有北纬 47° 地标属性的所有原产地资源的统称。尽全县之力，找到最具地域特色的、最具可传播性的，并且在全国已有成熟的消费市场而无须再去培育市场的产品，从产品故事，到卖点挖掘，再到渠道建设，打造出足以叫响全国的一两个 A 制造的明星产品。以点带面，通过推出明星产品，整体推出 A 寒地黑土的县域形象以及整个区域，乃至黑土地的寒地黑土文化，揭开中国最高纬度的寒地黑土的神秘面纱。
- 腹地。哈大齐绥都市圈的圆心城；哈尔滨——黑河对俄黄金通道上

的节点城；北纬 47° 粮肉乳绒黄金产业带上的特色物产城。作为圆心和节点的黑土地腹地，未来如何将 A 效应、A 模式推广至全市，乃至全省，号召全市乃至全省的人民来 A 参观学习，如何“做热”一座城，成为寒地黑土中“最暖和、最热闹”的一座城，将腹地的辐射效应发挥至极致，才是 A 电商项目的目的与意义所在。

- 电商经纪。经纪是经济活动中的一种中介服务，促成买卖双方的成功交易。A 电商经纪是“腹地”辐射效应的延续。如果说腹地辐射效应是通过自身的成功经验而影响别人，那么电商经纪就是主动帮助别人培养并输送人才，促成 A 模式在区域的其他县域孵化，推动整体产业结构升级，将第一产业第三产业化，为区域，乃至整个黑土地打造落户在 A 的“县域电商黄埔军校”。

2. 我们如何做

充分珍惜，重视 A 现有的产业基础，比如已经经营超过百万的淘宝店，成熟的特色单品，在此基础上，再“推”一把，做到“精”，打造出一两个明星产品、一两个明星店铺，树立电商创业典范，以点带面。具体分为三步：

- 第一步，从“碧毯”到“芯片”。

  ① 为什么？碧毯已经是原汁原味原生态了，是 A 原产地的优势，为什么还要从碧毯到芯片呢？打个比方，一个游客去一个原始部落旅游，住在一个古色古香的土楼里，如果里面没有取暖设备，没有电，游客能习惯吗？同一个道理，在最大程度保留 A 原汁原味原生态的碧毯的同时，一定要用科技的手段、先进的理念，改造碧毯。够“土”的同时也要够“新”。风土人情、生态资源是土的，营销理念、互联网思维是新的。

  ② 怎么做？夯实基础，把工作做细致、做到极致的同时，积累经验，沉淀数据，包括产品数据、消费行为数据等。当有了一定的经验与数据基础之后，便于推广成功经验与科学决策，A 才能成为区域电

商最重要的“大脑”、“中枢神经”，就好像计算机中最重要的芯片一样。

- 第二步，从“明珠”到“夜明珠”。A 给自己的定位是北纬 47° 的明珠，而夜明珠最大的特质是晚上会发光，因照亮别人、影响别人而美丽。A 在电商特色突出、基础夯实后，建议集合全县之力，在区域乃至黑土地省推广 A 经验。同时，号召所有散落在全国各地的 A 人，共同宣传 A，真正做“热”一座城，星星之火可以燎原。
- 第三步，成为“星星之火”。星星之火的目的是“燎原”。若要燎原，必须把所有的经验标准化、模块化，具有高度可复制的属性。因此，第一步的“芯片”式的数据沉淀尤为重要。

（二）燎原之势 辐射区域乃至整个黑土地 从“笨天鹅”到“智能天鹅”

一、战略综述

从 A 淘宝店的一个农产品，到 A 县的农业电子商务，再到区域乃至整个黑土地的农业、旅游业、餐饮业的跨界结合。由产品到行业到文化，再回到产品。A 电商从 A 县起飞，翱翔于整个寒地黑土的上空，最终落地为“A 模式”。

二、为达成战略目标，必须狠抓的三条主线

- 第一条，立项之初，项目组所有成员必须明确“平台化”思维，要有平等、开放、公平的互联网精神。明确我们树立一个电商创业典范的目的是搭建良好的平台，形成良好氛围，吸引更多的人、更多的项目。可以燎原的星星之火，一定是平台，而非个体。
- 第二条，任何一项工作，必须认真细致地总结梳理，沉淀资料。做到有据可查，有理可说，有故事可讲，逐步形成系统化的原产地溯源的数据库系统，避免陷入“王婆卖瓜，自卖自夸”的误区。未来把评价产品、文化等好坏的权利交还给消费者。
- 第三条，在第二条的基础上，经常整理、优化，形成标准化的流程，便于复制。

三、从“笨天鹅”到“智能天鹅”的几大业务模块构想

- 村淘。争取成为阿里千县万村计划本省的第一个试点。搭建农村电子商务服务点，借助阿里强大的影响力，为 A 造“名”。
- 特色中国·寒地黑土馆。在淘宝特色中国频道开设寒地黑土馆，迈出 A 农产品电子商务“营”的第一步。整体推出寒地黑土品牌集群与寒地黑土文化符号。
- 农产品电商服务。进行 A 优质农产品的售前、售中、售后服务，解决农产品“销”的问题。同时，沉淀农产品的“数据库”。
- 电商创业服务。围绕农产品“销”的经营主体，从创业前培训开始，到搭建绥化电商创业者圈子，解决经营主体可能会遇到的方方面面的问题。
- 农村信息化服务。通过新农村电子商务服务站的建设，提供代购、基础缴费等服务，最大程度地便民利民。在沉淀消费数据的同时，为未来进入互联网金融行业做相应的准备。

（三）将“寒地黑土”落户 A

打造全网首个兼具双重气质的寒地黑土馆，亦“土”亦“洋”

寒地黑土好比一块儿尚未开垦的沃土，先到者先得。第一时间，将“寒地黑土”落户 A，无疑是将这个原产地资源打了标签，变成了 A 的无形资产。未来提起寒地黑土，就会想到 A，“我的是我的，你的也是我的”，若是形成 A 效应，即便不是 A 当地资源，也有可能争相要求打上 A 的“标签”，以实现增值。

一、使命与愿景：开设一个馆，打开一扇窗，做“热”一座城，温暖大东北

- 开设特色中国·寒地黑土馆，为中国最北省份打开了另一扇“新业态”的窗户。从此，东三省不再有电商盲点。

- 东三省人口均为负增长，A 县本也是一座人迹罕至的小县城。通过寒地黑土馆的搭建，借助于阿里巴巴集团在中国强大的影响力，让全国网民、让散落各地的 A 人都知道，咱们黑土地区域的 A 县也开始做电子商务了。以最快的速度，在 A，形成“电商热”、“电商产业集群”、“电商圈子”，在全国形成“A 效应”、“A 模式”。做热一座城，辐射并温暖整个黑土地。

二、战略综述

立足产品优势，忘记交易本身，做好深度增值服务，主打寒地黑土的原汁原味原生态的“土”文化，同时添加对俄贸易引进来的“洋”味儿“调料”。

三、策略分解：如何“土”，怎么“洋”

1．如何“土”——寒地黑土馆的“正餐”

- 原产地够土，才称得上原生态；
- 农产品本身够土，才称得上原汁原味；
- 农村文化够土，才够真实，赋予可传播性；
- 运营本“土”化，才能真正扎根。

2．怎么“洋”——寒地黑土馆的“开胃小菜”

- 视觉上插入俄罗斯式的“洋气”元素；
- 营销上加入异域风情的神秘文化故事；
- 运营上大胆吸收外来“洋气”理念；
- 另外可以筹备针对速卖通（阿里跨境电商平台）的对俄销售的洋气产品（说明：市场情况需要另作调研）。

3. 关于搭建特色中国·寒地黑土馆的几个初步设想

- 综述：吃遍 A 的同时，玩遍黑土地，去黑河旅游的同时，来 A 看看我家粮仓。开馆招商时，深度挖掘 A 乃至区域的优质特色农产品，首先将产品本身做精做细，故事做足做美，不经意间，再穿插一些俄罗斯的文化符号，给这个塞外小县蒙上一层异域风情的神秘面纱。将 A 塑造成一个前往黑土地各地旅游的精致驿站，让全国网民喜欢 A，从而喜欢 A 制造的食材。

- 关于运营脉络：通过溯源、视频等技术手段，讲好每一个原产地故事，推出一整批原产地背后的农民故事。将产品人格化，将寒地黑土馆赋予“塞北江南”亦“土”亦“洋”的文化气质。网民因信任并喜欢 A，A 人而买 A 的东西。同时，充分发挥好 A 本地优质网商的创业示范效应。重点在于帮扶当地网商独立运营店铺，授之以“渔”而非“鱼”，形成良好的电商氛围与产业集群效应。
- 关于移动端：运营淘宝移动端 App 的同时，在自有 App 放心粮上开设独立的寒地黑土频道。同时上线寒地黑土微店，积累忠实粉丝。
- 关于视觉：大景，大气，大视角。蓝天黑土，四季分明。夏季，绿水青山，云淡风轻；冬季，银装素裹，冰雪世界。视觉上要呈现出一个美丽、神秘、优雅，而又刚毅、血性的城市形象。
- 关于页面架构：做“活”每一个页面。可以设计一个俄罗斯美女形象，由俄罗斯美女带领网民吃遍 A，玩遍绥化。从一个外国人的视角来看 A，解释 A 文化。在页面架构的逻辑上，在保留正常货架式设计的同时，有机融入游戏、娱乐的元素，比如像上海的生活时尚频道那样推荐商家，推荐单品，将电视营销互联网化。设计得文艺的同时，要设计得好玩。
- 关于品牌：在原有的品牌基础上，深度挖掘品牌价值，做好品牌的外延和内涵，形成真正意义上的，可以叫得响的品牌集群。
- 关于产品：在主打各原产地优质单品的同时，致力于推出类似于“聚土地”的活动（或是产品）联合优质卖家，将单品按照一定的思路打包为套餐，推荐给消费者，提高客单价。
- 关于推广：立足淘宝特色中国，抓住淘宝大流量的同时，不局限于淘宝，通过微信、微博等自媒体营销方式，联合诸如 19 楼、幸福 9

号等社区网站，力争打造综合的现代营销体系。

四、项目风险评估

1. 可能存在的风险

- 淘宝特色中国馆的数量已经越来越多，并且在线开设特色中国馆的概念已经被各大电商平台滥用，如 1 号店。因此，开馆本身已经无法引起消费者的兴趣，且每一个线上馆所分得的流量少之又少。
- 淘宝特色中国馆，毕竟是搭建在淘宝平台上的一个县级线上馆。所谓“人在屋檐下，怎能不低头”，规则由淘宝制定，不能排除未来寒地黑土馆的发展会受到淘宝规则本身的制约。
- 农产品严重趋同，价值偏低。电商价格战厮杀惨烈，从混战中杀出一条血路，奠定 A 的品牌优势，难度很大。
- 农业作为第一产业，无法回避具有投入大、回报慢的属性。即使是农产品电子商务也无法避免。

2. 落地项目可能产生的效应

- 搭上阿里巴巴这个中国电子商务巨无霸，必定可以享受其带来的空前影响力。
- 成为黑土地省第一个“吃螃蟹”的人，暂且不提 A 农民可以直接获利多少，只就为 A 造“名”一事，便可让更多的人知道中国黑土地有一个 A 县。

五、可持续发展之路

开设特色中国·寒地黑土馆仅仅是多推开了一扇让全国网民了解黑土文化的窗户。如何让寒地黑土电商走得更远、走得更好，重要的是积累一批忠实的粉丝，其中不乏各个圈子的意见领袖，通过意见领袖，传播寒地黑土产品以及寒地黑土文化，充分享受“人人时代”的传播红利（在互联网时代，信息高度透明，每个人既是消费者也是传播者）。

案例二：”传奇”故事 经典再现
互联网唤醒战略
——B 市电子商务发展思路草案

（一）综述：什么是互联网唤醒，“传奇”（地名，这里用此词替代）故事

一、背景阐释：寻找“传奇”独一无二的资源禀赋

1. 一个大背景：2014 年各地方政府争相触网，农村淘宝如火如荼；2015 年政府工作报告中，国务院总理李克强首次提及“把以互联网为载体，线上线下互动的新兴消费搞得红红火火”。

2. 一个案例：吉林省白城市通榆县，国家级贫困县，却在电子商务领域一鸣惊人。2014 年在阿里巴巴农村淘宝项目中影响力卓越。

3. “传奇”优势：

- 自然风光：鸭绿江畔，长白山环抱的“桃花源”。虽地处东北，却有南国风光，如“传奇”瀑布群等。
- 一个特例：关东雪村，水墨松岭，四季分明，每年都可以吸引众多摄影、绘画爱好者。
- 物产资源：“立体资源宝库”、“中国高山红景天之乡”、“国家北药基地”，世界最佳矿泉水源地之一，硅藻土储量居亚洲之首
- 历史上的“传奇”：21 部老电影的取景地，见证了中国电影的黄金年代；三下江南四保“传奇”战役的发生地，留下了抗美援朝的“传奇”精神。

4. “传奇”优势能否成就其互联网核心竞争力?

- 秀美风光：①拥有“塞外江南”之称的城市，在东三省不止一个。长白山、松花江、鸭绿江等自然资源并不被某一两个城市所独享。

②中国地大物博，消费者若想体验江南美景，可以去真正的江南，无须舍近求远，一定要选择“传奇”。所以，秀美风光不足以成就核心竞争力。

- 松岭雪村：景色虽美，但知名度与影响力目前只停留在摄影及美术爱好者的专业圈子里。所以，单一的松岭雪村不足以支撑“传奇”整体电商战略。
- 农特产品：由于自然资源禀赋的非垄断性，“传奇”有的，多数东三省其他城市也有，且没有本质差别。所以，也不足以成就其核心竞争力。
- 历史文化：抗美援朝的历史无法杜撰，曾经的作为 21 部老电影的“天然摄影棚”的地位无法取代。只是时过境迁，曾经的辉煌早已被人们遗忘。但是，经典之所以称之为经典，是因为其永恒。互联网时代，“传奇”故事能否经典再现，才是“传奇”电商核心竞争力的首选。

二、我们要做一件什么事儿

——以旅游 O2O 切入，唤醒“‘传奇’故事”，经典再现

1. 如何利用“传奇”优势成就互联网核心竞争力？

- 唤醒（或是呈现）：既然历史的“传奇”、电影的“传奇”最有可能成为“传奇”电商的突破点，那么可以利用互联网技术，如视频、音频等，翻拍曾经的历史。关键是要找到经典里的引爆点，同时将引爆点定格，且无限放大。引爆点可以是一句话，或一个景，如《英雄儿女》里的经典台词：“为了胜利，向我开炮”。
- 传播：互联网最大的特质之一就是可以就某一个点，快速传播，形成爆炸性效应。将呈现出的历史片段，即信息，裂变式地传播，形成“传奇”优势的信息流。
- 策略举例：以人文的、历史的怀旧情怀切入，唤起一个时代的记忆。引起消费者的共鸣，进而拉动消费。再通过今天“传奇”的各类自然资源禀赋，如“传奇”瀑布群、石林、松岭雪村等，留住消费者的心，拉动重复消费。

2. 什么是互联网唤醒，“传奇”故事?

- 互联网唤醒：

① 信息流的正向传播：以互联网技术手段，翻拍“传奇”，传播“传奇”，复活历史上的经典，引发一个时代的共鸣，引起更多人的怀念、思考。

② 信息流的逆向反馈：沉淀消费者评价数据、消费数据等有价值的数据信息，以此为依据，调整并不断优化信息流的正向传播方式。

③ 以互联网技术协同服务流的优质、畅通。在旅游业中，关键的是信息流与服务流，而服务流更多的是线下供应链的产品整合。互联网技术有助于监管线下服务，同时帮助服务性产品走向规范化。

- “传奇”故事：

① 什么是“传奇”故事?

“传奇”故事是东北第一个互联网旅游品牌。以红色旅游和国际范儿的电影怀旧旅游为特色，具体分为两个部分：**红色记忆与经典再现**。其中，“红色记忆”以四保“传奇”战役为背景，主打鸭绿江大桥、陈云旧居、四保“传奇”战役纪念馆等景点，前事不忘后事之师。“经典再现”以 20 世纪 50 年代，新中国电影的黄金年代为背景，引领消费者重温 21 部老电影的取景地。

② “传奇”故事的延展：主打冰雪主题游。以“关东雪村，水墨松岭”为核心景点，整合吉林省乃至东三省更多的冰雪旅游资源，设计包括吉林雾凇在内的冰雪旅行路线。

③ 定位：**小而美**的文艺范儿互联网旅游品牌，关键词为艺术和人文。考虑到 B 市为一座边境小城，城市的客流承载量有限，不宜经营泛大众化的旅游产品，而适合推广精致的、高附加值的旅游产品。并且在推广过程中要注意控制节奏。

④ 目标人群：中产阶级；知识青年；对曾经的历史有记忆的 60 后、70 后；有人文情怀的 80 后；爱好美术的文艺青年；摄影爱好者。

3. 总结：“传奇”电商的核心就是用互联网技术手段，建设现代化综合营销体系，打造线上消费、线下体验的东北第一个旅游 O2O 品牌，“传奇”故事。

三、“传奇”故事，互联网唤醒战略要实现怎样的目标

1. 城市名片打造：从边境小城，到旅游名城、电商大城。

2. 打造出三到五个优质旅游地标性品牌，如松岭雪村等。

3. 实现旅游业增收 30%，主要涵盖机票、酒店及休闲度假旅游产品等。

4. 以旅游业带动农特产品体验式消费：如春季采山芹菜、蕨菜；秋季摘野生瓜果等。

5. 在旅游 O2O 的基础上，拓展工业品的跨境电商，如硅藻土相关产品等。

（二）如何进行互联网唤醒

以阿里旅行、同程网为切入点，大力发展旅游 O2O，打造“‘传奇’故事”国际旅游品牌

一、综述：使命与愿景

“传奇”旅游资源丰富，却没有全国闻名的旅游品牌。一座边境小城，却是 21 部老电影的取景地，铭刻了新中国电影的黄金年代。抗美援朝的历史足迹可以说是遍布“传奇”。所以，“传奇”是一座有着“前事不忘后事之师”意义的城市。因此，打造互联网时代的中国东北旅游 O2O 之都，让中国人记住“传奇”，感念“传奇”，甚至让“传奇”闻名世界，有着深远的人文意义与教育意义。

二、如何做？策略举例

1. 渠道策略。

- 直接注册“‘传奇’故事”商标，打响区域品牌。
- 开设“传奇”故事淘宝官方旗舰店。整体呈现“传奇”故事。

- 重点经营阿里旅游。不断在阿里旅游上推出主题旅游产品，如，来“传奇”“狼牙山”做一回英雄；来松岭赏雪等。
- 在同程网、携程网等全面推广“传奇”旅游产品。

2. 营销策略。

- 产品策略：①打造旅游地标产品。如，把花山珍珠门（21 部老电影的多数取景地，松岭雪村也位于珍珠门）包装成类似于外滩十八号的名牌旅游地标。因历史而著名，因景色而风靡。②增加趣味体验项目。如，来“狼牙山”体验一下当壮士的感觉等，我也要当“五朵金花”，与梅花鹿亲密接触等。
- 视觉策略：怀旧视觉效果，可分为怀旧老电影海报的视觉效果与做旧水墨画的视觉效果，以增加历史感与沧桑感。
- 推广策略：“传奇”旅游产品虽有教育意义，但一定要避免生硬的说教。增强趣味性与参与性，满足情感诉求的同时增加适当的人文关怀。
- 特别的，在 B 市营销推广的初期，要增强其神秘性，隐秘在崇山峻岭深处的尚未开垦的“桃花源”。

3. 线下供应链整合：旅游 O2O 项目是个相对特殊的互联网产业，以“食、住、行、游、购、娱”六大要素为主的线下供应链整合要重于线上推广。因此当地旅游资源的整体协调，政府必须强有力地参与其中。

4. 以农特产品体验式消费，为旅游产品增值。

5. 轰炸式地轮番推出诸如红色旅游、休闲观光、边境风情、温泉度假、民族文化等主题旅游产品。

（三）积极参与“中国制造 2025”，以硅藻土等工业品为突破口，运营跨境电商，布局全球行销网络

B 市矿产资源储量丰富，其中硅藻土的储量居亚洲之首。可以借助电子商务之手，帮助 B 市走向世界，更主动地应对经济全球化，积极参与“中国制造 2025”。通过优选 B 市具备竞争力的工业品或农特产品，布局全球

行销网络，整体推进 B 市的跨境电商业务。促进信息化与工业化的深度融合，抢占跨境电商的先机。

首先盘点 B 市企业资源，区分已经从事跨境电商的企业与有条件却未从事跨境电商的企业。对于未进行跨境电商业务的企业，或帮扶其独立开展业务，或指定优质服务商代替其开展业务，即代运营。对于已经从事跨境电商业务的企业，以“抱团取暖”的理念，争取更多资源的注入，帮助其业务再上一个台阶。

说明：工业品跨境电商的可行性需要另行深入调研。

案例三：打造首个诗画农业县域品牌

——“秀山丽水（替代名）”品牌 O2O 模式

一、背景机遇

《国家新型城镇化规划（2014—2020 年）》发布后，固化的农产品流通体系将出现变局。

大众化农产品的流通要解决三个问题：首先是“起始一公里”问题，在此过程中会出现多级批发和物流等环节，要考虑怎么绕过这些环节；其次是“最后一公里”问题，这就需要有涵盖上游和下游的农业企业，这个企业已经拥有稳定的上游供货，并且建好了下游消费渠道，同时还要拥有自己的配送能力，尤其是冷链物流能力；最后考虑加入电商的合作形态，在线上实现同一地区更大的辐射，在线下进行配送，更好地解决“最后一公里”问题。

多家电商已经开始接触国内农产品原产地直供的流通企业，希望通过配送整合的方式，实现更快、更短、更干净的农产品销售模式。农业企业与电商通过线上与线下的联姻，将使农产品流通新型方式迎来黄金发展期。这给了农产品流通 O2O（即线上线下）的发展机遇。

二、“秀山丽水（替代名）”县品牌 O2O 模式

1. 溯源：寻找“秀山丽水”县的优势所在。

2014 年可以说是县域经济崛起的元年，随着阿里的村淘项目推进，全国各地的县域政府热情高涨，纷纷投入到县域电子商务发展的浪潮中来，先驱有新疆、遂昌、吉林等。同样，2014 年也是农产品 O2O 的元年，大批创业公司甚至互联网巨头都开始立项操作，下半年市场上涌现了以 360 大米（8 月份）、乐视乐生活（10 月份）、我在场（5 月份）、一地一味（10 月份）、百科我在场（9 月份）、梅子 tao 源（10 月份）等优秀项目。那么我们为什么要提出建设诗画农业县域品牌？“秀山丽水”的优势何在？

- “秀山丽水”县人民政府对于电子商务的关注度与支持度。“秀山丽水”作为所在省首个县独立运作 020 模式，可见县政府着力发展电子商务的远见与决心。站在“秀山丽水”县政府的高度，整合协调整个“秀山丽水”县的农业资源，落地联合社管理和可追溯体系等，是“秀山丽水”县品牌 O2O 模式能否运营成功的最重要也是最关键的先决条件。
- 独一无二的山水生态资源。自然生态条件优越，是连江山水景色之冠，素有“小桂林”之称，作为除优质农产品本身以外的，最需要深入挖掘的优质资源。以此为切入点，整体营销一个有故事的、诗画的、文艺范儿的“秀山丽水”。消费者因喜欢“秀山丽水”，而信任“秀山丽水”，因信任“秀山丽水”，而喜欢且信任“秀山丽水”的农产品。
- 技术优势。建设有“秀山丽水”云计算中心，具备未来溯源技术纵向深入发展及农业整体横向信息化建设的技术基础。O2O 模式建设作为“秀山丽水”农业战略的一部分，未来将具有一定的技术示范意义。

2. 现状解析：我们现在处于怎样的竞争环境中？

（1）县域电子商务竞争环境

就整个县域电子商务经济发展而言，虽然有个别先驱案例打响了知名

度，但模式尚未成型，且也容易复制，大多依托在电子商务平台（淘宝、京东、1号店等）建立地方馆的形式运作。

目前，互联网流量红利已经消失殆尽，并且各地县域产品有一定的重合度，消费者先入为主的观念如何打破，并从中脱颖而出，独树一帜，同时要有别于其他县域农业品牌，是“秀山丽水”品牌运营最重要的关注点。

（2）O2O竞争环境

目前市场上农产品O2O模式，通常是“农场基地+电子商务+连锁配送+直营店”。大致分为两大派，以我在场、360大米、乐视乐生活为主的选择以安全性为产品卖点——安全派；而一地一味、梅子tao源则侧重产品的美味口感作为竞争——美味派。

3. “秀山丽水”O2O建设愿景：未来我们将走向何方？

通过建设独具地方特色的诗画农业品牌形象的创新O2O模式，首先，向全国网民传递一个信息，广东有一个“秀山丽水”，“秀山丽水”精神是“诗画风景地，生态农业城”。“秀山丽水”是一座具有诗画农业格调的县城。这里有广东第一峰、神笔山、北山古寺、连江风景带和南岭国家森林公园等，这里是中国反季节蔬菜之乡，这里是中国农村水电之乡。

其次，向全国网民输出一个区域公共品牌，将“秀山丽水”县下属的各村镇品牌实施统一运作，品牌实现搭建县域农产品O2O模式——联合社（标准化集中管理农场基地）+电子商务+连锁配送+社区直营店，以“关注食品安全，注重生活品质，具有一定的知识水平和消费话语权的知性家庭女性”为核心消费人群定位。以品牌理论植入、追溯体系、基地体验观光等方式，扩大“秀山丽水”品牌在目标市场与核心人群的品牌影响力。

4. 可能存在的风险与困难：我们的短板在哪里？

（1）较江浙一带的农民来说，“秀山丽水”的农民互联网意识和水平相对落后。

（2）“秀山丽水”作为县城，目前的电商基础建设还很薄弱，其中存在一定的物流短板，在相当长的一段时间内，可能会阻碍本地优质农产品的输出。

（3）部分村镇仍停留在自给自足的自然经济阶段，小规模分散经营，从某种程度上讲缺乏产品、缺乏一定的竞争力，产品的商品化程度不够。

（4）旅游休闲农业的基础建设相对滞后，不利于电子商务的跨界营销。

（5）大多农产品仍停留在“王婆卖瓜，自卖自夸”、“酒香不怕巷子深”的阶段，缺乏大数据的有效支持。

5. “秀山丽水”O2O 定位。

以“联合社（标准化集中管理农场基地）+电子商务+连锁配送+社区直营店”为基本架构模式，以原生态全程可追溯为起点，以安全功能性生态农产品为主打，大多易保存、易运输，虽然受众较垂直，整体单价和利润偏低，但操作便捷，用户黏性强，周边想象空间丰富。同时，针对缺点用观光农业和旅游相结合，推出土地认购产品提升产品结构。

三、如何打造“秀山丽水”O2O 模式

将“秀山丽水”县下属的各级乡镇区域品牌实施统一运作，通过“秀山丽水”农产品规划生态化、生产标准化、营销电商化、经营品牌化的“四化”实施，最终做大做强“秀山丽水”农产品。“秀山丽水”县政府要做广东省首个建立覆盖全区域、全产业、全品类的农业品牌，“秀山丽水”县委、县政府是品牌建设战略决策的制订者、品牌经营的监管者、品牌传播的推动者。

1. 解决起始一公里，农产品生产标准化是前提。

成立联合社，将“秀山丽水”县下属的各级乡镇区域的合作社和农户集中管理，从种子—化肥—田间管理—收割—加工—包装标准化管理。

2. 可追溯体系和品控是信任与突破口。

通过从种子到加工成品到商品的亲临现场的整个过程通过录像、拍照的方式，记录数据信息在互联网上，同时与商品本身标签形成信息互联，搭建可追溯体系与消费者建立信任感，制定标准化的流程，确保信任感。

3. 解决最后一公里，搭建线下门店渠道。

优先在广州、深圳、佛山、东莞开设社区直营店，就是将农产品从基地以社区店直营方式直接销售和配送到消费者手中，减少传统销售的诸多环节。直营店内主要以“秀山丽水”形象、基地农民讲述、可溯源记录、产品呈现形成立体组合，主要以录像视频的形式展现，更具说服力，服务半径根据能力保持在至少每家门店在 3 公里以上。同时和其余连锁门店合作，借力渠道。

通过微博、微信平台召集粉丝和客户，在店内组织讲座，举办沙龙分享活动，实现更高的转化率（客户购买率）、高用户黏性。

4. 社区和互联网结合，搭建 O2O。

第一步：因为用户定位做了细分，我们把最初的用户锁定在“妈妈”上，这个群体是特殊的一类客户，她们的关系链一般比较强，她们愿意和闺蜜、同事沟通自己的生活心得，如果在我们的店里买到好吃的东西，她们便会在微博、微信上分享，而她们的社交关系也非常愿意和其互动。所以，针对这些客户我们主要运用微博、微信平台进行营销。每一次新品上市，我们就立即通过微博、微信发布产品的信息，吸引用户来消费，将用户关系沉淀在社交媒体上。

第二步：再建立一个社区虚拟网店，目标是把社区地面店打造成送货提货体验交互中心，把订单转移到线上，以网络为面，覆盖更大的销售区域和服务范围，并实现线下体验、线上购买。

第三步：打造一个移动端 App。将 PC 和 App 打通进一步实现营销的平台化。

5. 产品结构有层次。

产品结构以常规特色农产品、周期配送产品和观光农业产品组合而成。

通常消费者在认同一个产品时从疑虑到信任大概需要两至三个月的时间，并不是一两天能够解决的。所以初期主要通过“秀山丽水”形象，主推特色产品：“秀山丽水”鸡、七拱米、板栗、淮山、粤云金柚等。接受后，开始推送周期性配送产品，以及全年土地认购产品并附加观光农业体验。

6. 关于营销推广：借助淘宝特色中国，抓住淘宝大流量的同时，不局限于淘宝，主要通过社交媒体、微信、微博等自媒体营销方式，联合诸如19楼、幸福9号以及该省内的社区网站，力争打造综合的现代营销体系。

四、运营主体定位

“秀山丽水”县委、县政府作为品牌建设中战略决策的制订者、品牌经营的监管者、品牌传播的推动者；“秀山丽水”县农业协会是品牌的商标所有者；“秀山丽水”县农发公司是品牌的经营主体（可外包营销策划服务工作给服务商），将统筹协调各部门、各级生产主体、子品牌经营者等集中平台，来引领“秀山丽水”县诗画农业品牌“秀山丽水”，实现品牌化发展和O2O模式发展，提升品牌价值，提高农民收益。

案例四：做透一个产品

——以全渠道策略，为XX黑木耳“正本清源”

一、综述

1. XX黑木耳作为县域电商的第一战，不仅仅要解决“营”的问题，更要解决“销”的通路，卖好黑木耳，这样才能激励更多的人参与进来，营造电商创业氛围。另外，XX黑木耳有相当的产业基础，运营相对容易，是不错的电商切入点。

2. 全渠道策略。

- 推进步骤

① 搭建特色中国XX馆，广为招商（黑木耳商家以量取胜），且在1688.com上同步销售黑木耳。

② 优选并扶持几个黑木耳明星商家。

③ 联合当地所有电商企业，与网络上其他产地的黑木耳正面竞争，适时运用价格战。

④ 最后在有了足够曝光度与足够忠诚度的客户群体的基础上，巧妙实现 XX 黑木耳溢价。

- 渠道举例

① 平台电商：特色中国 XX 馆（B2C）、1688.com（B2B）、1 号店等。

② 社区电商：幸福 9 号、拉卡拉商城、顺丰嘿客等。

③ 微电商：微店及各个社群。

3．XX 黑木耳的定位。

- 首先要扩大区域的影响力，打造区域品牌，解决“营”的问题。
- 最终是实现黑木耳销售全网第一。
- 1688.com 只是黑木耳的一种销售方式，在运营过程中需要不断拓展 B2B 的业务，开拓更多的企业级客户。
- 兜售 XX 黑木耳只是为了证明一件事情：只这个地方的黑木耳是最好的，是最正宗的，其余的都是山寨假货。

二、运营策略举例

1．不可避免的价格战。前期可以采取补贴策略与激励策略（类似于村淘项目对服务点的激励），鼓励并帮助当地的企业在竞争中取胜。

2．一款产品也可以多元化。将黑木耳作为一个大的品类对待，按照其等级、品相等细分成众多的产品。

3．做精、做细、做专、做透、做深、做好一款产品。有关黑木耳如何好的问题，全部设法量化，让消费者看得清、看得见、看得懂。

反侵权盗版声明

电子工业出版社依法对本作品享有专有出版权。任何未经权利人书面许可，复制、销售或通过信息网络传播本作品的行为；歪曲、篡改、剽窃本作品的行为，均违反《中华人民共和国著作权法》，其行为人应承担相应的民事责任和行政责任，构成犯罪的，将被依法追究刑事责任。

为了维护市场秩序，保护权利人的合法权益，我社将依法查处和打击侵权盗版的单位和个人。欢迎社会各界人士积极举报侵权盗版行为，本社将奖励举报有功人员，并保证举报人的信息不被泄露。

举报电话：（010）88254396；（010）88258888

传　　真：（010）88254397

E-mail：dbqq@phei.com.cn

通信地址：北京市万寿路173信箱　电子工业出版社总编办公室

邮　　编：100036